新潮文庫

オウム帝国の正体

一橋文哉著

JN285857

新潮社版

7022

目次

プロローグ　9

第一部　二千年帝国の全貌　17

第一章　秘密　19
第二章　復活　45
第三章　渡航　75

第二部　国松長官を撃った男　99

第一章　迷走　101
第二章　野望　126
第三章　取引　163

第三部　村井刺殺事件の「闇」　193

第一章　暗　殺　195
第二章　利　権　228

第四部　坂本弁護士一家殺害事件の真相　273

第一章　原　点　275
第二章　偽　証　304
第三章　核　心　330
第四章　肉　薄　355

エピローグ　399
あとがき　411
資料編（オウム真理教事件関連年表・主要幹部の裁判現状早見表）　417
解説　安　原　顯

本文写真　ＦＯＣＵＳ（現在休刊）、共同通信社ほか提供

オウム帝国の正体

プロローグ

哀(かな)しき「伝説」

女がひとり、泣いていた。

一九八三年。その女性は関東地方のある町で暮らしていた。優しく控えめな性格ながら、シンの強さを持っている母親。厳格で真面目(まじめ)な仕事人間である父親。そんな典型的な中流家庭に育った女性は、地方都市ではよく見られるように、家柄や学歴、父親の職業に対する信頼度、地域社会における評価などから、学校や周囲の推薦もあって、その地方でも規律が厳しいことで知られる団体に就職した。父親が団体の関係者であったことも影響したのは間違いない。

団体は全国組織で、本拠地が東京にある。女性が勤めたのは、県の中心都市にある本部であった。

職場では総務畑に属し、さまざまな事務処理を担当したほか、本部の上層部である上司の秘書的な仕事も任せられた。

明るく素直な性格、スリムで都会的な容姿、のびのびと健康的な色気を感じさせる肢体は、男性が圧倒的に多い職場ではかなり目立ったようである。

元同僚の一人は、こう話す。

「とにかく明るくて、我々がからかうと、頰をポーッと染めるような純情な女の子でした。何一つ不自由なく育ったせいか、やや ひ弱で、他人に甘えるところもありましたが、そこがまた可愛らしくて、『俗世間の荒波から守ってあげたい』と思わせるところがありましたね。男性からも女性からも〃職場のマスコットガール〃として、大変な人気でした」

数年後、職場の先輩からの紹介で同じ団体に勤める〃明朗快活で前途有望な青年〃と見合いし、半年程度の交際期間を経て婚約……という、これまた、お決まりの「幸せコース」を辿った。

すべてが順風満帆――のはずだった。

そんな彼女に悲劇が襲いかかったのは、結婚式を数か月後に控えた、ある蒸し暑い日のことであった。

女性はその日、東京から単身赴任中で、団体の上層部専用宿舎に一人で生活している上司のため、宿舎の清掃に出掛けた。

これは正規の業務ではないが、そうした上司のほとんどが単身赴任であるため、総務畑の女性職員が月に数回、交代で宿舎の清掃などを行うのが、長年の慣習となっていた。同僚の女性職員と一緒のケースが多いのだが、この日はたまたま、同僚に急用ができたこともあり、一人で宿舎に向かった。

この女性にとって、こうした雑用は貴重な休日を潰（つぶ）されるという難点はあったものの、必ずしも嫌な仕事ではなかったようだ。

彼女はある日、女友達の一人に、

「あの上司は男らしいし、仕事もできて尊敬できる人だから、（身辺の世話は）決して嫌じゃないの。それに、私たちからすれば、雲の上の人みたいに近寄り難いエリートでしょう。その素顔を見ることは、他の人にはなかなかできない訳だから、楽しみなところもあるわ」

と語っている。

だが、そうした〝密（ひそ）やかな期待〟が、逆に警戒心を緩め、悲劇を生んだ。女性が家事をしている最中に、上司が突然、襲いかかってきたのである。

上司は団体内におけるポストはもちろんだが、社会的にも信頼される地位にあった。しかも、日頃の温厚で紳士的な言動、いかにも優秀なエリートといった感じの冷静沈着な仕事ぶりなどから、まさかそんな破廉恥行為に及ぶとは想像もできなかった。上司の妻が長期間にわたり重病を患っていたことも災いした。

女性の心の油断を責めるのは、あまりにも酷い状況であった。

不意をつかれた女性は最初、ショックで呆然としてしまい、「止めて下さい」と懇願するのが精一杯だった。それでも途中から必死に抵抗したが、女性の細腕ではどうにもならなかった。

それは決して不倫だとか、醜聞などではない。レイプというれっきとした犯罪行為である。しかも、被害者は親子ほども年齢が離れた自分の部下で、フィアンセがいる女性なのだ。

女性は帰宅後、ずっと自分の部屋に閉じこもって泣き続け、事情を知らない家族を心配させた。信頼していた上司に裏切られたショックや、婚約者に対する悔恨の情が女性の心を苛み、絶望の淵に追いやったことは想像に難くない。女性は誰にも相談できず、部屋の片隅で一人泣くしかなかったのだろう。

女性は〃事件〃の後、しばらく勤め先を休んだ。それを知った上司は自分の行為が発覚し、スキャンダルに発展することを恐れた。何とか女性と連絡を取り、謝罪するなど善後策を講じようとしたが、うまくいかなかった。

男は立場上、あまり自由に行動できなかった。そうかと言って周囲に相談することもできず、次第に焦(あせ)り始めた。

そこで、本拠地・東京の近辺にいる腹心を呼んで打ち明け、〃事件〃のもみ消しを依頼した。

腹心が何をしたのかは分からない。が、女性は数日間休んだだけで、その後は何事もなかったかのように出勤し、前にも増して熱心に仕事を続けた。

ただ、私生活の面は大きく変わった。明るく爽(さわ)やかな笑顔は消え、口数も減った。彼女の激変ぶりを心配した同僚らは、理由を尋ねたり励ましたりしたが、女性は何も語らなかった。

しばらくして、女性は結婚相手の青年に理由を一切告げないまま、一方的に婚約を解消した。

そして何と、いつの間にか、その上司の愛人となっていたのである。

最初は男の方が女性を無理に呼び出し、関係を続けていたが、そのうち、女性も男の指示に従うようになったようだ。

二人の関係は密かに続けられた。周囲に悟られないように、女性が深夜や休日にこっそり宿舎を訪れたり、東京に出張した際、都内のホテルで会うようにした。

翌年、上司は東京のある団体の管理部門に栄転したが、度々お忍びでその県を訪れては女性と会ったり、時には東京に呼び寄せることもあったという。最終的には、女性を退職させ、都内にマンションを借りて住まわせた。

女性が口を噤んだおかげで、男は順調に出世街道を歩いた。ついに団体全体のトップクラスにまで上り詰め、絶大な権力を握った。〝事件〟のもみ消しに奔走し、女性の世話係を務めた腹心たちも皆、揃って出世した。

その後、男は団体を定年退職し、海外で別の仕事を始めた。外国に出発する際に、女性も連れて行こうとしたが、さすがに腹心たちが押し止めた。女性が日本を離れるのを嫌がったこともあって、男の目論見は実現しなかった。ただ、お互い会う機会は減ったものの、二人の関係は未だに続いている……。

これは、女性の周辺や、元の勤務先の関係者の間で密かに語り継がれている「伝説」である。

二人の関係はもちろん、一部の人間しか知らないトップシークレットであった。

だが、そこは狭くて排他的な地域社会のこと。それぞれの様子が微妙に変化したことに不審を感じ、あれこれ詮索する人がいたり、二人が一緒にいるところを目撃した人も現れた。

最初の〝事件〟の直後、憔悴し切った女性の姿を知っている家族や友人には、女性の変化が訝しく映った。一方的に婚約を破棄されたフィアンセと関係者たちも、突然の破談に思い当たるフシがなく、とても納得できなかった。

そうした疑念がやがて、関係者の間で一つの「伝説」となって語られるようになったのである。

この話は数年前、「内部告発」として一部のマスコミに伝わり、取材されかけたことがあった。

だが、幾つかの客観的な証拠や、複数の関係者の証言がありながら、それが「事実」として報じられず、今でも「伝説」として残っているのは、女性がレイプ事件はもちろん、その後の不倫関係さえ頑として認めなかったからだ。

それを敢えて、ここに記したのには訳がある。

実は、その「伝説」に関する情報が、何人もの〝口〟を経て、暴力団に流れた形跡があったのである。
そして、何よりも、二人が勤めていた団体は「警察」であった……。

第一部　二千年帝国の全貌

第一章　秘密

「胸を撫(な)で下ろしている奴(やつ)がいる」

「これで、オウムは再び、暴走を始めるだろうな」

　男はボソッと呟(つぶや)いた。

　都心部に建つ高層ビルの一室。二〇〇〇年三月十八日。連休前の土曜日の朝とあって、オフィス街は人通りも少なく、シンと静まり返っていた。室内にも男と私以外は誰もいなかったが、男は周囲を憚(はばか)るように小さな声で、こう続けた。

「早川は結局、肝心なことは何も言わなかった。死刑を恐れてのことだろうが、どう悪あがきしても、奴は駄目だ。それに、このままじゃ、オウムは危ないよ」

　男は、かつてオウムとの関係を取り沙汰(ざた)されたことがある暴力団関係者だった。早川とは、教祖だった麻原彰晃(しょうこう)（本名＝松本智津夫）の側近で、教団ナンバー2の実力者と言われた早川紀代秀のことである。

暴力団関係者とはこれまでに、取材で何回か会ったが、早川との交流を認めたうえで、彼の行動や人脈について少しずつ話し始めていた。

この言葉が出たのは、坂本堤弁護士一家殺害事件(以下、坂本事件と呼ぶ)をはじめ七事件で、殺人罪などに問われた早川に対する最終弁論公判が東京地裁で開かれた翌日だった。

最終弁論で早川は、

「(四人を殺害したことに対して)いったい、何ということをしてしまったのか、と居たたまれない思いです。こうして今なお、私が人間として存在していることに対し、申し訳なさと恥ずかしい気持ちでいっぱいです……」

と謝罪し、涙を流した。

白いものがかなり目立つようになった頭髪、広くせり上がった額に深く刻み込まれたシワの数々……。いかにも頼りなげな仕草で証言台に立った早川の姿は、落ち着き払っていて、風格さえ感じさせた九五年十二月の初公判の時とは、まるで違っていた。

警察の取り調べに対し、早川は当初、供述を二転三転させて、捜査員を振り回したり、麻原を庇(かば)って、「(刺殺された教団「科学技術省」大臣の)村井秀夫の指示でやった」などと、死者に罪をなすりつけることもあった。

だが、公判に入ると一転して、

「麻原被告の（殺人を肯定した）ヴァジラヤーナの教えを信じ、真理のため教団のためだけでなく、ご本人（被害者）のためにもなると思い込み、行ったもので、当時は人としての良心に従えるような状態ではありませんでした……」（第四回公判における早川の意見陳述要旨）

と〝マインドコントロール下での犯行〟を主張した。

早川側の公判における主張については第四部で詳述するが、麻原に忠実であるがゆえに犯行に加わらざるを得なかったという、犯意や共謀を否定した弁明に終始しており、死刑判決を意識した責任逃れとの印象は拭えない。

具体的な根拠を幾つか示せば、まず、坂本事件の現場で誰がリーダー格だったのかをめぐって、教団幹部の岡崎一明との間でお互い、責任をなすりあっている点が挙げられる。

これは、岡崎側にも死刑回避を狙った法廷戦術が見え隠れすることや、早川自身が真実を明らかにしたいとの意志を持っていることなどを考慮しても、やはり罪を懺悔した者の姿勢には見えない。

次は、あれだけ強気だった早川が逮捕直後、ほかの幹部に先駆けて、いち早く脱会を表明したり、教団側が派遣した弁護団を解任している点である。

「逮捕後、私が知らなかった事実や、理解できない事実が明らかになり、自分が行ってきたことに疑問を感じ、人間である以上、その責任を取らなければならないと思い、事実を明らかにする証として、教団を脱会しました……」（初公判での早川の意見陳述要旨）

というのが、真の気持ちであればいいのだが、私にはいささか疑問が残る。

早川は教団の医師、林郁夫の全面自供で、もはや逃げられないと判断し、教団より自分の利益を優先して〃協力〃した、と考えられるからだ。

捜査当局は一連の事件を起訴に持ち込むため、早川の供述を得ることを最優先にした。そのため、彼もいち早く反省し、期待に応えることで、罪一等を減じられると思い込んだのではないか。その兆候は、坂本事件の捜査で、早川が坂本一家の遺体を埋めた場所を説明するため、自ら進んで現場に向かったことに現れている。

これは、積極的な捜査協力として情状酌量の対象になるのだろう。だが、他の被告たちが罪の大きさにおののき、死体遺棄現場に行きたがらないのは当然の心理であり、早川が急にそうした神妙な態度を示すことの方が、合点がいかないところがある。

そのうえ、彼は同じ初公判の意見陳述で、「私は幹部の中では比較的早い時期に脱会した一人だと思います……」と述べ、十分に反省し、謹慎していることをアピールしている。

三つ目の理由は、早川が坂本事件に関する事実関係や、ロシア人医師からLSDの原料を購入し、密輸していた事実は認めたものの、ハルマゲドン実現のためロシアをはじめ海外で暗躍し、武器を密輸したことなど、裏面での活動については、ほとんど何も話していない点である。

彼にとって、ロシアでの活躍ぶりを明かすことは、地下鉄サリン事件などの凶悪事件に関与していなかったことを証明し、教団の暴走と一線を画していたことを主張できる絶好の機会であった。しかも、真に罪を悔いているならば、すべてを明らかにすべきだと思うが、これ以上話すと罪が重くなり、自分に不利益になるとでも思ったのか、口を固く閉ざしている。

それどころか、早川弁護団は弁護側冒頭陳述の中で、

「被告人について、マスコミが虚像を作り上げ、『黒幕』とか、『ナンバー2』『麻原を操る男』『マインドコントロールされていない唯一の男』『オウムの武装化を進めてきた男』等繰り返し叫んできたが、それは虚像である。忠実な、忠実過ぎるほどの麻

原の弟子であり、それ以外の何者でもない……」(一部抜粋)

と、完全否定しているほどだ。

しかし、法廷における早川の態度を見ていると、逆に、彼が必死に「麻原に操られた男」を演じているような気がしてならない。

自分の公判に麻原を証人として呼んだ際、ほかの若い被告たちが裏切られた思いをぶつけたのに対して、早川は批判めいたことは何一つ言わなかった。それどころか、ほかの被告は「麻原」と呼び捨てたが、早川は「グル」、あるいはせいぜい、「麻原被告」としか呼んでいない。

もちろん、被告人の死刑回避を考えた法廷戦術を否定するつもりはないし、逆に「麻原」と叫ぶことが法廷戦術の場合もあるだろう。若い被告たちと違い、感情を露にしないのは大人の分別かも知れない。だが、早川の態度には人間の生の声が感じられず、私の目にはパフォーマンスに映るのだ。

冒頭の暴力団関係者も、こう話す。

「早川がしゃべらなかったことで、胸を撫で下ろしている奴が、あちこちに大勢いるんじゃないかな。それだけ、早川は国内外の危ない連中と付き合っていたということだ。何しろ、オウムの闇の部分を知っている者のうち、村井はしゃべり過ぎて殺され、上祐（史浩）も時々口を滑らせることを自覚していて、かなり警戒している。麻原はどうせ助からないから、今みたいに訳の分からないことを言い続けるしかない。そうなると、早川の言動が周囲の人間たちには気になって仕方ないだろう。彼はその辺を十分意識して、秘密を決して明かさなかったのだと思う。つまり、口を開かないことが一つの意思表示なんだ」

彼の言わんとするところは分かった。大物政治家が絡む疑獄事件などで、末端の犯罪者が何も語らず、罪を背負って服役することはあるだろうし、この男が身を置く世界では日常茶飯事なのかも知れない。だが、それらはあくまで、出所後の生活が保証されていればこその話だろう。早川は何も語らない代わりに、死刑を求刑されており、辻褄が合わないはずである。

「早川は取り調べ段階で、自分が生き残るため、麻原にすべての罪をなすりつけた方がいいのではないか、と迷っているようだった。オウムと暴力団などの闇の組織とを結んでいたのは早川と村井の二人だが、彼はまだ、闇の組織に義理立てして、隠していることがあると感じた。そんなことをしても無駄だと説得しても、彼は最後まで応じようとはしなかった」

そう明かすのは、検察幹部の一人。

「俺は死刑にはならない。絶対の自信を持っているんだ。麻原のことは知らんよ」

早川は留置場内で同房者に、そう漏らしたことがあったという。

確かに、彼は極刑を免れる自信のようなものを持っており、検察側が死刑を求刑した時、〝意外そうな顔〟を見せたことが強く印象に残っている。

しかし、暴力団関係者は、こう断言する。

「早川は『捜査協力したのに、検察はなぜ、死刑を求刑するんだ』と考えるほど〝甘ちゃん〟ではない。彼は『誰かが自分を死刑にするはずがない』と思っていたんじゃないかな。それが誰かは知らないが、早川がそう信じていたのなら、やはり甘いね。権力者とか黒幕と呼ばれる者は、自分の身を守るためなら平気で手足を、いや家族でさえ切り落とすんだ。一度、死刑判決が出てしまったら、その後で何を訴えようが、よほどのことがない限り、判決は覆らないんだよ」

早川がそこまでして隠そうとした秘密とは、何なのであろうか。

オウムの原点は『宇宙戦艦ヤマト』

オウム事件を検証する時、誰もが感じるのは、麻原の主張や行動の〝荒唐無稽〟さであろう。

麻原の妄想に対し、一流大学出身の研究者や医師、一流会社に勤めた経験があるエリートサラリーマンなどからなる教団幹部たちがまんまと乗せられ、幼児のわがままみたいな指示を真剣に、忠実に実行していることに驚き、かつ呆(あき)れてしまう。彼らの言動たるや、とても知識人、いや人間とは思えぬほど冷酷非道であり、まさに狂気の沙汰と言っていい。

「カルト集団とはそういうもの。信者たちはマインドコントロールされているんだから、どうしようもないよ」と言ってしまえばそれまでだ。が、わずか一万人足らずの信者（それも、麻原の計画を詳しく知っていたのは、百人以下の幹部だけだろう）に、あれだけ大それたことが易々(やすやす)とできるのだろうか。

麻原も含め、信者たちの耳元で、悪魔の所業を囁(ささや)き、悪知恵を授け、武器や資金を調達するノウハウとコネクションを教える者がいたのではないか。

坂本事件をはじめ、国松孝次・警察庁長官狙撃(そげき)、村井秀夫刺殺というオウム三大未解決・未解明事件の真相を追及しながら、そうした「オウムの闇」を晴らしていこうというのが、本書の狙いである。

さて、29ページに掲載したのは、九五年五月十六日、山梨県上九一色(かみくいっしき)村の教団施設で、麻原が逮捕された直後の写真である。

まずは、この情けない表情を見て頂きたい。

捜査員が第六サティアンに踏み込んだ時、最も心配したのは、麻原が信者を巻き添えにして集団自殺を図ることであった。ところが、麻原は「隠れ部屋」と称する天袋のような狭い場所で、一千万円ほどの現金を腹に抱え、身を縮めるようにして震えながら、寝そべっていた。

そのくせ、警視庁の取り調べ室では、取調官に盛んにゴマをすり、留置場では丼飯をきれいに平らげた後、瞑想と称して、大の字になって高いびきをかいて熟睡する。

そこには、犯した罪に対する懺悔はもとより、教祖のカリスマ性も、人類救済を叫ぶ革命家としての矜持も、自分の家族や信者たちの行く末を思いやる気持ちさえもない。

「自己中心的で凶暴な反面、単に強欲で小心な詐欺師に過ぎない」

ベテラン捜査員たちがそう口を揃えて罵る麻原が、オウム事件の真相を解き明かすキーパーソンとは、とても思えない。

早川をはじめ、麻原が「二大高弟」と呼んだ実践派の村井と理論派の上祐の三人の存在なくしては、おそらく、麻原の妄想は実現されず、単なる戯言として終わっていたに違いない。

右・上九一色村で逮捕された直後の麻原
下・麻原が身を潜めていた「隠れ部屋」

この三人が、麻原の妻・松本知子や三女・アーチャリー、愛人で麻原との間に三人の娘をもうけ、教団の金庫番として君臨した石井久子ら女性信者たちを巻き込んで、教団内で繰り広げた権力闘争は、いささか不謹慎な言い方をすれば、大手企業内の熾(し)烈(れつ)な派閥抗争、いや日本の政財界のみならず、米ロ両大国をはじめとする外国の勢力から闇社会までが入り乱れ、国際的な陰謀が繰り広げられるポリティカルフィクションを見るようで、なかなか興味深い。

そうした話は追々述べるとして、ここではまず、麻原の人物像や妄想について語ろう。

麻原が辿ってきた人生については、さまざまな書物で紹介されているので、本書では詳述しないが、彼はあまり裕福ではない家庭に育ったせいか、幼いころからカネに対する執着が強く、「金持ちにならなきゃ」が口癖だったという。

七七年、東大受験のため上京し、大手予備校に通うが、現夫人の知子と知り合い、結婚したこともあって、早々に受験を断念している。この時に味わった学歴コンプレックスが、後にエリート集団を率いる原動力になったと言われている。

麻原はその後、千葉県船橋市で鍼灸院(しんきゅういん)や薬局を開業する一方で、ヨガに興味を持ち、宗教にのめり込んでいく。

八二年六月には、厚生省の認可を得ないまま、自分が経営する薬局で〝漢方薬〟を製造し、「リューマチや神経痛、腰痛が三十分で消える」などと宣伝して、千人以上から約四千万円を荒稼ぎしたとして、薬事法違反で逮捕されている。

その捜査資料を読むと、麻原は「コンピューターを導入した漢方薬」をキャッチフレーズに、怪しげな〝漢方薬〟や自然食品を売り、地元の情報紙に実名入りの体験談をでっち上げて効能をPRしたり、三か月で百万円も取るヨガコースなども開講していたようである。

しかし、都心の高級ホテルで出張販売を行い、人参や蛇の皮を酢酸やエタノールに漬けたものに、『風湿精』とか『青竜丹』といったもっともらしい名前を付け、三万円から六万円で大々的に売ったことが災いし、捕まってしまったのだ。

「麻原は詐欺の天才だ。頭は切れるし、弁舌は立つ。言っていることはいかにも怪しげなのに、誰もが派手で、マンガチックなパフォーマンスに騙されてしまうんだ」

当時を知る捜査員は、そう話す。

確かに、当時のPRや客集め方法を見ると、後のオウム教団の原点があるようにも思える。

麻原が行ってきた数々の予言や語録の底流にあるのは、SFアニメであろう。

《謎の惑星ガミラスの遊星爆弾攻撃を受け、放射能汚染による滅亡の危機に陥った地球を救うため、地球防衛軍の戦艦ヤマトが、放射能除去装置を与えるとのメッセージを送ってきた惑星イスカンダルに向かって苦難の旅に出る》

という『宇宙戦艦ヤマト』のストーリーは、麻原が主張したハルマゲドンを連想させる。

国家権力を思わせる強大な敵・ガミラスに戦いを挑んだヤマトは、最後に波動砲で海底火山を撃ち、噴火と地震を起こさせて勝利するが、これは、麻原の言う地震兵器という発想に繋(つな)がっている。そして、ヤマトが持ちかえった放射能除去装置の名前が、オウム教団が空気清浄器に名付けた「コスモクリーナー」だった。

さらに、ヤマトや地球を救ったイスカンダルの女王・スターシャはスリムな長身で、腰まで届く長い髪の美女である。石井を筆頭にオウムの女性幹部たちが皆、同じようにスラッとして、長い髪の持ち主であるのには、思わず笑ってしまう。

『宇宙戦艦ヤマト』をはじめ、『風の谷のナウシカ』や『未来少年コナン』『幻魔大戦』といった人気アニメの内容を繋ぎ合わせると、麻原予言の世界が見事に出来上がる。これらの作品がオウム教団の機関誌で「現代の予言者たちが描く戦慄(せんりつ)の近未来」と題して紹介され、絶賛されているところを見ると、私の指摘は間違いないだろう。

大のアニメファンで、盲学校時代、友人に「ロボット帝国を作りたい」との夢を語っていた麻原の発想、劇画宗教と呼ばれるオウムの原点は、こんなところにあったのである。

ところで、麻原の言うハルマゲドンや救済計画とは、具体的にどんな内容だったのか。ハルマゲドンは世界最終戦争を意味し、救済計画は、麻原が地下鉄サリン事件の翌日、「さあ、一緒に救済計画を行おう。そして、悔いのない死を迎えようではないか」と訴えた計画のことだ。

戦慄の首都殲滅（せんめつ）計画があった！

警察庁警備局が九四年十一月に作成した『オウム教団に関する基礎捜査報告書』を読むと、公安当局がオウムの終末思想を真っ向から受け止め、真剣に対策を講じていたことが分かる。

《オウム教祖・麻原彰晃は、自らの予言的中率を98パーセント以上とした上で（中略）これから二〇〇〇年にかけて、筆舌に尽くし難いような、激しい、しかも、恐怖に満ちた現象が連続的に起こる。日本の国土は核によって荒れた大地と変わる。その時期は一九九六年から一九九八年一月にかけてである。日本を攻めるのは、アメリカ

を中心とした連合国。大都会においては（中略）十人中九人は死んでしまうなどとし……》

報告書は、このように麻原の予言内容を延々と記し、それを決して軽視しないように警告している。何しろ、予言が的中しなければ、教祖のカリスマ性は色あせ、教団の権威が失墜するのは必定。このため、警察当局も、

《今後、特異な動きも予想されることから、さらに、その動向について関心を払う必要がある》

との表現で、テロ行為の可能性を示唆していた。言わば、麻原の予言を国家に対する〝宣戦布告〟と見ていたのである。

オウムに対する強制捜査の約一か月前に作成された公安内部の捜査報告書を読むと、オウムの救済計画とハルマゲドンの中身がより鮮明に分かる。

《オウム教団は、麻原教祖の予言を的中させるため、首都圏で数百万人規模の死傷者を出させるテロを実行するしかないところまで追い詰められている。そして、廃墟と化した首都に、オウムの理想共同体である独立国家を建設しようとしている……》

《計画は五段階に分かれ、第一段階はサリンを使った無差別テロ。第二段階は銃器や爆発物を使用した要人テロ。第三段階は細菌兵器を上水道に混入する無差別テロ。第

四段階はサリンなどの薬剤の空中散布による無差別テロ。そして、第五段階は核兵器による首都殲滅である……》

《麻原教祖ら教団幹部は最終段階直前に、新潟など日本海沿岸から潜水艦でロシアに脱出する。ロシアではモスクワには行かず、前もって支部を置き、信者村など教団施設を建設していたニジニノブゴロドなど数か所の拠点に入り、定住する……》

《一方、壊滅した東京では、治安維持のために米軍が出動。麻原教祖ら教団幹部の行方を追うが、ロシア国内にいるため、うかつに逮捕もしくは攻撃できない。もし、攻撃でもしようものなら、第三次世界大戦になるのは必至だからである。ロシア政府も信者の入居地近くに核兵器開発施設や軍事基地があるため、大規模な攻撃ができない。また、反ロシア勢力が強い地域でもあるため、鎮圧するとしても時間がかかる。そのうち、以前から協力関係にあった勢力がクーデターを起こし、ロシア政府を転覆させる……》

ここで断っておきたいのは、これは地下鉄サリン事件が発生する前に、公安当局が捜査し、分析したオウムのハルマゲドン、救済計画の内容であるということだ。

もし、こんな計画を真面目に考え、実行に移そうとしていたのなら、やはり、異常集団と呼ぶしかあるまい。そんな妄想を真剣に考えたオウムもたいしたものだが、それを真面目に研究、分析した公安当局もなかなかのものである。

「我々も最初はバカバカしくて、相手にしたくなかったんだ。でも、いろいろ調べて見ると、オウムは莫大な資金力を活かし、一つずつ実現している。そうなると、いくら妄想だろうが、頭がおかしかろうが、放置する訳にはいかない。実際、地下鉄サリン事件が発生し、危惧していたことが現実になった。これはまさしく、無差別テロ、いや国家転覆を狙った戦争なんだ」

そう明かすのは、警察首脳の一人だ。

確かに、地下鉄サリン事件はハルマゲドンの第一段階、国松長官狙撃事件は第二段階に当たると言えるし、オウムがサリンをはじめ、細菌兵器や銃器などを製造していたことも、後の捜査で明らかになっている。

この報告書が完成した時点で、公安幹部はこうも言っていた。

「オウムは旧ソ連製軍用ヘリを購入しているし、戦車や潜水艦を買おうとしていた事実も確認している。オウムは最初、飛行船を製造しようとしたが、うまくいかなかったんで、ラジコンヘリや軍用ヘリの購入に走っているんだよ。使途はサリンの空中散布以外、考えられないじゃないか。ほかにも小型潜水艇を製造し、静岡県内で潜水訓練を行おうとして失敗し、信者が溺死しかけたという情報もある。こうした事実は、オウムがあの馬鹿げた計画を実行に移そうとしていた何よりの証拠じゃないか」

公安当局はこの段階で、オウム教団がロシア国内に支部を設置し、信者村建設に動いていたことを把握していたという。

「この計画を前提にして、オウムの関連施設の位置をチェックすると、皇居や永田町、霞が関などを風上から囲むように点在していることが分かる。これこそ、オウムの首都殲滅計画への布陣と見て間違いあるまい」

そう話すのは別の公安幹部。オウム関連施設から押収した資料の中に、それを裏付けるものがあったからだ。

それは、市販されている四枚の都内地図である。

A3判の地図には、JR東京駅や日本武道館など八か所に×印が付いており、そばには必ず、謎のアラビア数字が書かれてある。一例を挙げれば、東京ドームに×印が付いていて、四と七を現す数字が書かれている。いったい、何を意味するものか。

「おそらく、テログループが作成した攻撃作戦用マップでしょう」

そう話すのは、ある警察関係者。さらに続ける。

「我々の分析では、この×印は攻撃目標、数字は日付を表しています。東京ドームなら、四月七日に攻撃ということです。ちょうど、その日はプロ野球セ・リーグの開幕で、巨人対ヤクルトの試合が行われていました。武道館は日大の入学式の日に当たりますし、東京駅はたぶん、新幹線『のぞみ』の車内ではないでしょうか」

もし、この分析が正しければ、〝恐怖の作戦地図〟と呼ぶべきものであり、無差別テロとオウム教団を結び付ける重要な証拠である。当時、東京ドームに異様なほど厳重な警備態勢が敷かれたことを訝る人も多かったと思うが、こういう地図が発見されていたと聞けば、納得できるだろう。

この話は地下鉄サリン事件以前のものであり、後に発生した一連の事件や、強制捜査で判明したオウムの実態を見れば、公安幹部たちの危惧が決して的外れでなかったことが分かるはずだ。

「裏の司令官」早川とは……

オウム事件の真相を解明する鍵を、私は早川、村井、上祐という三人の最高幹部による権力闘争の中に見出そうと考えている。中でも地下鉄サリン事件以前の教団膨張期、即ち(すなわ)麻原の妄想がどんどん広がり、それに伴って教団の勢力とハルマゲドンが拡大していった時期にあって、〝最大の功労者〟は早川であった、と言っていいだろう。

彼は当時、教団の実質ナンバー2として活躍していたし、教団と闇社会が交錯する地点には、必ずと言っていいほど顔を出している。

公安当局によると、早川は教団「建設省」大臣として、表向きは土地の取得や施設の建設などを担当していたが、実際は、オウム関連企業「世界統一通商産業」の社長としてオーストリア経由で軍用ヘリを購入したり、教団幹部の井上嘉浩や岐部哲也、暴力団幹部出身の中田清秀ら実行部隊を指揮し、〝裏の司令官〟と呼ばれていた。

早川については当時から、赤軍など過激派の残党とか、外国諜報機関のエージェントではないか、という見方をする公安関係者もいたが、はたして、そうだろうか。

過激派説の根拠としては、公安当局に「教団内には五、六年前から新左翼系の非公然活動家が潜り込み、麻原教祖の健康悪化に乗じて台頭、教祖直系グループと激しい主導権争いをしている」との情報が寄せられたことがあげられよう。

それが、別の公安筋から出た「病気で倒れた麻原の後継者の座をめぐって、教団内部でクーデターの動きがあり、その首謀者が早川である」との怪情報と結び付いた。

地下鉄サリン事件では、サリン入りの容器を包んだ新聞紙の中に、駅売りしていない『赤旗』が含まれていたことから、左翼系団体との関連を疑う捜査官もいた。

さらに、九一年十月に東京・練馬区で開かれた集会の主催者として、共産主義者同盟系団体や日本赤軍の関連団体と見られるグループとともに、オウム教団が名を連ね、このころからオウムが『共産党宣言から真理へ』といった左翼理論の影響を受けた本を多数出版し、反米思想を強く打ち出していることを、根拠に上げる警察関係者もいた。

早川自身、自著『市民ユートピアの原理』の中で、法治国家に対する〃宣戦布告〃とも受け取れる主張を繰り広げていたことも、過激派説の根拠となっていた。

一方、外国のエージェント説は、早川がオウム教団のロシア進出、武装化を進めた中心人物であり、ロシアをはじめ外国に度々出掛けていることや、闇社会との接点に顔を出していることから出てきたと思われる。

「過激派の裏側に第三国の諜報機関がいて、日本国内での拠点作りや勢力拡大のためオウムを利用しているに過ぎない」（公安関係者）というわけだ。

早川は神戸大農学部でバイオを学び、大阪府立大大学院では緑地計画工学を専攻した。七五年に大手ゼネコンに入社したが、建物の居住性や安全性より利潤追求を優先した設計・施工、そして社内の熾烈な派閥抗争に嫌気がさして五年で飛び出し、設計コンサルタントなど数社を転々としている。

学生時代の友人らによると、早川は理想家タイプのうえ、非常に恥ずかしがり屋で、大勢の人の前では赤面して話せなくなり、よく一人でギターを弾いていたといい、教団でのイメージとはかなり違っている。

早川に学生運動歴はないし、捜査当局が押収した早川の書簡やメモ類の中に、ある宗教団体の反共思想を強く打ち出した主張に同調し、絶賛する記述が複数見つかっており、少なくとも左翼系の活動家ではないようである。ただ、その記述には、麻原のやり方を批判するような文章さえ含まれており、彼の内に秘めた思いの強さを物語っている。

早川の著書については、熊本県波野村の事件で逮捕、保釈された後に書かれたもので、単に国家・警察権力に強い反感を持っていたに過ぎないと思われる。その土台には、指導教授から「理想が強過ぎて現実的ではない」と批評された修士論文『ユートピア都市論』があり、理想家らしい激しさを秘めたものだったと言えよう。

「オウムが、国家転覆を狙うような団体に変貌(へんぼう)した陰に、早川の存在がある」(公安当局)ことは間違いない。彼が国家権力への反感と、教団発展のための利権獲得、ひいては自分の理想とか夢、さらには野望の達成に意欲を燃やしたことが教団の暴走に拍車をかけたのではないか。

そんな早川が麻原と初めて会ったのは、阿含宗(あごんしゅう)の信者時代であった、とされる。

麻原が、八四年にオウムの前身組織「オウム神仙の会」を設立する前に阿含宗にいたことは、捜査当局も確認している。

阿含宗関係者によると、麻原は非常に熱心な信者で、信者仲間らを前に盛んに「今の日本は間違っている」などと演説していたという。が、その反面、カネに対する執着は人一倍強く、宗教団体のカネ儲け方法や宗教法人の利点などを熱心に習得したらしい。

だが、その時、同じ阿含宗の信者の中に、早川がいたことを覚えている人は少ないようだ。というのは、当時の早川は無口で、物静かな青年との印象しかなかったからだ。

当時、二人は顔見知り程度の付き合いはあったかも知れないが、さほど仲が良かったという話は聞こえてこない。ところが、麻原が阿含宗を辞めると、早川も後を追うように退会。麻原が「神仙の会」を結成すると早川も入会し、八七年に同会が「オウム」と改称した時に、早川も妻と共に出家し、麻原の側近になっている。

二人をよく知る元信者は、こう語る。

「麻原が宗教ビジネスを思いつく天才なら、早川はそれを具体的にきちんと実行する名参謀。二人がオウムを作ったんです」

確かに、それからのオウムの躍進ぶりは凄まじかった。

十五人でスタートした教団が、わずか一年で百倍の千五百人に急増した。大阪支部からニューヨーク支部まで設立し、翌八八年には静岡県富士宮市に約千七百五十平方メートルの土地を購入して、富士山総本部を着工した。八九年には上九一色村に七千平方メートルの土地を買い、サティアン群の建設に乗り出している。東京都から宗教法人の認証を得たのも、ちょうどそのころである。

当初、早川の教団での肩書は総務部長だったが、事実上、実務面の総責任者として教団を仕切っていたと言われている。驚異的に伸びる信者数に満足した麻原は、自分の権威を高めるため、教団の憲法とも言える戒律を策定し、管理体制強化のため省庁制も導入したが、これらはいずれも早川の提案に沿ったものだ。オウム教団は九一年ごろからロシア進出を企てるなど海外に目を向けるが、その仕掛け人も早川であった。

早川は警察の取り調べや公判で、「オウムの闇」を一切語らなかった。

東京地裁は二〇〇〇年七月、早川に対して極刑判決を言い渡し、現在、控訴審が行われているが、彼の口からオウムの秘密が明かされない限り、事件は真の解決を迎えないし、教団は醜い野望を抱いたまま存続していくだろう。

冒頭に登場した暴力団関係者は、こう語る。

「早川が娑婆に出て来れないことで、オウムを抑える歯止めがなくなり、暴走する危険性はますます高まった。問題はオウム自身ではなく、オウムという〝カネのなる木〟に群がる悪党どもなんだ。何か新しいものを考え、作り出すのがうまいマニアックな若者ほど洗脳しやすく、いい金づるになるからね。金儲けが目当ての小悪党はまだいい。大物は別の目的を持って、彼らを利用しようとする。村井を殺し、早川を極刑にするということは、何者かがそれを望んでいることを意味しているってことだ」

その「何者か」の正体について、男は薄々と勘づいているようだったが、ついに最後まで口を開かなかった。

しかし、男が指摘したような〝兆候〟は既に、少しずつ現れていたのである。

第二章　復　活

上祐は公安のスパイだった？

オウム真理教は今、当初の「千年王国」建設を「二千年帝国」樹立に変えて、本格的に動き出している。その始動式とも言うべき出来事が、一九九九年末の上祐の出所であろう。

二〇〇〇年の元旦まであと六十六時間に迫った九九年十二月二十九日午前六時。広島刑務所の通用門から一人の男が姿を見せた。

九五年十月、オウムが進出を企てた熊本県波野村の土地取得（国土利用計画法違反事件）をめぐる有印私文書偽造・行使、偽証罪で逮捕された上祐だった。彼は九八年七月、最高裁で懲役三年の実刑判決が確定後、広島刑務所に服役していた。

四年二か月ぶり（自ら控訴、上告した期間は刑期に含まれず、逆に勾留期間は長くなる）に教団に復帰する男を出迎えたのは、教団の最高意思決定機関である長老部の杉浦茂ら信者三人と顧問弁護士だった。

彼は当初、教団の車で山陽・名神・東名の各高速道路を走るつもりだったが、「警備上、責任が持てない」と防弾チョッキ着用まで要求した公安当局の説得と、マスコミの殺到で急遽、午前七時五十分、広島発羽田行き全日空機で東京入りすることになった。

教団は、上祐を新宿のホテルに泊める予定で、弁護士名で一泊八万円のセミスウィートルーム三泊分を予約し、既に宿泊代金の二十四万円も支払っていたが、ホテル側は公安当局の要請を受け、宿泊を拒否。上祐を乗せた車は都内をグルグル回った後、オウム横浜支部がある横浜市中区若葉町のマンションへ向かった。

車が横浜支部に到着したのは、出所から七時間も経った午後一時前であった。

「我々は警備上の理由もさることながら、上祐に『何か起これば直ちに逮捕する』と警告していた。が、彼はしたたかだった。一見すると、警察やマスコミ、一般市民らに追われ、都内をウロウロしていたように見えるが、実は、車内からアーチャリーや長老部の幹部全員に連絡を取り、横浜支部に集まるように指示を出していた。あの彷徨は、幹部たちが支障なく集結するための時間稼ぎだったんだ」（公安関係者）

オウムは主要幹部が次々と逮捕された後、九六年六月に麻原の長男と二男が教祖となり、麻原は開祖に退くと発表した。

しかし、二人が幼かったため、麻原から一時、後継者に指名されたアーチャリーが主宰し、その教育係だった村岡達子・代表代行や、教団の金庫番だった石井の戸籍上の夫である鎌田改め石井紳一郎（以下、鎌田と呼ぶ）、野田成人、杉浦茂と杉浦実の兄弟、二ノ宮耕一の幹部六人でつくる長老部の合議制で運営されてきた。

だが、上祐は「ああ言えばジョウユウ」と言われたほど弁舌が立ち、カリスマ性や指導力、交渉力などどれを取ってもほかのメンバーが到底かなう相手ではなかった。

宗教上のステージでも上祐がアーチャリーと同じ正大師なのに対し、長老部の六人はいずれも一級下の正悟師に過ぎず、彼が出所と同時に教団のリーダーとなるのは自然の成り行きだった。

因みに、上祐以外の正大師は、麻原の妻と三女、愛人の石井という〝麻原ファミリー〟を除けば、刺殺された村井しかいない。

横浜支部では、関西から遅れて合流した二ノ宮を除く長老部全員と、教団スポークスマンの荒木浩が上祐を出迎え、直ちに緊急幹部会議が開かれた。

この会議の内容をめぐっては、

《上祐と野田、二ノ宮ら長老部が教団の運営方針をめぐって激しく対立した》
《野田は十二月二十七日に長老部に辞表を提出し、自分が辞める代わりに、上祐に正大師返上と執行部からの撤退を迫った》
《アーチャリーが、密かに慕っていたとされる上祐の変節に激怒した》
などと報じられ、教団内部に激しい対立が起きたと見られている。
「マイトレーヤ正大師（上祐のこと）の頭の中には、いかに教団を生き残らせるかという考えしかありません。そのためなら尊師さえ切り捨てるかも知れないと思います。正大師からすれば、（服役していた）三年間に考え抜いた計画なんでしょうが、我々は信仰者であって、いくら戦略が正しいからと言って、やはり納得できないものもあるんです」
との声が教団関係者から上っていたのも事実である。
オウムは一月十八日、上祐名で「事件に関する総合的見解表明」を発表し、麻原の事件への関与を初めて認めたほか、教団組織の改革や教団名の「アレフ」への変更、殺人を肯定するタントラ・ヴァジラヤーナなど危険な教義の見直しを明らかにした。
特に、上祐は会見で、
「グルとは経典を解釈したすべての聖者のこと。麻原尊師は我々にとってグル方の一人。唯一絶対のグルとしての位置づけはしない」

「麻原尊師と直接連絡が取れず、謝罪や補償の許可が下りていないのに、このように動こうとしている教団は、自立性ができている」

などと、教団でタブーとされてきた〝麻原外し〟にまで言及した。

しかし、同時に、麻原を霊的存在と位置づけ、相変わらず崇拝を続けるような「抜本的教団改革の概要」を、村岡代表代行名で発表せざるを得ず、図らずも、教団内の対立が露呈した形となった。

三日後の二十一日早朝、わずか七歳で新教祖となった長男が長女ドルーガーと住んでいる茨城県旭村の教団施設に突然、アーチャリーや二女のカーリーを含めた六人の信者が車で乗り付け、バールや斧でドアをこじ開けて侵入。ナタを振り回して、二人の信者に暴行を加えたうえ、長男を連れ去る事件が起きた。

長男は二十三日、神奈川県箱根町のホテルで保護されたが、茨城県警は住居侵入容疑で二女と三女の逮捕状を取って行方を追及。二月十九日、弁護士に付き添われて出頭してきた二人を逮捕した。

二人は二十日間勾留され、取り調べを受けた後、水戸少年鑑別所に収容された。が、四月四日、水戸家裁で開かれた少年審判で、保護観察処分とする決定を言い渡され、即日釈放された。

この事件は、もともと仲が悪かった長女と三女による教団のシンボルをめぐる争奪戦と言っていいが、その背景には、上祐が新たに打ち出した方針で、教団運営から外されそうになった麻原ファミリーの焦りや反発があったと見られる。

「この事件には、『脱麻原を図った上祐が信者の反発を恐れ、教団と一定の距離を置いていた長女と縁組し、長男の後見人になろうとしたため、上祐の支えを失った三女が焦ってクーデターを起こした』とか、『上祐のやり方に反発した麻原の妻が二・三女に指示を出し、野田ら反上祐派の幹部を味方に付けて、反旗を翻した』など、さまざまな見方が出ているのは事実だ。いずれにしても、麻原家の〝お家騒動〟に過ぎず、まるで時代劇を観ているような陳腐さだが、これで、教団内でも麻原ファミリー離れが進むんじゃないかな。必要以上に騒ぎ立て、教団の敵である警察に通報した長女は出家信者の信頼を失い、事件翌日から行方不明になってしまった。三女はわがままで気性が激しく、もともと人望がないしね……」（公安関係者）

ということは、この事件は結果的に、上祐にとって有利に働いたことになるが、さらに拍車をかけたのが、長男拉致事件の三日後に起きた野田の逮捕である。

容疑は一月十九日、足立区の第一勧銀千住支店に「アレフ」名で口座を開こうとした野田が、法人登記など身分紹介の書類がなかったため拒否されて激怒。「オウムは被害者補償をするなど、やり直そうとしているのに差別するのか。右翼団体を知っているから、街宣車を回してやる」などと怒鳴って脅した、という暴力行為事件である。反上祐派の中心人物であるアーチャリーと野田が相次いで逮捕されれば、教団はもはや上祐の思うがままと言っていいだろう。仮に反上祐派が巻き返しを図ろうとしても、教団は以前から「犯罪を犯した信者は脱会させる」と明言し、また、そうしなければ、オウム新法の適用が予想されるだけに、下手な動きはできないからだ。

それゆえ、オウムウオッチャーの間では「アーチャリーも野田も、まんまと上祐の陽動作戦に嵌められた。彼は二人を公安に売ったようなものだ」と囁かれた。中には、「上祐を慕うアーチャリーは何度も、こっそりと横浜支部を訪れたが、上祐は長女との縁組をチラつかせ、アーチャリーに長男奪回を焚きつけた。襲撃が起きれば、気が小さく、教団から孤立している長女は警察に駆け込まざるを得ない、と考えての作戦だった。上祐はわざわざ、世間知らずの野田に、不慣れな法人名義の銀行口座開設を命じ、事件を引き起こさせた。野田は犯行から五日後、松本に接見しようとして、のこのこと東京拘置所に現れたところを逮捕されており、野田のスケジュールが筒抜けになっていたのは、上祐が公安当局にタレ込んだからだ」

という、まるで〝その場に居合わせた〟ような意見もあった。

教団の反上祐派信者の中には、そうした批判がエスカレートして、「上祐正大師は公安のスパイではないか」と疑う声が出たという。

麻原の呪縛(じゅばく)を逃れて、自分の教団を持ちたいと考えていた上祐が、公安当局から死刑回避をチラつかせられての協力要求に屈し、スパイに転向したとの見方であり、アーチャリーらの逮捕は上祐と公安当局の〝連携プレー〟だった、というのである。

この仮説には一応、根拠らしきものがある。

まず、地下鉄サリン事件についてだが、教団「科学技術省」次官だった信者が公判で、「私は上祐幹部に誘われて、サリン生成プラントの建設に携わった。その時、上祐幹部は尊師に『七トンのプラントをつくるんじゃないですか』と質問し、『いきなり七十トンのサリンプラントで行こう』との回答を得ていた」と証言している。

こうなると、上祐の「サリン事件には一切、無関係だった」という主張は明らかに嘘(うそ)だし、当時、別件の微罪で次々と幹部を逮捕するなど強気だった公安当局が、殺人予備罪さえ適用できそうな上祐だけを見逃すのはおかしい、となる訳だ。

次に、東京・亀戸の教団施設で炭疽菌(たんそきん)を開発、散布しようとした事件について、麻原の冒頭陳述の中でハッキリと、《麻原の指示を受けた上祐が、亀戸の教団施設で炭疽菌の培養から噴霧装置の開発までを指揮していた》と指摘されている。だが、この事件は証拠不十分で立件されず、上祐は重罪を免れている。

これが、上祐は公安当局のスパイ、しかも、逮捕以前の段階からそうでなければ、あんな微罪だけで起訴され、懲役三年という軽い判決で済むはずがない、との疑問を生んだ訳だ。

これは確かに理屈にかなっているが、私は違う見方を採っている。

永田町真っ青の政争劇

上祐が教団存続を図るためになりふり構わず、次々と新たな戦略を打ち出していることは、紛れもない事実だろう。

教団は九九年九月末に活動休眠宣言を行い、十二月には初めて、教団の一連の事件への関与を認め、被害者に対する謝罪と補償を明言した。二〇〇〇年に入ると、教団名を変えるなどの改革案を発表したことは、前述した通りである。教団役員の地位に就か出所した上祐も罪に対する反省から正大師を返上するとし、教団役員の地位に就かなかった。

「これらはあくまで、教団がオウム新法の規制から逃れるための方便にしか過ぎない。

新法の柱である団体規制法には、五年ごとに法律廃止を含めた見直し規定が盛り込まれており、オウムを偽装解散することで、五年後には法律廃止に持ち込もうというのが狙いだ。被害者への謝罪や補償は『教団は新たに生まれ変わり、危険性は全くない』というアピールだし、上祐が正大師を返上し、教団の表に出ないのも、《事件当時の幹部が現在も幹部を務めている》という新法の処分規定を免れるためでしかない」（警察幹部）

上祐は一月二十九日の会見で、これまで教団とは無関係だと言い張って来たパソコン事業を教団関連事業と認め、「新団体ではパソコン事業の売り上げを年間数億円と期待したい」とし、年間一億二千万円を補償に充当することを明らかにした。その一方で、教団は東京・秋葉原のパソコンショップ三店を次々と閉鎖してしまった。

「地下鉄サリンなど一連のオウム事件の被害者から破産管財人に届け出のあった債権は約四十億円にも上っているが、決定した支払い総額は八億六千万円余に過ぎず、教団が本当に支払う意志があるのかさえ疑わしい。年間六十億円とも七十億円とも言われる今までのパソコン事業収益はいったい、どこに行ったのか。そうした教団の資産は続々と関連企業や信者個人名義に換えられ、事実上流出している疑いが濃厚だし、さらに、教団所有の不動産売却の動きも出ており、新教団のための悪質な資産隠しではないかと警戒を強めている」（被害者側の弁護士）というのが実情なのだ。

これでは、上祐が麻原ファミリー外しどころか、全く新しい宗教団体を設立しようとしている、と言われても仕方ないだろう。

《公安当局はオウムの解体を狙う半面、自らの組織保持のために、新たな監視対象団体を残して置きたいと考えて、上祐と連携した》とか、《教団内部の情報を得るため、上祐を初期の段階からスパイに仕立て、その貴重な情報源を守るため、逮捕に踏み切った》というオウムウオッチャーの見方も、いかにもありそうだし、上祐出所後の教団の動きが、そうした疑惑を抱かせるシナリオで進んでいることも気になる。

ただ、こうした教団再建策が上祐の出所以前から練られていたことを忘れてはならない。

上祐は自分の刑が確定する前の九八年三月、突如として、京大出身の男性信者と養子縁組を行った。

この信者は京大経済学部在学中に出家し、教団では科学技術省に配属された。自動小銃の密造に関与したと見られ、九五年夏には証拠隠滅容疑で逮捕されている。起訴猶予（ゆうよ）処分後、一度は愛知県内の自宅に戻ったものの、再びオウムに復帰した人物だ。

この養子縁組は、実刑が確定し刑務所に収監されると、原則的には親族と弁護士以外は面会できないため、接見交通権を確保し、上祐から教団へのメッセンジャーとして活用するために行われた、と言っていいだろう。

捜査資料によれば、上祐はこのルートを通じて、実に、さまざまな指示を教団側に出している。詳細は後述するが、例えば、今後の教団の活動方針案として、①新教団名は「アレフ」とし、執行部から表面上、麻原家や旧幹部を外す。②オウム色を出さずに、新たな人類救済活動を行う。③インターネットを活用した布教や事業展開を検討し、二十一世紀に向けたサイバー教団に変身する。④科学と宗教を合致させた超人を育成するなど、教団勢力の拡大を図り、尊師の死刑を中止させる——などを打ち出している。

これを読むと、教団が主張する改革案がいかに、表面を取り繕っただけであるか一目瞭然(いちもくりょうぜん)だ。

さらに、上祐はこのルートを使って、教団内の多数派工作も行っている。

教団長老部では、村岡はあくまで〝お飾りの代表代行〟に過ぎず、実権はパソコン事業など資金面を握った野田と、武闘派を中心とした人事面を掌握している二ノ宮の二人が持っていた。そこで、上祐は古くからの付き合いである杉浦兄弟を抱き込み、獄中にありながら、最古参の弟子として信頼と人気、そして、豊富な隠匿資金を持っているとされる石井と連携することで、その夫の鎌田も仲間に引き入れたという。そのうえで、野田らに人望がないと見るや、パソコン事業の実質的な責任者である平松康夫らを味方に付け、二人を骨抜きにした、というのである。

教団内ではまさに、永田町も顔負けの「水面下の政争劇」が繰り広げられていた訳だが、そうなると、野田らは上祐の敵ではなく、気がつくと抵抗できなくなっていたのが実情らしい。

実際、野田が一月十九日に横浜支部に行き、上祐と密談している姿が目撃されている。野田はその場で上祐に従うことを決め、指示通り、大量の経理書類を処分した。それゆえ、逮捕後も黙秘を貫き、釈放にこぎ着けたといわれる。

一方、二ノ宮は二〇〇〇年になって、ほとんど横浜支部に姿を見せていないが、分派活動は全く見せておらず、教団の活動方針については上祐に一任したと見られている。つまり、反上祐派のリーダー格と見られていた二人は、上祐出所後、彼に服従していたのだ。

アーチャリーの暴走が上祐の計略だったか否かは定かではないが、上祐が麻原ファミリーを外すことに強い意欲と自信を持っていることだけは間違いない。

その強気の根源は、こうした上祐の考え方が麻原と同じで、信者たちに麻原の指示と思わせることに成功したからだ。

例えば、麻原は九五年三月の強制捜査直前、主な幹部を集め、「私が逮捕されるなど、もしもの時は、教団の解散も視野に入れるべきだ」と発言し、教団は休眠中の宗教法人買いに動いた。

麻原はもともと村井を実質的な後継者と考えていたが、彼も逮捕される可能性が高かったため、その場で上祐を後継者に任じている。その一か月後に村井は刺殺され、文字通り、上祐が実質的な後継者となっている。

さらに、教団再建の資金的基盤となったパソコン事業についても、九二年に麻原が指示したことが事業進出に繋がっている。

幹部を集めた麻原は「バブルが弾(はじ)けて、これからはお布施(ふせ)を集めるのは厳しくなる。新たな資金源として、何かビジネスを考えなければならない」と話し、各幹部に事業計画を提示するよう求めた。

そこで提案されたのがコンピューター事業であり、麻原は「よくやった。これは将来、百億円の利益が期待できる分野だ」と大喜びし、事業進出を指示したという。

つまり、オウムを一度解散し、新教団として再生することで、オウム新法の適用と財産没収を免れるという上祐の考え方や、そのためには教団の名前や教義の一部を捨てたうえ、麻原ファミリーや上祐が表に出ずに、一般信者を執行部役員に据え、既存信者の数を構成員の半数以下にするといった偽装工作は、麻原の意志でもあると主張できた訳だ。

これでは、上祐が公安当局のスパイになる可能性は低いし、むしろ公安当局側が激しい謀略戦の末に上祐スパイ説やタレ込み説を流した、と考えた方が説得力がある。

暗躍する「闇の錬金術師」たち

最近のオウムで耳目を集めているのは、各地で起きている地元住民とのトラブルであろう。

前出の茨城県旭村の施設や横浜支部をはじめ、麻原の二女と三男が住んでいる栃木県大田原市の住居施設、一時は教団の本拠地になるのではないかと騒がれた群馬県藤岡市の道場、石井の子供たちの就学問題で大揺れだった埼玉県都幾川村の住居、核シェルターと見られる地下施設が見つかった長野県川上村の建築物、信者の拉致監禁騒動が起きた同県木曾福島町の道場……など、マスコミで採り上げられたものだけでもかなりの数に上り、公安当局によると、最盛期には五十か所以上もあったという。

　こうした不動産は、教団本部や支部、道場などの活動拠点、出家信者専用の修行施設と住居、水面下の行動や逃亡中の信者を匿うための隠しアジトなどに使用されているが、教団はどうやって、こんな多くの不動産を次から次へと取得できたのだろうか。

　捜査当局によると、最も多いのが、金融業者に借金の担保として抑えられた不動産物件に居座り、法外な立ち退き料をせしめる「占有屋」と手を組んだケースだという。「占有屋」が占拠しているため、競売にかけても買い手が現れない物件などを、所有者や占有屋から安く購入、賃借するもので、業界最大の占有屋といわれ、九九年十一月にオーナーらが競売入札妨害容疑で逮捕されたT商事グループ（東京）がオウムに斡旋、もしくは斡旋に関わった物件は、捜査当局が確認しただけでも、埼玉県越谷市の工場兼倉庫、東京都武蔵野市の教団出版部など計六か所に上る。

「T商事は業界で『トウサン商事』と呼ばれる〝訳あり物件〟専門の業者で、オウムにも最低七十件は斡旋しているはずだ。オウムと聞いただけで皆逃げ腰になるから、賃貸すれば占有屋の代わりを務めてくれ、競売は阻止できるわ、ゴネて立ち退き料を取ってくれるわで、大助かりだ。売れば売ったで、地元住民が反対して、自治体が買い取ってくれるから、言うことなしだよ。オウムにしても、マンション・アパートから戸建て、オフィス、倉庫など地域、物件とも豊富で、いつでも要望に応えてくれるから重宝する。オウムは今、資産隠しのため、盛んに不動産の売却や所有者、契約者の名義を変更しているけど、そんな時にも占有屋は便宜を図ってくれるから、都合いいものね」

そう打ち明けるのは、都内の不動産ブローカーの一人だ。

こうした〝おいしい儲け話〟を暴力団や企業舎弟が見逃すわけはなく、次々とオウム絡みの不動産斡旋に乗り出し、教団側も彼らを利用して、新拠点探しを進めているという。

「関東と関西の広域暴力団筋がオウムに触手を伸ばし、中でも、東海地方に拠点を持つ組による不動産買い叩きの動きが激しい。上祐が復帰したことで、かつての良好な関係が復活していると見て、警戒を強めている」

とは、暴力団担当刑事の話だ。

暴力団筋と言えば、オウムの不動産取得に関わる〝怪しげな面々〟の中に、暴力団幹部出身の信者だった中田の姿が見られる。

中田は九六年夏に脱会した後、名古屋市内でコンピューター占いなどの仕事をしてきたが、彼の元には続々と脱会信者が集結。現在は約三十人の元信者を率い、土産品店経営のほか、岐阜、長野、富山県などを中心に不動産ブローカーまがいのことを行っている。

ところが、中田が関与した不動産売買の周辺には、オウム信者の姿が見え隠れする。その代表的な例が、木曾福島町の教団施設「蓮華(れんげ)」である。

警視庁と長野県警は九九年九月、女性信者を監禁した疑いで家宅捜索を行い、教団幹部ら二人を逮捕(後に不起訴)したが、その強制捜査の際、テレビなどに登場した山荘風の施設のことだ。

実は、この施設の旧所有者は中田(名義は中田の元妻)であり、彼が教団に売却したものだったのである。

中田はほかにも、九七年に購入した岐阜県金山町の木造平屋建て住宅に、購入直後から元オウム信者のアベックを二組住まわせ、結局、町が約一千万円で住宅を買い取って退去させるなど、幾つかの騒ぎを起こしている。

中田について捜査した経験を持つ警察幹部は、こう語る。

「地下鉄サリン事件直後、中田は早川の指示で、奥飛騨(おくひだ)の山林約百二十万坪の地上げを仕掛け、一時は、オウムの本拠地が移転してくると大騒ぎになった。それ以来、中田は大がかりな不動産売買の面白さが忘れられなくなったのではないか。もっとも、今は本人がどう弁解しようが、オウムの影をチラつかせた、単なる土地転がし屋でしかないけどね」

一方、教団側にも、不動産調達を専門に行うグループが存在する。メンバーはかつて教団「自治省」に所属し、信者の拉致監禁や麻原のボディガードを務めてきた連中で、監禁や暴行などの容疑で逮捕された経験を持つ〝筋金入りの武闘派〟ばかりだ。彼らは不動産ブローカーなどと結託し、借金まみれの土地を脅し取ったり、騙し取り、所有者や地元住民たちとトラブルを連発。最近では、休眠中の宗教法人や企業の買収から会社の乗っ取りまで行っており、こちらもヤクザ顔負けの働きを見せている。

ところで、全国各地に拠点を確保しようとすれば、いくら安く買い叩いたとしても、莫大な資金が必要である。これらのカネはいったい、どこから捻り出して来るのか。

オウムは教団結成以来、五十社近い関連会社を設立し、ラーメン店や弁当屋からエステ、カラオケ、風俗店、パソコンショップまで幅広く商売を行い、莫大な利益を上げてきた。

また、上九一色村の第一サティアンにあった石井の部屋の金庫から消えた現金七億円をはじめ、教団には三十億円近い隠し資産があると言われ、教団周辺で不審な多額支出がある度に、この「オウム埋蔵金伝説」が沸き起こることも事実である。

そうした売り上げや隠匿資金を投入して、焦げついた不動産物件を物色し、多額の借金に苦しむ地権者から買い叩いてきた可能性は十分あるだろう。

中でも、教団最大の財源はパソコン事業の売り上げであり、年間六十億円から七十億円に上ると見られている。

パソコン事業を名実共に引っ張ってきたのが、「ナンディヤ」のホーリーネームを持つ平松であり、彼が結成した「ナンディヤグループ」と呼ばれる精鋭の技術者集団である。

平松は大阪府立大在学中の八八年に出家、翌年に大学を中退して本格的な活動を開始した。中国語や英語に堪能な利点を生かし、教団が設立したパソコン製造・販売会社「マハーポーシャ」に参加して、台湾のパソコン部品調達ルートを開拓したり、九五年の地下鉄サリン事件直前まで、ニューヨーク支部長として米国に滞在、ガスマスクや武器類から航空機、レーザー溶接機器までを買い漁ろうとして、「オウムの死の商人」と呼ばれた。

地下鉄サリン事件後、上祐を中心とした教団緊急対策本部のメンバーに抜擢されると同時に、「マハーポーシャ」の中心人物として、台湾や韓国、中国などから仕入れた安い部品を使って、信者にパソコンを組み立てさせることで、通常なら売値の一割程度とされる純益を三割〜四割に引き上げ、年間二十五億円を上回る利益を上げるこ

と に成功した。

オウムは、この「闇の錬金術師」の手腕によって、過去五年間にわたるパソコン事業で、百二十億円前後の資金を獲得した計算になる。

平松の最大の功績は、台湾からの部品調達ルートの開拓だが、台北市内のビル十階に、オウムが「日商大繁栄股份有限公司」（マハーポーシャ台北支店、以下、「大繁栄公司」と呼ぶ）なるパソコン会社を設立したのは、九三年六月とかなり古い。台湾行政院経済部に届けられた会社設立登記によると、「大繁栄公司」の社長は平松（当時、私の取材に対し、教団は同姓同名の別人と答えていた）で、東京本社の所在地はデタラメだった。

台湾警察当局の調べによると、麻原は九三年一月十五日、家族や新実らと訪台し、二十五日に帰国している。三月十一日にも教団幹部の村井や新実智光らと五人で訪問。この時は日本の公安当局からの情報提供で、不穏分子として空港で入国を拒否されている。

台湾当局は日本から情報を得て、麻原やオウム教団幹部の滞在中の足取りを徹底的に調べた。その結果、麻原が最初の訪台時、観光目的のはずなのに、中国との密貿易基地として知られる基隆市に行き、海岸部を丹念に視察していたことが分かった。

「実は、押収資料の中に、電子機器などのハイテク技術をコピーして盗む計画書があり、オウムはそれを台湾で行おうとしていたんだ。何しろ、台湾はハイテク産業が盛んだし、外国製品のコピー天国だからね」

とは、ベテラン捜査員の話。

さらに、台湾当局は、麻原らが台湾国内の対中国独立派の団体を訪ね回り、その中でも過激なグループと接触していたことを突き止めた。

「オウムはどうやら、台湾国内の独立運動を激化させ、社会不安を煽ろうとしていたようです。彼らは台湾独立を支援するとの名目で、急進派のリーダーたちに合わせて三億円の資金を提供しており、危うく、大陸と戦争になるところでした。実は、そうしたグループをオウムに紹介したのは、日本の大物政治家なんです。非公式ルートで日本の公安当局にも連絡していますが、そんな恐ろしい陰謀が、日台両国のある勢力によって進められていたとは、信じられません」

とは台湾警察当局の幹部。これでは、再入国が拒否されるのも当然だろう。

日本の公安幹部も、こう言う。

「逮捕した幹部の供述などから、オウムが台湾で実行しようとしていたマル秘計画が、台湾国内で九七年までに、クーデターやテロを起こして混乱させ、まず、中国に介入させる。その後、米軍の侵攻を誘導して米中戦争を勃発させ、ついには第三次世界大戦の開戦、というストーリーであることが分かった。確かに、押収した書類の中に、『ミル17』とは別のロシア製大型軍用ヘリ（結局は購入断念）の飛行計画があり、ウラジオストックから日本各地を経て、台湾までの飛行ルートが引かれていた。奴らは外国でも荒唐無稽なことを考えていたようだ」

その拠点である「大繁栄公司」に、教団から計数十億円が送金されていることが、捜査当局の手で明らかになっているし、九四年ごろには、台湾マフィアと連携し、覚醒剤の製造技術を習得したり、拳銃やガスマスク、防弾チョッキなどを大量に購入した疑いが持たれている。

九五年三月には、同社から異臭が発生し、窓から黒煙が噴き出すなどの騒ぎになり、それ以降は警察当局の監視下に置かれた。そして、地下鉄サリン事件の発生後、知らない間に会社自体が消滅してしまったという。

ところが、九四年当時、「大繁栄公司」と取引していた現地法人「優宝電子」社が社名を変えて存続し、密かに「ナンディヤグループ」との取引を続けていたのである。

平松はこの現地法人を拠点に、台湾に教団専門の部品工場や貿易会社を設立し、パソコン部品ルートを作り上げたとされており、オウムの「遺産」が脈々と息づいていたことを示している。

テロ、ビジネスともサイバー教団

この「ナンディヤグループ」が密かに進めてきたものに、二〇〇〇年三月になって発覚したサイバーテロ計画がある。

教団の関連企業であるコンピューターソフト開発会社が防衛庁や郵政、建設、文部各省などの官公庁をはじめ、NTT、三菱商事、住友銀行、新日鉄、松下電器などの大手企業から共同通信、日本経済新聞といったマスコミまで、百四十件余に及ぶコンピューター基本システムの設定を受注していたという事実は、政府や警察当局はもとより、一般市民にも大きな衝撃を与えた。

この事業を推進してきたのが、平松ら「ナンディヤグループ」で、理工系大学出身者や電子・通信機器関連企業の元社員からなる信者のソフト開発グループを五つに分け、競わせながら開発を進めると同時に、ハッキング技術の習得にも励んだという。

彼らの進出を許したのは、ソフト業界の下請け・孫請けシステムが土建業界のそれと同様に杜撰(ずさん)な体質を持っていたことが原因だった。仮に、実績と信用がある有名企業が受注しても、実際の作業は発注元が全く知らない会社がやっており、そこには、オウムはもとより他国の工作員や産業スパイなども入り込む余地があった。

そのうえ、ソフト開発に関しては、専門知識のない者が監視していても全く効果がなく、ネットからのハッキングと違って、技術的にも防ぎようがなかった。

そうした弱点を突いたオウムの巧みな戦略は脅威であり、サイバーテロの危険性が絵空事でないことを実証した。また事態の発覚と同時に、パソコン事業からの撤退を発表したやり方も、オウムの不気味さを一層浮き彫りにした、と言えよう。

特に防衛庁の被害は深刻で、各駐屯地の装備状況をはじめ、幹部の住所などトップシークレットが筒抜けになっていた恐れがある。これは、オウムのテロ行動だけではなく、彼らが入手した情報を他国に売却する危険性があるため、大幅な再構築、それも単なるシステムの変更に留まらず、幹部が転居するなど大規模な転換を迫られるものであった。

このサイバーテロ計画は、警視庁が野田の車から押収したフロッピーから判明したが、ここで決して笑えない〝笑い話〟を紹介しよう。

そのフロッピーに入っていた受注先リストの中に何と、警視庁も含まれていたのだ。

警視庁が発注していたのは、パトカーなど保有車両のナンバーや車種、所属部署などを一括管理するシステム開発で、警察車両百十五台分のナンバーや車種、極秘扱いの配置場所まで教団側に流出したと見られている。

警視庁は直ちに運用を中止し、既に流出した恐れのある六十三台分のナンバーを変えるなどの措置を取って、何とか事なきを得たが、とんだ恥をさらしてしまった。

警視庁はかなり早い段階から、教団によるサイバーテロの危険性を認識していたが、当初のオウムは自前のサーバーを持たず、ソフトの開発力もないと見られ、捜査が不十分であった。しかも、九八年二月には、オウムがソフト開発に乗り出していることに気づいていながら、運転免許証偽造など自分の管轄内の問題点をチェックしただけで公表せず、このような大規模侵略をみすみす許す結果になった。これは到底、看過できない失態と言えるだろう。

さて、教団はオウム新法の施行で、関連企業の資産や利益も破産管財人に移行する可能性が高いと見るや、直ちにパソコン事業からインターネットを使ったマルチ商法に移行した。

九八年末に米国オクラホマ州に設立されたインターネット関連会社「スカイビズ」社による、容量十五メガのウェブサイトを年間百ドルで売るという新ビジネスに着目。これは、ホームページのスペースを購入した者は、二人の新規会員に新たにウェブサイトを売る権利があり、その新規会員はまた二人に売ることができるなど、人も金も倍々ゲーム的に増やすことが可能なビジネスだ。各会員には新規会員の増加数に応じて、本社からマージンが支払われるシステムになっており、この新商売は大当たりし、瞬く間に、世界中に広がった。

教団は、その人気の高さに加え、会費が百ドルと安いため、二万円以上の入会金を対象とした日本の訪問販売法に抵触しないこと、パソコン上の取引なので身元がバレないことなどに注目し、九九年夏からスタートさせたのである。

捜査当局は、この新ビジネスが当初で年間数億円、将来的には十数億円の収益を教団にもたらすと推定。教団がこうした資金を使って、ヘッジファンドなどへの投資を行い、隠し資金を次々とプールしているのではないか、と警戒している。

また、教団は九三年に出家した現役税理士を使って、大半の関連企業を赤字申告させるなど、巧みな経理処理を行っている。国税当局もパソコンショップの税務調査を行ったのをはじめ、教団の資金源解明に乗り出しているが、店名や経営者を次々と変えたり、三十〜五十万円の月給を支給されたことになっている従業員が信者で、実際はただ働きに近くても文句を言わないため、実態が摑みにくいという。

一方、上祐は出所後、かつて村井、早川両グループに所属し、特殊な技術や知識を持っていた信者たちを呼び集めている。

中でも、重視したのは、早川が率いていた「謎の人脈」であった。

早川が教団に引っ張ってきたメンバーは、不動産から殺人兵器まで資材を調達するプロをはじめ、信者の獲得や煽動、まとめ役の第一人者、闇の世界に精通し、多彩な人脈を持っている者、出所不明の多額の資金を集めて来る者……など、いずれも〝百戦錬磨〟の強者ばかりと言っていいだろう。

この早川グループの面々は、リーダーの早川同様、地下鉄サリン事件などの現場には決して顔を見せず、松本、地下鉄両サリン事件の発生直後、二回に分かれて大量脱会している。

しかも、早川グループがロシアなどから買い集めてきた大量の武器の行方が、全く分からないままなのである。

さらに興味深いのが、彼らの大半が脱会後、別の宗教団体の幹部に収まったり、暴力団幹部や企業舎弟、別の宗教団体関係者と一緒に事業を始めたり、北朝鮮（朝鮮民主主義人民共和国）に食い込んで、大々的にビジネスを展開するなど、いかにも怪しげな軌跡を辿っていることだ。

こうした事実を見ると、早川がオウムの〝裏の司令官〟と呼ばれ、どこかの国の工作員だった、と疑われるのも無理はない。

その真偽については後述するとして、上祐は密かに、この早川グループのメンバーに接触し、再結集を呼びかけていた。メンバーの多くがそれに応じたことが、上祐体制をより磐石(ばんじゃく)なものにした、と言っても過言ではあるまい。

続いて、かつて教団の第一、第二厚生省で生物・化学兵器の製造に携わってきた信者たちが服役を終え、次々と教団に復帰している点も注目すべきであろう。

第一厚生省は遠藤誠一が大臣を務め、主に猛毒・ボツリヌス菌の培養など生物兵器の開発を担当。第二厚生省は土谷正実が大臣で、サリンやVXガスなど化学兵器を開発しており、彼らは殺人兵器の開発という狂気に染まってしまった面々だ。

これらの兵器は未完成品が多く、彼らは執行猶予付きや、短期の懲役刑という微罪に問われただけで、早々と出所してきた一方で、不幸なことに、その研究・開発意欲は完全に消えていなかったのである。

彼ら〝マッド・サイエンティスト〟たちが目指しているのは、教団の再武装化か、はたまた、テロ行為による麻原奪回なのか——。いたずらにオウムへの恐怖心を煽るつもりはないが、例えば、サリンがどこかに隠匿されている可能性が全くゼロ、とは言い切れないのである。

オウムは、麻原の指示した「七十トン量産計画」に従い、上九一色村の第七サティアンに巨大なプラントを建設して、サリンを生成した。そのうち松本・地下鉄サリン事件に使った以外は、強制捜査直前に証拠隠滅を図るため加水分解して廃棄した、と教団幹部らは供述しているが、それが真実か否かは定かではない。現に、九五年五月五日の新宿駅青酸ガス事件で使用された青酸ソーダは、強制捜査で押収されないように、予め（あらかじめ）日光山中に埋めておいたものだった。

逮捕された信者の中には、「埼玉県内のアジトでサリンが保管されているのを見た」と供述した者もいるし、サリンは常温では気化してしまうものの、冷蔵庫で冷やせば保管可能とあって、サリン隠匿疑惑は未だに燻（くすぶ）り続けている。

二〇〇〇年四月二十二日、公安当局が都内でナイフを所持していたとして銃刀法違反容疑で麻原の長女を逮捕した際、乗っていた車内からサリンやその生成過程でできる中間物質などの化学式が記載されたメモが押収されている。

このほか、上祐は有能な人材発掘のため、被害対策弁護団の滝本太郎弁護士が組織した脱会信者の支援組織「カナリヤの会」のメンバーにも密かに接触を図り、教団への引き戻し工作を行っているという。

これまで述べてきた教団の策謀はおそらく、氷山の一角に過ぎないだろう。彼らは外から窺（うかが）うほど息絶え絶えではなく、逆に意気軒昂（けんこう）のように思えてならない。

第三章　渡航

上祐を出迎えた謎の金髪美女

上祐は新教団をどこに設立しようと考えているのだろうか。

教団名を変えたり、体裁を少々いじったぐらいでは、オウムであることは隠せない。全国どこへ行っても、公安当局やマスコミの目は光っているし、地元住民による排斥運動が起こるからだ。しかも、移転先でトラブルでも起こそうものなら、オウム新法が適用されるという危険が、常に付きまとっている。

実は、上祐にはそうした問題を解決する秘策があった。

そのヒントは、上祐の出所に隠されていた。

上祐が出所した九九年十二月二十九日、報道陣が配置につくよりかなり早い午前零時ごろから、広島刑務所前で待ち受ける一人の女性がいた。

金髪を腰の辺りまで伸ばし、グリーンの瞳をした白人の美女で、上祐が出所すると、待たせていた車で追跡。広島空港では搭乗前の上祐に近づき、いかにも親しそうに、「お帰りなさい」と日本語で話しかけた。

さらに、上祐と同じ飛行機に乗って東京に向かい、羽田空港では彼女の動きを制止した警備官と日本語で口論する騒ぎまで起こしている。

「彼女は本名はスベトラヤーナ、ホーリーネームは得法明女というカザフスタン出身のサマナ（出家信者）です。モスクワ市内の大学に在学中に入信した古手の信者ですが、気が効くし、頭の回転が早く、仕事ができるうえ、あの美貌ですから、モスクワ支部長時代の上祐に可愛がられ、当時は秘書兼恋人と言われていました」

そう話すのは、ある公安関係者。彼によると、スベトラヤーナは上祐のお供で何度か来日していたこともあって、もともと日本語が少し話せたが、九五年のモスクワ支部閉鎖後、モスクワ市内の大学に入り直し、一年間にわたって日本語を学習。その後、再び来日し、信者とともにビラまきなどを手伝っていたという。

この日は予め、上祐が宿泊する予定だった新宿のホテルにチェックインしており、上祐と連絡を取り合って、一緒に過ごす考えだったと見られる。

公安当局がスベトラヤーナについて詳しいのは、彼女を徹底マークしてきたためであった。それと言うのも、旧モスクワ支部に所属していたロシア人信者たちが、九九年ごろからモスクワ市郊外に集結しているとの情報があり、その中心的役割を果たしているのが彼女ではないか、と見られているからだ。

モスクワ支部長を務めた上祐は、ロシア人信者には麻原以上に人気と信頼があり、新教団をロシアで設立する可能性が出てきたのだ。

実際、二〇〇〇年二月に入って、ロシアの『イズベスチヤ』紙は連日のように、オウム真理教の復活について報じている。

それらによると、オウムは九二年にモスクワ支部を設立、最盛期は三万五千人の信者がいたが、地下鉄サリン事件後の九五年、ロシアの裁判所が宗教法人登録を抹消するなど活動禁止措置を取ったため、信者数は激減。現在は二百人前後となっているという。

ところが、九九年ごろから、少人数ながら非合法の地下組織として復活の兆しがあり、ロシア検察当局も捜査を再開。オウムは検察当局の目を逃れるため、モスクワ市の東約三百五十キロにあるエリッツェ村に約十人の信者が集まり、信者村を構築し、新たな信者を修行させる拠点とするなど、活動を活発化させている。

同紙は、オウムはロシア国内の不動産取引で資金を稼いでいるほか、日本から多額のアジト建設資金が送られてきていると報じており、ロシア当局は二月十九日、エリツェ村の教団施設の捜索を敢行。身分証明書不携帯で信者一人を逮捕し、オウムの機関紙などを押収したが、中心的なメンバーはいち早く察知し、重要書類などを持って逃走したという。

日ロ両捜査当局は、上祐の今後の動き次第では、ロシア国内にある旧オウムの基盤が復活する可能性があると見ており、この捜索を契機に連携を強め、オウムに対する捜査、警戒活動を行っていくとの方針を打ち出している。

「上祐は九九年十月に獄中から、例の養子ルートを通じて、密かにロシアでの教団基盤の復活を指示していた。指示を受けたのは、元音楽班のリーダーで古参信者の鎌田だよ。かつて音楽活動で何度か訪れたドイツとオーストリアに彼を派遣し、ロシアの残党たちと密会させている。目的は散り散りになった残党を合流させることのようだが、鎌田はヨーロッパじゃ『ウルヴェーラ・カサッパ師』と呼ばれ、かなりの人気者らしく、残党たちは『カサッパ師と会った』と大喜びで、指示を快諾したらしい」

そう明かすのは、ロシアに詳しい公安幹部。さらに、こう続ける。

「日本とロシアのオウム信者間で交信しているインターネットなどをチェックすると、ロシアの残党たちの方が意気軒昂であることが、よく分かる。何しろ、毎日のようにホームページを更新し、『尊師の教えを守り、尊師とともに進んでいこう』とか、『野田正悟師の逮捕は捜査当局による不当逮捕だ』と叫びまくっているからね。オウムが本質的には、何ら変わっていないことの、何よりの証拠だよ」

　この公安幹部によると、モスクワ支部閉鎖の翌年、日本から教団幹部が多額の資金を持って続々と訪ロし、モスクワ市内に不動産会社を設立、信者の拠点にした。ところが、上祐の後にモスクワ支部を担当した幹部で、九八年に国外退去処分になり、逮捕された大内利裕が上祐のやり方を批判し、ロシア国内の過激派信者を追放したことから、一時は潰滅(かいめつ)的な打撃を受けたという。

　公安当局によると、ロシアで活動しているオウム信者は現在、ホーリーネームが「守真明王」と「至智童子」というロシア人信者が率いる二大グループをはじめ、同じく「守天」率いるグループなど数団体が中心だと言われている。いずれも、かつて上祐の指導を受け、彼の主張とヴァジラヤーナの教えを信奉し、さまざまな非合法活動を行ってきた過激派グループで、鎌田と密会したのはそのうち、「守天」の幹部らしい。

　特に、「守真明王」はロシア政府や捜査機関などに食い込み、情報を収集したり、オウム復活の根回しを行うなど、本家顔負けの謀略戦術を展開。「至智童子」の方は、オウム信者と元KGB職員が設立した警備会社『オウムプロテクト』の残党が中心で、軍関係に強いコネクションを持っているという。

彼らロシアオウムのメンバーの中には、ウクライナやアゼルバイジャンなど、比較的抵抗が少ない〝オウム初体験地域〟で、新たな拠点を作る動きを見せている者もおり、オウムがロシアを中心とした旧ソ連領内で復活する環境は、既に整ったと言っていいだろう。

上祐は新天地を求めて、海を渡ろうとしているのだろうか。

ロシアに渡った一千万ドル

オウムがロシアと密接な関係を持つようになったのは九二年二月。当時の大統領、エリツィンの側近で、国家安全保障会議書記だったオレグ・ロボフが日本を訪れ、麻原と会談したのがきっかけだと言われている。

ロボフはエリツィン政権の資金確保のため「ロシア日本大学」構想を打ち出しており、財団法人・ロ日大学基金を設立し、自ら学長・総裁に就任。基金への約三十億円の資金援助を求めるために来日して、通産相だった渡部恒三や各企業トップらに要請したが、すべて断られた。

そこに現れたのが麻原だった。二人を引き合わせたのが当時、代議士だった山口敏夫といわれ、二人は都内のホテルで会談。麻原は五百万ドルの資金援助を承諾し、最終的に一千万ドル近くを送金したとされる。これに対し、ロボフはオウムにロシアに関する最大級の便宜を図ることを約束したという。

麻原は翌三月、約三百人の信者を引き連れ、「ロシア救済ツアー」と称してモスクワを訪問。エリツィンにこそ会えなかったが、最高会議議長のハズブラートフや副大統領のルツコイらと会見した。七月には宗教法人認可を得て、九月にはモスクワ支部も開設している。

また、年間八十万ドルの資金を出し、ロシア最大のラジオ放送局の放送枠を買い取り、布教に利用して、瞬く間に三万五千人余の信者を獲得している。

麻原は最高幹部の上祐をロシアに送り込んで、モスクワ支部長に就任させた。九三年十二月から、モスクワ市郊外に約二十万坪の土地を見つけ、道場や病院、学校、アパートなどを建設し、信者のユートピアを作る「ロータス・ビレッジ」計画を推進したほか、モスクワ支部に日本と同様にビジネス、マスコミ、研究、警備チームなどを設けたり、パスタ工場や衣料品店経営などの商売にも乗り出したのである。

この「ロータス・ビレッジ」計画の延長線上に、前述したエリツェ村の施設があることは疑いの余地がない。なぜなら、現在、ロシアにいる信者たちは、この村のことを「ホワイト・ロータス・ビレッジ（白蓮村）」と呼んでいるからだ。

ところで、オウムのロシア進出は、ロシア側からオウムに接近したのか、それとも、オウム側から働きかけたのだろうか。

人一倍名誉欲の強い麻原は、九〇年七月に行われた創価学会名誉会長の池田大作とソ連大統領のゴルバチョフの会談に刺激を受け、ロシア進出に意欲を燃やしていた。その意向を受けた早川は九一年秋、ロシアやウクライナと繋がりがある日本人ブローカーを通じ、日ロ友好関連団体の役員を訪ね、ロシアへのルート作りを依頼した、という説もあった。

一方、ロシア側にも、エリツィン政権が駐日ロシア大使館に資金集めを指示し、在日ロシア大使館経済担当公使（当時は一等書記官）のボリゾフ・ニコラエヴィッジが中心になって、水面下で動き出していた、という事情があった。

「最初、統一教会や創価学会に話を持って行ったが、相手にされなかった。途方に暮れていた時、ある宗教団体の関係者から、オウムを推薦されたんだ」

とは、担当者の一人だった旧KGB関係者。早川はボリゾフに接触し、ロボフに医療品やコンピューターなど総額五千万ドル相当の〝人道的援助〟を申し出たという。

因みに、ボリゾフは狙撃された国松長官と同じマンションに居住し、旧KGB日本代表の大佐（本人は否定）として、公安当局がマークしていた人物である。

早川はボリゾフの推薦を受け、九一年十二月と翌九二年一月、この役員とともにロシアを訪問。ロボフの腹心であった口日大学基金事務局長のアレクサンドル・ムラビヨフと接触した。早川とムラビヨフはその後、ファクスで下交渉を重ね、二月三日にはロボフ・麻原会談の日程などを調整したり、ロシア政府の麻原訪ロ承認を伝え、チャーター機の手配までしている。

このムラビヨフは、後にオウムに毒ガス検知器を売ったグルーマー社の社長でもあり、九五年十月、モスクワ北東地区検事局の事情聴取を受けたが、麻原と面識があることは認めたものの、早川とのビジネスに関わったことは否定した。しかし、ロボフの来日前に、両者が接触していたことは、麻原が九二年一月末、上九一色村長らと話し合った際、「ロシアのエリツィン大統領との会談が決まっている」と漏らしていることからも明らかである。

この根回しで、オウムはロボフ個人に十万ドルを献金したと言われているが、エリツィンやムラビヨフにもカネを渡していた（本人たちは否定）と見られ、『イズベスチヤ』紙は後に、

《エリツィン大統領が献金を受け、ロ日大学にオウムが関わることを承認し、指示書にサインしていた……》

と報じている。

このように、オウムが真剣にロシア進出を検討した目的の一つが、教団の武装化、特にハイテク化にあったことは明らかだ。最初にロシアを訪問した時、科学アカデミー物理学研究所所長で、レーザー光線研究で知られるノーベル賞受賞者のバーソフ博士や、原子力大臣らと真先に接触したり、麻原自身がモスクワ物理工科大で二回も講演したことからも、それは窺える。

しかも、麻原は九三年八月末、モスクワ郊外にあるロシア軍精鋭部隊のカンデミーロフ戦車師団を訪問し、その後、信者が同師団で軍事訓練まで受けている。

このほか、軍事転用が十分可能な大型軍用ヘリコプター『ミル17』をはじめ、戦車、潜水艦、ロケット砲をはじめとする重火器類、自動小銃のカラシニコフなどの武器を購入するための交渉を、水面下で行っている。

上九一色村の教団施設でマスコミに写真を撮られ、市民に衝撃を与えた『ミル17』は、公安当局の調べで、旧ソ連のタタルスタン共和国で製造され、アゼルバイジャン共和国で使用されていた中古機であることが判明。ウイーンを本拠地とするロシアンマフィア系企業の仲介で、アゼルバイジャンからスロバキア、オーストリアを経由して九四年六月、オランダのロッテルダム港から横浜・大黒埠頭まで海上輸送されたことも分かっている。

日ロ両国の捜査当局は、この軍用ヘリの売買にハズブラートフが関与し、オウム教団から彼に多額のカネが渡っていると見ていた。ハズブラートフはアゼルバイジャンに近いカフカス地方出身で、九二年三月には麻原とも会見し、オウム武装化の後ろ楯になっていたとされる人物だ。

一方、オウムは有能な人材の獲得にも余念がなかった。

ロシアの各大学で頻繁にヨガ教室を開いて、信者を勧誘し、特に、核研究や化学ではトップレベルの大学を選んで、教室を開講。モスクワ物理工科大の主任研究員が出家し、数人の学生を集めて、研究チーム（後の科学班）を結成したし、ロシアの原子物理学の最高機関で世界的に有名なクルチャトフ研究所の研究員の中にも、信者を獲得していたことが分かっている。

オウムのやり方は有能な人材を狙い撃ちし、徹底的なスカウト活動を行うもので、経済混乱で頭脳流出が相次いでいた当時のロシアにあって、その受け入れ先として貴重な存在だったことも事実であろう。

オウムは当時、モスクワ以外での支部開設を禁じられていたが、実際は、ロシア第二の都市・サンクトペテルブルグ（旧レニングラード）や第三の都市・ニジニノブゴロド（旧ゴーリキー）をはじめ、ウラジオストック、ハバロフスクでも支部開設を準備していた。また、ウクライナやベラルーシ、モルドバ、北オセチアの各共和国でも設立準備を進めていた。

こうした準備活動の責任者は表面上、モスクワ支部長の上祐だったが、彼は組織編成や信者獲得など表の仕事が中心であり、裏工作のほとんどが、早川の仕業であった。

世界を股にかけた〝死の商人〟

ここに、法務省入国管理局が作成した、ある人物の九二年一月から九五年三月にかけての出入国記録があるので、まずはご覧いただきたい。

【九二年】

①一月十一日、成田発モスクワ着。二十日、コロンボ（スリランカ）発福岡着。
②一月二十三日、成田発モスクワ着。二十八日、モスクワ発名古屋着。
③二月十八日、成田発モスクワ着。二十五日、モスクワ発成田着。

④三月一日、成田発モスクワ着。六日、モスクワ発成田着。
⑤十一月二十八日、成田発モスクワ着。十二月四日、モスクワ発成田着。
⑥十二月十二日、成田発モスクワ着。十九日、モスクワ発成田着。
【九三年】
⑦一月九日、成田発モスクワ着。十九日、モスクワ発成田着。
⑧二月十一日、成田発モスクワ着。二十三日、モスクワ発成田着。
⑨五月四日、成田発モスクワ着。八日、モスクワ発成田着。
⑩八月二十六日、成田発モスクワ着。二十九日、モスクワ発成田着。
⑪十一月二十一日、成田発モスクワ着。二十六日、モスクワ発成田着。
⑫十二月四日、成田発モスクワ着。十二日、モスクワ発成田着。
【九四年】
⑬一月二十日、成田発モスクワ着。二月四日、モスクワ発成田着。
⑭二月十五日、成田発モスクワ着。十九日、モスクワ発成田着。
⑮三月九日、成田発モスクワ着。十二日、モスクワ発成田着。
⑯三月十五日、成田発モスクワ着。二十六日、モスクワ発成田着。
⑰四月四日、成田発モスクワ着。十五日、モスクワ発成田着。

⑱七月二十九日、成田発モスクワ着。八月七日、パリ発成田着。
⑲八月二十二日、成田発モスクワ着。二十七日、モスクワ発成田着。
⑳九月二十四日、成田発モスクワ着。十月七日、モスクワ発成田着。

【九五年】
㉑三月十七日、成田発モスクワ着。二十二日、モスクワ発成田着。

この人物は何と、九二年と九三年に各六回、九四年に至っては八回も、日本とロシアを行き来している。しかも、①と②のように、帰国してわずか三日後に再び訪ロ、といった不可解な渡航も多く、この人物が何をしていたのかは非常に興味深い。
だが、これで驚いてはいけない。この人物はその間、他の国も頻繁に訪れていた。出入国記録には、こう記されている（訪ロの時期と比べ易いように、①と②の間の渡航は①②とした）。

【九二年】
②③ 二月一日、成田発シンガポール着。五日、シンガポール発成田着。
④⑤ 七月四日、成田発バンコク着。十二日、バンコク発成田着。

④⑤七月十四日、成田発バンコク着。二十三日、バンコク発成田着。
④⑤十月十五日、成田発パリ着。二十五日、パリ発成田着。
④⑤十一月十一日、成田発デリー（インド）着。十八日、デリー発成田着。
【九三年】
⑧⑨四月二十一日、成田発パース（豪州）着。五月一日、シドニー発成田着。
⑩⑪九月二日、大阪発シンガポール着。二十日、シンガポール発大阪着。
【九四年】
⑭⑮二月二十二日、成田発上海着。二十五日、上海発成田着。

恐れ入ったことに、この人物は九二年が八十八日間、九三年が七十八日間、九四年が八十三日間、即ち一年間のうち二〜三か月は海外にいたことになる。

実は、これは早川の渡航歴である。早川は九二年から三年余に二十一回もロシアを訪れ、その間にインド、タイ、シンガポール、中国から、フランス、豪州まで出掛けていたのだ。

ロシア国内でも一か所にじっと留まっていた訳ではない。東端のウラジオストックに出掛け、旧ソ連のウクライナやベラルーシ、アゼルバイジャン、北オセチアなどを飛び回ったかと思うと、ウイーンで目撃されている。まさに、神出鬼没なのだ。

彼はロシアをはじめ旧ソ連内で、オウムの基盤整備や人材発掘、武器購入に走り回っており、その姿は宗教者というより、武器売買に携わる〝死の商人〟に思える。

ロシア捜査当局によると、早川はムラビヨフを通じて国際武器商人と接触し、軍産複合体に食い込んだり、ロシア軍の軍事物資横流しシンジケートと繋がりを持とうとした形跡がある。

また、ロシア以外の国へ出掛けたのは、ウクライナはロケットやミサイル産業、ベラルーシは電子工業が盛んだが、ともに経済状況が悪く、軍事研究者の月収は百ドル以下であったため、武器はもとより、兵器開発システムや核燃料、もっと言えば、有能な研究者自身を手に入れやすかったから、と見られる。

早川はこうした交渉や根回しを円滑に運ばせようと、ロシアンマフィアに協力を求めたり、ロシア政府の高官などを接待するため、神奈川県内の業者に、ルーレットやスロットマシーンなどを備えた豪華船まで発注していた。

早川が六年間にわたり、日々の活動や任務の内容をメモし続け、後に捜査当局が押収し〝捜査の切り札〟にした『早川ノート』には、

《戦車T72　中古20～30万ドル　八年前のもので数百万ドル》

《F29（ミグ29）新品二千万ドル、中古千二百万〜千四百万ドル》

《政府高官と接触　武器一つに四十万ルーブル》

などの記述が見られ、着々と武器調達を進めている様子が記されている。

そのうえ、これら武器の購入と時期を合わせるかのように、教団は千葉港の船舶管理会社を買収したり、ヘリ発着用甲板付き貨物船を購入する計画を立てていた。

「ロシアのカニ缶やキャビア、台湾のパソコンなどの密貿易を考えていた」

とは、捜査当局の調べに対する早川の供述だが、密輸した武器の運搬・保管方法を考えていたと見た方が、はるかに納得がいくだろう。

捜査当局が押収した岐部のメモの中には、

《ロシアからT72戦車を三百台購入して、中国に売却する》

との記述も見つかっており、オウムが単に武器を買い集めていただけでなく、それをほかの国や組織に売りつけ、利益を上げていた可能性もある。

さらに、早川が訪ロしたのは、ハルマゲドンに備えたクーデター部隊養成のためでもあった。

オウム信者たちは九四年四月と九月の二回、ロシア軍最強の特殊部隊『スペツナズ』指導による小銃実射を含む厳しい軍事訓練を受けているが、この訓練ツアーに、目黒公証役場の仮谷清志事務長監禁致死事件（以下、仮谷事件と呼ぶ）で指名手配中の平田信や、現教団の長老部で過激派と目される二ノ宮、野田が参加している点は見逃せまい。

この軍事訓練とほぼ同じころ、岐部もまた、モスクワ近郊のチェホフ基地で、密かに軍用ヘリの操縦訓練を受けたことが分かっている。

ここで注目しなければならないのは、オウム教団が九三年十一月に、モスクワに設立した私設警備会社『オウムプロテクト』だ。ムラビヨフが旧KGBの元大佐と元中佐に働きかけ、元大佐が旧KGB第九局（要人警備担当）職員二人を誘って設立したものだ。

この二人の元佐官は、エリツィンの右腕とされる大統領保安局長、コルジャコフの部下だった面々で、決して〝うらぶれた失職者〟ではなかった。

コルジャコフはエリツィン政権の秘密警察組織とも言うべき大統領保安局を設立し、チェチェン侵攻から武器輸出まで仕切る〝陰の支配者〟と言われており、二人は彼の後押しで『オウムプロテクト』を設立した、と考えた方が正解だろう。

ロシアには、旧KGBやスペツナズのOBらが結成した「RFA（ロシア法務機関職員対応基金）」という政府〝公認〟の警備会社があった。実態は、非合法の諜報活動を代行したり、ロシア犯罪組織の秘密訓練機関として機能し、さまざまなテロ行為を行っており、暗黒組織そのものと言っていい。そのRFAがコルジャコフの指示で、オウムに全面協力していた形跡がある。

現に、九四年二月と四月の二回、RFAの訓練センターでオウム関係者四十五人が射撃や破壊工作の特殊訓練を受けている。九四年九月、日ロの若者約百人が内務省特殊部隊「アルファ」OBの指導で激しいゲリラ訓練を受けているのも、RFAの指示だったと言われている。

ロシア政府はオウムとの関与はもちろん、軍部からの武器・毒物の流出疑惑を否定した。が、ロシア国家会議宗教団体委員長のサビツキーが「KGBを引き継いだ諜報機関の協力なしには、外国の宗教団体がロシア政界に接近するのは不可能」と批判し、CIA（米国中央情報局）が調査に乗り出したこともあって、ロシア政府はムラビヨフから事情聴取したが、案の定、成果はなかった。

CIAが早い段階から公式な実態調査に乗り出したのは、オウムの背後にロシアの一部勢力が関与している疑いが強いうえ、隠れ信者であるロシア軍化学部隊の兵士が、ロシア国内に三〜四万トンあるとされるサリンを持ち出す危険が出てきたからにほかならない。

さらに、ＣＩＡはオウムの自衛隊員への浸透ぶりに懸念を表明していたが、現実に大量のオウム協力者が出現したことに、日本政府以上に衝撃を受けている。

オウムが自衛官を熱心に勧誘した理由は、実行部隊としての即戦力もさることながら、やはりＡ（アトミック＝核）Ｂ（バイオ＝生物・細菌）Ｃ（ケミカル＝化学・毒ガス）兵器に関する技術と情報、生産能力、さらに運用法を指導できるインストラクターの獲得が狙いであろう。

ただ、これらの獲得は下級隊員の勧誘だけでは不可能であり、ＣＩＡは防衛大出身者を中心とした十数人の中核グループが、隠れ信者の中にいるのではないか、と警戒していた。

ところで、『早川ノート』の中に、こんな記述がある。

《九五年十一月・戦争》

捜査当局はこの記述を、オウムが九五年十一月に大規模なテロ行為を起こそうと計画し、準備を進めていた決定的な証拠と見て、早川ら幹部たちを徹底的に追及したが、重要なことは何もしゃべらなかった。

ただ、捜査当局が井上逮捕で押収した「井上ノート」には、十一月Ｘデー計画書と見られる記述があり、その中に、

《自衛隊の現役隊員・元隊員のオウム信者約五十人、地下組織に属する信者の特殊ゲリラ要員約二百人を動員。資金援助している一部の暴力団や過激派グループの協力を得て、完全防護服着用のゲリラ工作隊で首都を占拠する……》
《新潟周辺に、元ロシア軍特殊部隊の隊員が医師を装って、強襲揚陸艇で上陸する。艦船に事前に乗り込んだオウム幹部が、ロシアの元軍人などで組織されたゲリラ隊と合流して、東京へ向かう……》
といったくだりが出てくる。
CIAは、それを「荒唐無稽だ」と笑えない、というのである。
そこまでCIAが危惧する理由は、オウムが実際に武器を購入したり、兵士を育成していたという事実だけではない。
早川がヨーロッパを中心に台頭しつつあったネオナチ勢力と、頻繁にコンタクトを取っていたとの情報を入手したこと。そして、上祐がモスクワ支部長時代に通訳を務め、早川のアドバイザーとしても活躍していたロシア人信者が、実は、ロシア側から送り込まれたスパイであることを突き止めたからだ。
これが事実とすれば、オウム側は旧KGB人脈に食い込み、政府首脳まで取り込んで、ロシア進出を果たしたと思っていたが、現実はロシア側にうまく利用されただけだったことになる。しかも、この元通訳は今なお、ロシアオウムの残党の中に紛れ込み、教団の新たな拠点作りなどに携わっているのだ。

前出の『早川ノート』には、こんな教祖批判と受け取られる記述が登場する。

《トップの者のエゴによりサマナが使われている》

麻原の妄想と、村井の狂気が次第にエスカレートし、教団と信者の破滅を予感させる中で、早川は何を考え、どう動いたのか。

早川グループのメンバーが松本・地下鉄サリン事件の後、大量脱会していることは、既に述べた。実は、彼らの多くは不可解な行動が教団上層部に疑われ、早川がロシアに行って不在の間に一斉に拘束され、激しい査問にかけられていた。

早川グループは確かに、ある宗教団体の幹部と接触を図っており、スパイと疑われるのも仕方ない面があったが、この一斉査問の背景には、村井による早川追い落としの策謀が隠されていたといわれる。

「早川は自分と子飼いの信者たちを守るために脱会し、新しいグループ、つまり、第二のオウム帝国を建設しようとしていたのではないか。そこには当然、彼を支援してきた〝闇の組織〟や、彼が生み出した利権を守りたい連中からのサジェッションがあったに違いない。早川グループが飛行機二機に乗せて、密かに運び出したとされる大量の武器は、新しい帝国づくりのための準備資金か、協力者たちへの報酬なのかも知れない」

そう語るのは、CIA関係者だ。

オウムには、闇に包まれた部分がまだまだ多く残っている。

教団の背後で糸を引く者は誰か。村井が「一千億円」と言い残したオウムの資産は、どこにあるのか。彼らをロシアへ誘った者の正体とその意図は？　そして、忽然と消え去った大量の武器や軍事物資の行方は……。

オウム二千年帝国が復活しつつある今、これら「オウムの闇」を放置しておくことは、絶対に許されない。

第二部から、早川、村井、上祐による教団内での権力闘争を見据え、ロシアや北朝鮮、暴力団など教団の背後に潜む〝闇の勢力〟を視野に入れながら、三大未解決・未解明事件の真相を明らかにしていきたい。

第二部　国松長官を撃った男

第一章 迷走

多数のオウム信者が目撃されていた

陸上自衛隊習志野駐屯地の西約一キロにある千葉県船橋市滝台町。新京成線の薬園台駅から歩いて一分という新興住宅地に、九九年十二月上旬の早暁(そうぎょう)、十数人の男たちが密に集結した。

男たちはそれぞれ緊張した面持ちで、目の前に建つ木造モルタル二階建ての古びたアパートを見上げた。それは、六畳と四畳半の和室に、簡単なキッチンが付いた家賃月五万円の部屋が上下二室ずつ並ぶ小さなアパートだ。

男たちは速やかにアパートの周囲を取り囲んだ後、号令と共に一斉に、一階にある一〇一号室に殺到した。

「平田はいたか」

「誰もいません。既に脱出した後のようです」

そんな会話が飛び交い、騒然としたのはごく短時間のことで、すぐに元の静寂な空気に戻ったため、眠りについていた住民たちはほとんど気づかなかった。

男たちは警視庁の捜査員だった。彼らが「平田」と呼んだのは、オウム真理教信者で、仮谷事件で全国に指名手配中の平田信のことであった。

この朝の出来事は、船橋市内のアジトに平田が潜伏しているとの情報を得た警視庁の捜査員が、一斉に踏み込んだ瞬間だったのだ。

部屋には誰もいなかったが、ドアなどから平田の指紋が検出された。周辺の聞き込みで、このアパートには時折、平田と見られる長身の男（平田は身長一八三センチ）が出入りしていた事実も判明。住民の動きに警戒感が見られたため、隠しアジトの存在が発覚したと察知した平田が十一月下旬、急に姿を消したことが分かった。

平田についてはその後、練馬区石神井台や葛飾区東四つ木などで計五件の目撃情報があり、都内に潜伏していることを重視した警視庁は、新たに公安部の捜査員を投入し、行方を追っている。この捜査員たちの拠点が南千住署に置かれた国松孝次・警察庁長官（当時）狙撃事件（以下、長官狙撃事件と呼ぶ）の捜査本部であった。

日本の警察機構の頂点に立つ人間を倒されたことに衝撃を受けた当局は、面子（メンツ）を賭（か）

けて捜査を行ったが、事件から五年以上経ちながら、犯人を特定するどころか、オウム真理教の仕業か否かさえハッキリしていないのが現状だ。それがここに来て、捜査本部が平田を追いかけるということは、やはり、彼が狙撃犯なのであろうか。謎に包まれた事件の真相を解明するため、まず捜査資料に基づき、事件当日の様子を再現してみよう。

事件は九五年三月三十日午前八時半ごろに起きた。東京・荒川区南千住六丁目の自宅マンション「アクロシティ」Eポート（棟）の西側出入口で、国松は出勤のため公用車に乗り込もうとしたところを何者かに銃撃された。

国松は腹部や腰などに銃弾三発を受け、病院に運び込まれた時には心停止状態だった。手術中も意識がとぎれ、血圧も極端に低下し、まさに生死の境を彷徨（さまよ）っていたと言えよう。

「荒川消防署の救急隊員が機転を利（き）かし、医療設備が整った日本医大病院に搬送しなかったなら、おそらく助からなかったでしょう」

病院関係者はそう断言する。

実際、国松の手術は六時間以上に及び、奇跡的に一命を取り留めたといっていい。

事件から約三か月半後の七月十一日、無事に病院を退院した国松が、

「いきなり後ろから背中を撃たれて倒れた。ひきょうなり、という感じだ。一発が背中から前に抜けたのが分かった。地面に倒れて、やられたなぁと思った。痛みは感じなかったが、その後、腹を撃たれ、救急車を待つ間、これはやばいなぁと考えていた」

と話す姿は、さすがにうれしそうであった。

発生当初、犯行に使われた銃は、線条痕(せんじょうこん)から38口径の米国コルト社製リボルバー(回転式拳銃)のパイソンで、弾丸は先にギザギザが入った殺傷力の高いホロー・ポイント弾、通称357マグナム弾と推定された。狙撃犯は二十五メートル以上離れた場所から四発発射し、三発命中したとも言われた。

現場周辺の聞き込みで、身長一七五～一八〇センチ、白マスクとメガネをかけ、コート、ズボン、帽子と黒ずくめの男が浮かび上がった。緊急配備がかかる直前、巡回中の警察官が、婦人用自転車に乗ってJR南千住駅方向に猛スピードで走り抜けようとした男を目撃していたのだ。

捜査本部は現場周辺の徹底的な聞き込みや、付近の不審な居住者のチェックなどロ

ーラー作戦を展開したほか、広範囲にわたる現場検証、拳銃の入手ルートの解明などに全力を挙げた。

この事件の十日前の三月二十日に地下鉄サリン事件が発生し、二十二日には、オウム真理教の施設に強制捜査が行われたことから、捜査本部はオウム教団による組織的犯行の可能性が高いと見て、麻原はじめ主要幹部のアリバイ確認や足取りの追跡、射撃経験者のリストアップなど内偵捜査を開始した。

詳しい現場検証の結果、国松はEポートの西側通用口から北へ約十五メートル離れた路上に停めてあった公用車に向かって、約七メートル歩いたところで、背後から狙撃されたことが分かった。そこから南に二十一・五メートル離れた隣接のFポート南東角の壁で、犯人のものと見られる衣類の繊維片が見つかり、壁周辺で硝煙反応も検出された。

さらに、同じFポート南東角付近の植え込みの中に、北朝鮮人民軍のバッジのレプリカ、韓国の十ウォン硬貨、外国製タバコ五本が落ちているのが発見された。

国松に当たった弾丸は三発で、一発は右足を貫通して左足で摘出され、一発は背中から腹部を貫通し、背広との間で止まっているのが見つかった。もう一発は臀部（でんぶ）から入り、破片を残して腹部を貫通していたという。残りの一発は九月六日になって、自宅マンション北側の歩道の植え込みの中から発見された。

聞き込み捜査では、雨にズブ濡れになった男がFポートの南東角にある植え込みと壁の陰から、銃身の長いリボルバーを右手に持ち、左手を添えて射撃していた、との目撃情報が得られた。

これは旧ソ連や東欧諸国の軍隊や特殊部隊で採用された方式で、両手で銃を握り、両足を開いて腰を落として撃つFBIスタイルが主流の欧米諸国とは明らかに違うことが分かった。

また、犯人が最初の数秒は、左半歩下がって歩く秘書官の姿が長官に重なったため銃撃しなかったうえ、一発目は外したものの、二発目の銃弾を背中に撃ち込み、国松が倒れたところに三、四発目を撃ち込んでいるなど、かなり冷静だったと見られること。357マグナムは威力は凄(すご)いが反動が強く、命中精度が落ちるはずなのに、雨中、移動している長官に命中させ、隣の秘書官には一発も当てていないことから、極めて銃の扱いに習熟した者との見方が強かった。

犯人が十分、下見をしていたことを示す目撃証言も次々と出てきた。

国松が通常、正面玄関ではなく、公用車に近い西側通用口を利用することも熟知していたし、事件前日に、現場付近で不審なワゴン車が目撃され、車内にいた二、三人

左・復帰した国松長官／右・長官狙撃現場（アクロシティー）

の男のうち一人が国松の住むEポートをじっと見ていたことも分かった。

ただ、狙撃犯は逃走時、Fポートを西へ向かって左折した後、右折か直進か迷い、約五十メートル直進して一度止まってから右折しており、狙撃犯と下見した人間が違う可能性がある。

反面、黒いコートに帽子、マスクの男が犯行後のほぼ同じ時間帯に、JR南千住駅と同駅付近の日光街道、全く逆方向の京成線町屋駅付近、さらにはJR北千住駅、京成千住大橋駅で、自転車を猛スピードで走らせているのが目撃されており、犯行グループは四人以上いて、捜査の攪乱を図ったと見られている。

ところで、この事件前後、現場付近で多数の教団幹部が目撃されている。

早川は事件前日、現場から三キロしか離れていない台東区浅草の雷門付近の路上で車を停めているところを、警察官に職務質問され、駐車違反で摘発されていた。この車は、教団幹部がその日のうちに引き取ったが、翌三十日早朝、岐部を乗せて都内に入り、午前六時ごろ、千代田区半蔵門付近を通過したことがNシステム（自動車ナンバー自動読み取り装置）から分かっている。また、早川と岐部に酷似した人物が事件前後、現場付近でこの車から降りるところを目撃されているし、早川に至っては事件翌日も、現場近くで別の車に乗り、車検切れで摘発されている。

このほか、村井が事件当日、現場付近のアジトに潜んでいたことも確認されている し、現場付近で荷台から自転車を下ろすなど、不審な行動を目撃されたホロ付きトラックと同型で、ナンバーが酷似したトラックが、現場から北西に約一キロ離れた教団幹部宅周辺で目撃されている。

逃走時の犯人については、岐部に似ているとの目撃証言が多く、「男がマスクを外したところをちょうど目撃したが、岐部にそっくりだった」という証言もあった。

一方、捜査当局のローラー作戦も功を奏し、事件現場から半径三キロ以内の荒川区で二か所、足立区で三か所、教団の秘密アジトを割り出し、武器製造法違反容疑で家宅捜索したほか、近くの荒川河川敷で38口径の拳銃による試射の跡を発見している。

「昼のニュースは面白いぞ」

こうして捜査は順調に進んでいたかに見えたが、夏ごろから先に進まなくなった。

国松の自宅マンション周辺で犯行前夜、《麻原尊師、真相を語る》などと書かれた教団への強制捜査を批判するビラが信者の手によってまかれていたことが判明。ビラ配りをしていたのが早川、岐部の率いるメンバーだったため、早川と岐部に関する膨大な目撃情報が犯行の決め手にならなくなってしまったのだ。

しかも、早川は事件前夜、墨田区錦糸町のロシアクラブで豪遊し、犯行時刻ごろは港区六本木のホテルに宿泊しようとして断わられていたことが判明した。現場に落ちていた北朝鮮のバッジは、国内では市販されておらず、ロシアなどで将校同士が交換したものが個人的に売られていることが分かり、入手経路を割り出せなかった。それに、いかにも偽装工作といった感じは否めず、捜査本部はあまり重視しなかった。

教団施設を家宅捜索した際、押収した複数の信者の衣類から硝煙反応が検出され、色めき立ったこともあったが、鑑定の結果、硝煙反応の箇所や状態から、教団で使用しているコンクリート破砕機で付着した可能性が高くなり、事件との関連は薄いと断定された。

ところが、意気消沈する捜査本部にある日、別の事件で逮捕された教団幹部が「長官狙撃事件の後、仲間から『岐部が指揮官となり、実行犯を使って狙撃した』と聞いた」と自供した、との情報が飛び込んできた。

岐部は数回、ロシアに渡り、射撃訓練に参加しているし、事件当日、現場付近でも目撃されている。九三年十一月には、一機百七十万円もするラジコンヘリの操縦訓練に失敗して大破させ、ヘリによるサリン散布計画を進めていた麻原と村井が激怒し、教団施設の警備係に左遷された。だが、四月六日に逮捕される直前に、元のポストに復帰していたことから、上層部が左遷撤回と引換えに国松の狙撃を指示した可能性が出てきたのだ。

ただ、岐部は「事件当日はずっと、上九一色村にいた」とアリバイを主張し、同日夕方には上九一色村にいたとの目撃証言もあり、追及し切れなかった。

教団幹部の一人が「岐部が現職自衛官一人と元自衛官二人に犯行を依頼し、この三人が現職自衛官に巨額な報酬を支払ってスナイパーとして雇い、狙撃させた。下見など入れると、犯行に加わったのは十五人程度いる」と供述したこともあったが、この供述は仲間からの伝聞で、早川が指揮をとったというものだった。

早川は極刑回避を意識してしゃべることが多く、真意を量るのは難しかった。世間知らずの若いエリートが多い教団幹部の中で、社会人経験も長く、教団をクールに見つめてきた早川は、捜査員に「マインドコントロールされなかった唯一の幹部で、身の危険を察知する鋭い嗅覚と狡猾さを併せ持つ男」と言わしめただけあって、一筋縄ではいかなかったのだ。

ただ、新実の供述で、麻原が要人テロを示唆する説法をしていたことが明らかになった。

九五年一月、山梨県上九一色村の教団施設で開かれた食事会で、麻原が「この中に警視庁に突っ込んで、警視総監の頭を殴ったり、首根っこをつかまえて振り回せる奴はいるか」と問うと、信者の一人が名乗り出て、「尊師の命令があればやります。是非、トライしてみたいですが、それは想像を絶することですね」と答えた。麻原は「想像を絶することだが、それが既成概念を打破することだ」と語り、「これは命令ではないし、今すぐやるということではなく、やる時には私が耳元で囁くから」と言い聞かせたという。

しかも、警視庁が教団施設から押収したテープに、その会話が録音されていた。

加えて、捜査本部が進めてきた教団内の射撃経験者リスト作りが完成。そこには自衛隊関係者が六十人以上もいたが、教団側が作成した「オウム信者射撃名手リスト」を押収したことから、一気に進展した。そこに登場したのが、平田ら八人の名前だったからである。

平田が長官狙撃事件の犯人ではないかと見られるのは、自転車で逃走した男がそっくりだったとの目撃証言があるためだが、こんな興味深い証言もある。

事件の約四時間前の午前四時半ごろ、JR新小岩駅からタクシーに乗った二十代後半の男性にタクシー運転手が「オウムの事件は面白いですね」と声をかけると、男性は「面白いだろう。今日昼のニュースを見ろよ。もっと面白いぞ」と笑いながら話した。この男性はジーンズの上下にデイパックを持っており、平田に似ていたうえ、タクシーに乗る時に、近くに四、五人の仲間らしい男性がいた、というのである。

そのうえ、幹部や信者たちが「教団内で最も射撃がうまいのは、インターハイの出場経験がある平田だ」とか「丸山は射撃のプロ」などと供述していることや、別の信者の証言から、事件前夜、平田ら四人が東京都江東区亀戸の新東京総本部に集結し、当日には千代田区半蔵門のアジトで早川らと合流していることが分かったためだ。

さらに、教団施設から押収した平田愛用の黒いコートから硝煙反応が検出されたが、ほかの信者の硝煙反応と違い、右腕、左腕ひじ部、胸部の順で強く反応するなど、銃器発砲時の特徴と符合。特に、犯人は拳銃を右手で持ち、左手で右手を支えるように添えて撃っており、硝煙反応の状態はほぼ一致したのである。

現場付近の放置自転車から平田の指紋が検出され、本人が「九五年四月にフェリーから拳銃を投げ捨てた」と周囲に語っていたことも、捜査員を「平田狙撃説」に傾かせる要因となった。

さて、事件前夜に新東京総本部の四階道場に集まったのは、井上嘉浩を中心に、平田と元陸上自衛官の山形明、丸山美智麿の計四人。このうち、井上は埼玉県川越のアジトに戻っていたことが判明したが、平田ら三人のアリバイはなかった。

平田は札幌市出身で、北星学園新札幌高校時代、射撃部に所属。三年の時、エアライフル競技でインターハイに出場し、団体戦で二十一チーム中十一位、個人で七十人中四十五位となり、札幌商科大（現在の札幌学院大）に進学後も競技を続けている。在学中から宗教に興味を抱き、東京の衣料品メーカーに就職後、オウムの施設に出入りするようになった。教団では麻原の身辺警護を担当し、ロシアでの射撃訓練にも参加している。

平田は事件後、四月半ばから下旬まで四国の元信者宅に身を隠していた。村井が刺殺された直後、「俺は尊師の側にいる」と言い残して上京、麻原が逮捕された後には札幌の実家に電話を入れ、「何も心配しないで」と伝えている。

また、自分が長官狙撃事件に関与しているとの報道があった六月下旬には、四国の元信者に「俺はやっていない。警察は怖いところだ」と電話し、強気の姿勢を見せていたが、七月には一転して、千葉県の元信者に「何とか匿ってくれないか」と切羽詰まった電話をかけている。八月下旬には札幌市で目撃されるなど、早い段階から各地を転々としていたようだ。

このほか、中田が「教祖側近の平田の依頼で拳銃を入手しようとした」と供述し、

早川が「やったとすれば、諜報省のメンバーではないか」などとほのめかしたことも
あって、捜査本部はますます、平田への疑いを深めていった。

狙撃犯は二人いた!?

私の目には当時、捜査当局が一連の事件をオウム教団だけの犯罪にしようとして、かなり強引に辻褄合わせをしているように映った。事件の周辺にあれだけ多くの人々が登場してくるのに、捜査当局はオウム信者以外を全く逮捕せず、事実上、捜査を終わらせている。

だが、長官狙撃事件だけは誰にもできる犯行ではないだけに、オウム信者の仕業と決めつけるのは難しく、それゆえ事件は未だに解決していないと言っていいだろう。

捜査がここまでこじれた最大の理由は、拳銃である。

捜査当局は、狙撃犯の構えが旧ソ連特殊部隊方式だから、ロシアで射撃訓練を受け、旧KGBの軍事マニュアルを大量に買い込んだオウムの犯行としている。また、壁に腕を固定して発砲しているから、必ずしも高度の射撃技術がなくてもいいと主張しているが、果してそうだろうか。

一捜査員の一人が、こう明かす。

「使用された拳銃は特殊な仕組みというか、どこか変なんだ。線条痕を見ると、普通は三重のらせんなのに四重になっているし、マグナム弾を使う場合、火薬を一・五倍に増やさなければならないのに、増やしていない。射撃技術が未熟だから、弾丸の威力を抑え、精密度を増そうとしているのかと思えば、ナイロンコーティングされた米国製弾丸を使っているし、弾道がアップするのを踏まえて、ちゃんと下向きに撃っている。あの拳銃は下手に撃つと、反動で腕を骨折するし、少々訓練してきたぐらいじゃ、うまく撃てないと思うよ。体力と実射経験のある人物が日頃使い慣れた拳銃を使った感じかな」

それゆえ、この捜査員は平田狙撃説を一蹴(いっしゅう)する。

「平田はインターハイに出場したと言っても、予選に二校しか出ないような地方だし、それも三年生になって、お情けで出場しただけだ。オウムのロシア実射ツアーでもひどい成績だったようだし、あの拳銃で人は撃てないね。第一、平田にしては硝煙反応の位置が低過ぎて合わない。丸山と山形だって、自衛隊じゃほとんど射撃訓練を受けていないし……」

それなら、誰が国松を狙撃したのか——。ここで、衝撃的な事実をお伝えしよう。

実は、長官狙撃事件では38口径以外の弾丸が発見されていたのである。

捜査幹部の一人は、こう明かす。

「国松長官の体内から摘出された三発の弾丸は、本当は、粉砕された破片ばかりだった。科捜研（警視庁科学捜査研究所）で精密な鑑定を行ったが、細かく砕け過ぎていたため、線条痕がハッキリせず、発射した銃を特定するどころか、銃の口径さえ分からなかった、というのが真相なんだ。ただ、38口径の弾丸とは違うことは間違いないし、中には『45口径だった』と主張する者もいたのは確かだ」

そうなると、《拳銃は38口径のコルト社製リボルバーで、弾丸は357マグナム弾》という報道は間違いだったのか。

「いや、必ずしも、そうとは言えない。銃器や弾丸に関して捜査本部は未だに発表しておらず、マスコミはいろいろな筋から得た情報を元に報道していると思うが、それらの情報は、当初の38口径らしいとの推定と、後から発見された弾丸の鑑定結果から出ているんじゃないかな。四発のうちの一発が、38口径の357マグナム弾だったことは、事実だからね」（前出の捜査幹部）

ということは、国松に向けて発射された銃は二丁以上あったことになる。つまり、狙撃犯が最低、二人はいた可能性が出てくる訳だ。

「変だとは思っていたけど、銃がもう一丁あったのなら納得できるよ。なぜなら35

7マグナムみたいな非常に強力な弾丸を三発も撃ち込まれたら、仮に防弾チョッキを着用していても、まず助からないからね。あの時は同僚と共に『長官はさすがに強靱な生命力をお持ちだな』と感心していたんだが、なるほど、そういうことだったのか」

そう明かすのは、関西の警察幹部だが、そうなると、もう一人の狙撃犯は何者で、どこから撃ったのであろうか。

ある警察関係者は、こう推理する。

「もし、平田らが犯行に加わっていたとしても、一発撃って外した方で、三発全弾命中させたのは、別のプロの狙撃手じゃないか。一発は相当、外れていたからね。もっとたくさんの弾を撃って、とんでもない方向に外していたのかもしれない。この事件で重要なポイントは、地下鉄サリン事件の十日後に起きている点だ。要するに、用意周到な犯行とは思えないのに、見事に成功させているってことなんだ。素人にはとても無理だよ」

この手の拳銃で暗殺を図る時、普通は二発連続で撃つ「ダブル・タップ」か三発連射の「トリプル・タップ」を行う。その意味で、この狙撃犯は「トリプル・タップ」を全弾命中させているのだから、物凄い腕前と言うべきだろう。

「でも、犯人は絶対、プロの殺し屋ではないね。もし、そうなら、自分が目撃されないように、遠くとか高い所からライフルで、それも頭を狙うはずだよ。それに、六発装塡（そうてん）して三、四発しか撃たないのは、反撃とか自決用に弾を残しておく習慣がある人物。まあ、スパイとか兵士、それも将校以上だろうね」

そう分析するのは、CIAのエージェントだ。

ところで、九五年三月、オウム真理教モスクワ支部で、こんなエピソードがあった。

早川が帰国予定のモスクワ支部の信者に対し、

「俺はまだ、日本に帰る訳にはいかないけど、至急、尊師に渡してもらいたい物があるんだ。大事な物だから税関に引っ掛からないように、うまく運んでくれ。決して中を見てはいけないよ」

と言うと、小さくてずっしりと重い箱を渡した。

その信者はあまりの重さに閉口し、中身を見たい誘惑に駆られた。「このままじゃ、トランクにも入らないし、中身を分けて梱包（こんぽう）し直そうか」と、自分に言い聞かせるように呟いて、こっそり箱の中を開けてみたところ、そこには何と、拳銃二丁と実弾十六発が入っていた、というのである。

信者は怖くなり、あわてて箱を閉じ、何とか上九一色村の教団施設に運び込んだという。

実は、この拳銃が長官狙撃事件に使われた可能性があるのだ。

「確か一丁は38口径のリボルバーだったと思います。新品ではなく、使い古された銃でしたよ」

信者は後に、そう供述している。

だが、ロシアから日本に送られてきたのは何も、拳銃ばかりではなかった。それが何かを説明する前に、当時のロシアの状況や、オウム真理教との関係などを詳述しなければなるまい。が、ここではもう少し、長官狙撃事件をめぐる日本国内の裏事情について述べてみたい。

それは、長官狙撃事件から一年二か月経った九六年五月、警視庁の現職警察官が、

「私が長官を撃ちました」

と犯行を自供したことであった。

捜査を妨げた警察内部の権力闘争

現職警官はK元巡査長（懲戒免職処分）で、単に犯行を自供しただけではなく、事件に関与した人物として、早川や井上、平田、林泰男の名前を挙げた。が、彼の供述

には矛盾点が多く、内容も揺れ動いたため、東京地検は立件を見送っている。テレビ番組で、K元巡査長が脳機能学者からカウンセリングを受け、犯行を供述するシーンが流れたり、その「拳銃を川に捨てた」との供述に基づき、捜査員たちが神田川を捜索する姿がニュースで紹介されたので、覚えている方も多いだろう。

この出来事は、K元巡査長の供述に信憑性があるのか、という点ばかりがクローズアップされたが、真の問題点は次の三点にある。

第一は、身内の自供に驚愕した警視庁が関係者全員に箝口令を敷き、検察庁はもちろん、警察組織のトップで、事件の被害者でもある国松に対してさえ、その事実を隠していたことだ。

極秘に捜査した結果、K元巡査長が実行犯である可能性はほぼなくなったが、本人がそう供述している以上、下手に解放してマスコミにでも接触されたら大変な騒ぎになると考えた警視庁は、彼の身柄を長期間、警察の監視下に隔離してしまった。

しかも、こうした事実が、「一警察官」を名乗る人物からマスコミに郵送された、《國松警察庁長官狙撃の犯人は警視庁警察官（オーム信者）。既に某施設に長期間監禁して取り調べた結果、犯行を自供している。しかし、警視庁と警察庁最高幹部の命令により捜査は凍結され、隠蔽されている……》（原文通り）

という〃内部告発文書〃によって暴露されたため、問題はさらに深刻化した。警視庁がK巡査長のことを隠せば隠すほど、彼の供述の信憑性を高める結果となり、警視庁の捜査が不十分だったことが、世間には「不祥事隠し」と映った。

警察内部の反発は世間以上だった。激怒した国松はこの問題が発覚した三日後には警視庁公安部長の桜井勝を更迭し、最終的には盟友と言われた警視総監の井上幸彦も〃解任〃した。

検察庁も「任意で調べている人間の身柄を長期間隔離したことは、いくら警察内部の者だからと言って人権上、問題がある。また、ある意味では犯人隠避や証拠隠滅とも採られかねず、特別公務員職権濫用罪の疑いもある」とカンカンだった。

国松の採った厳しい措置は、信頼を裏切ったことへの怒りの大きさとともに、もはや「警視庁を庇い切れず、警察組織全体を守るために断行した」（警察上層部）ということを示している。

だが、この厳しい処分が皮肉にも、第二の問題点を発生させた。

それは時期的に、警視庁が一連のオウム事件捜査の真っ只中にあり、井上らはその指揮官だったことである。特に、桜井は長官狙撃事件を指揮する現場最高責任者であった。捜査の最中に、リーダーの顔ぶれが一新したのだから、現場が混乱し、捜査に支障をきたすことは当然だろう。

しかも、国松は桜井の後任に、子飼いで信頼の厚い暴力団対策部長の林則清を据えた。林は暴力団捜査の第一人者で、〝刑事警察のエース〟と言われた人物だったが、公安に関しては門外漢であった。そもそも、長官狙撃事件の捜査は刑事部が行うはずだったが、続発するオウム事件で手が足りず、公安部が担当したという経緯があるだけに、それ以降の捜査が円滑に行われる訳はなかった。

私はこれまで、自著『闇に消えた怪人』や『三億円事件』（いずれも新潮文庫）の中で、刑事、公安警察の対立が捜査の進展を妨げた実態を明らかにしてきた。オウム事件に関しても、同じような問題が随所に見られる。

本書は、そうした警察内部の権力闘争を描くことが狙いではないので、詳細は割愛するが、その象徴的な出来事が、長官狙撃事件の捜査であり、林の公安部長就任だろう。そのうえ、

「当時の刑事警察は、一連のオウム事件をはじめ犯罪の続発で人員が払拭していたうえ、坂本事件をめぐる警視庁と神奈川県警の対立や、全国の警察で次々と明るみに出た不祥事などで混乱の極みに達していた。しかも、国松長官は銃弾で倒れ、刑事警察トップの警察庁刑事局長は、我が身と重責への不安からか、家族を実家に帰し、自ら

もマンションを借りて連絡先を教えなかったり、防弾チョッキを着用して国会答弁に立つなどパニック状態になってしまった。そのせいで、麻原が何か言っただけで、都内一円に厳戒体制を敷くなど、オウムとの心理戦に完敗し、捜査は迷走し始めた」(警察庁幹部)

という。

さらに、これらの対立の背景には、人事をめぐる上層部の派閥抗争の影がチラついており、それこそが第三の問題点と言っていいだろう。

K巡査長問題発覚は匿名の内部告発が端緒となったが、それが正義感に基づいたものかどうかは分からない。少なくとも、警察内部では反対勢力の策謀ではないかと、犯人探しに必死になっていたという事実がある。

それに、桜井は国松の前任者、城内康光の側近で、将来の長官候補といわれた人物だったし、林は反井上を公言して憚らない男だった。林は刑事部の子飼いの捜査員を使って事件を再捜査し、それまで中心になって捜査してきた公安幹部を追放したり、大々的な川浚いを行って、公安警察に地団駄を踏ませている。

K元巡査長がオウム信者ではないかとの疑惑は、かなり早い段階から出ていた。九五年三月、滋賀県で押収した光ディスクの中に、現職・OB合わせて二十人前後の警官名が入った信者リストがあり、そこにK元巡査長の名前もあったからだ。それにもかかわらず、K巡査長を公安担当に配置し、こともあろうに地下鉄サリン事件の特別捜査本部に派遣するなど、警察組織の危機管理体制が欠如していたことも指摘できよう。

それどころか、警察内部には、こんな声さえある。

「警察官が所持する拳銃『ニューナンブM60』は、S&W社製の拳銃『M36チーフ・スペシャル』を国内の企業がコピー生産しているもので、口径は通常の38口径拳銃と少し異なる38スペシャルなんだ。長官の体内から摘出された弾丸と似ている点が気になるね」

警察庁は凶悪事件に対応するため、九四年から「撃たれる前に撃て」という発想で、制式拳銃の高性能化と使用制限の緩和を検討し、九六年から一部実施してきた。その推進者が国松だったことは、何とも皮肉であった。

いずれにしても、長官狙撃事件はこうしたさまざまな問題点を内包しながら、次第に迷走していき、その結果、未解決のままなのである。

第二章　野望

CIA報告書が暴いた〝政府ぐるみの犯罪〟

早川の手でロシアから送られた二丁の拳銃が長官狙撃事件に使われた疑いがあることは、既に指摘した。彼はその拳銃をどこで、誰から手に入れたのだろうか。

この疑問を解消していくうえで極めて有効、かつ重要な書類を入手した。CIAが作成した極秘文書『オウム真理教事件報告書』である。

米国上院政府活動委員会の調査小委員会は、九五年十月三十一日から十一月一日にかけて開いた公聴会の席上、百ページに上る詳細な調査報告書を提出した。

その報告書のイントロダクションには、

《報告書の作成には五か月の時間をかけ、日米両国の政府・捜査当局関係者、現・元オウム信者、ジャーナリスト、内外の専門家など合わせて数百人にインタビューしとあり、日本をはじめロシア、ウクライナ、ドイツ、オーストラリアの五か国に調査員を派遣し、現地調査に当たったことを明らかにしている。その中には、各国の捜査資料などに基づいた未公開情報が含まれ、日本の捜査当局も摑んでいなかった独自情報が数多く盛り込まれていた。何しろ、元信者や捜査関係者らの生々しい証言はあるし、『早川ノート』など、オウム真理教の全容解明の鍵とも言える重要な内部資料まで入手していたのだ。

この報告書を作成したのは、米上院議員のサム・ナンのスタッフだが、直接の調査活動に当たったのはＣＩＡである。

ＣＩＡは当初、オウム真理教に対し、無警戒であった。しかし、地下鉄サリン事件の発生に対し、世界の治安維持という観点と、教団の持つ強い反米思想への警戒心から日本政府以上の衝撃を受け、積極的に米政府の要請を受け入れ、同調査委に情報部員を出向させたのだ。私が入手したのは、米上院に提出された報告書の元資料となったＣＩＡ内部文書である。

これらを詳細に分析してみると、オウムの活動実態や、各国政府要人、犯罪・地下組織などとのコネクションがくっきりと浮かび上がってくる。

長官狙撃をはじめ一連のオウム事件を検証する時、オウムとロシアとの関係を抜きには語れまいが、本章では、CIA報告書を中心に、両者の関係を考えてみたい。ただ、CIA報告書では、それ以外の部分でもさまざまな新事実が明らかにされているので、本題に入る前に、簡単に紹介しておこう。

報告書は、オウム教団が海外七か国に偽装会社を設立し、そのネットワークを通じて、化学・生物兵器を製造するための原材料や機器を入手していたほか、ハルマゲドンに備えての兵器調達やコマンド育成、教団運営のための資金づくりなどを行っていたことを詳細に報告している。

まず、教団のハイテク設備の充実ぶりには目を見張る。

オウムでは富士山総本部を中心に、全国の本部、支部の間に光ファイバーを使った専用のデジタル回線網を持ち、重要な情報はコンピューター管理していた。デジタル回線の通信容量は一般の電話回線の約六千倍もあり、電送画面が鮮明なうえ、盗聴の恐れもない。しかも、驚いたことに、教団は有事に備え、予備のデジタル回線まで用意していた。

いかにも、優秀な科学者が多い教団らしい設備だが、これらに加え、パソコン通信や暗号連絡を駆使して、全国の信者や逃亡犯に指令を出していたのだから、捜査当局が教団の活動実態をなかなか把握できなかったのも無理はない。

さらに、麻原の特別指令や教団内部の極秘書類が保存された光ディスクは、どれも何種類かの複雑な暗号でガードされていた。

滋賀県で逮捕された信者が所持していた光ディスクには、三千六百人分の信者名簿のほかに、教団の国家転覆計画をはじめ、細菌兵器やウラン濃縮技術に関する自衛隊、大手メーカーの内部資料、第七サティアンの化学プラント設計図などの重要資料がたくさん入っていたが、実は、ＲＳＡという難しい暗号キーシステムを解かなければ、解析は不可能であったのだ。

捜査当局はその暗号システムを最後まで突破することができず、一時は光ディスクからの捜査を諦めかけた。それが何とか解析できたのは、後にこの信者の車から暗号を解く乱数表が発見されたからだった。オウム教団摘発の成否は、この一枚の光ディスクにかかっていたわけで、まさに間一髪の勝負だったのである。

報告書ではこのほか、教団が米国ザイコ社製の「レーザー測定システム」や、ホバート社製の「レーザー溶接機」の購入を計画していたことも突き止めており、ＣＩＡでは「これは、最先端のハイテク・テロだ」という意見が多かった。

一方、コマンド育成では、「約百人の自衛官が入信した」という複数の元信者の証言を紹介、具体名とポストを列挙して、計らずも「信者自衛官は約二十人」という防衛庁の説明が疑わしいことを証明した。

自衛官を中心とした信者たちはロシアなどで軍事訓練を受けているが、それだけではコマンド育成が間に合わないため、オウムが世界各地の武装グループと連携を取り、資金や武器を援助して「人類救済のための世界同時蜂起（ほうき）」を呼びかけていたことも分かった。

例えば、フィリピンではＮＰＡ（新人民軍）や、ミンダナオ島独立運動を展開中のモロ民族解放戦線などの武装ゲリラ組織と連携を強めていたことが判明、ＣＩＳ（フィリピン国家警察犯罪捜査本部）は警戒を強化していた。

因みに、ＣＩＳは九五年十一月、アトニー・エドウイン・Ｂ・カインダイ弁護士から「今年になって、オウム信者を名乗る日本人の接触を受け、『資金を提供するから、協力者になってほしい』と言われた。彼らは弁護士や学者の集まりに顔を出し、国立フィリピン大学の卒業生らにスカウト活動を行っていた」との情報提供を受けた。このカインダイは通報後、自宅で変死していたという。

このほか、ヨーロッパのネオナチグループやロシア・台湾マフィア、日本の過激派などとの連携の動きを挙げ、警告している。ハルマゲドンはもはや、麻原一人の妄想で済むような段階ではなかったのである。

報告書の中で、何と言っても注目されるのは、オウムとロシアの関係であろう。オウムとロシアの密接な関係は、九二年二月のロボフ・麻原会談から始まった。軍事転用も可能な大型ヘリコプターを購入し、サリンの空中散布を計画したり、AK74を国内に持ち込んだり、重火器や戦車、潜水艦などの購入計画があったことも、『早川ノート』で明らかになっている。報告書では、さらに「国内で行われたオウムの軍事訓練で、少なくとも五十丁のAK74を見た」との証言を採用している。

こうした過程で、国家安全保障会議書記のロボフをはじめロシア高官に多額の賄賂（わいろ）が渡されたのではないかとの疑惑が囁かれたが、CIA調査報告書は、ロ日大学基金事務局長のムラビヨフがロボフらを動かし、オウムに軍事訓練の便宜を図った、と断言している。

報告書の記述を見てみよう。

《麻原がロシア滞在中には常に、二十四時間の警護体制が敷かれた。主なボディーガードは旧KGB第九局出身のショムキン・ミハエルヴィッチ元大佐、ゴルバチェンコ・アレキサンドロヴィッチ元大尉ら四人の将校。第九局は旧共産党幹部などの要人警護担当部署で、ゴルバチェンコはゴルバチョフ大統領の元警備担当官。これらはすべて、ムラビヨフが配備した。九三年十一月、ショムキンらが中心となって、オウムの警備会社『オウムプロテクト』が設立されたが、『早川ノート』には「モスクワ支部を守るために警備会社を作ったほうがいいとムラビヨフのアドバイスを受けた。銃器を持つ許可を得るには、内務省に数十万ルーブルの支払いが必要」との記述がある》

《『オウムプロテクト』は設立許可になり、ショムキンらが幹部として迎えられ、高級アパートが与えられた。ロシアでは認可を受けた警備会社は銃の携行が許され、保証金と引換えに内務省から9ミリ口径の軍用拳銃マカロフが貸与されるが、認可を受けるには、政府高官へのコネクションと莫大な賄賂が必要。『早川ノート』にも「セキュリティ　二十日後　政府の許可が取れる　費用を出せば→いくら　二百万ルーブル　武器一丁に四十万ルーブル　二人一丁　9Wのマカロフのピストルだけ　三年間のライセンス　自動小銃も使える」とある。九四年のノートにはミグ戦闘機や戦車、ヘリ、魚雷艇などの記述とともに、「細菌学部長であるアノトーリ・アンドレーヴィッチ・ヴォロビオフ　政府の役人であるレーナさんの名前において細菌部長にTELして下さい」とか、「ロボフらにポラロイドカメラ、クロスのボールペン、ウォークマンを」とある。政府ぐるみの犯罪であることは明白だ》

この報告書作成に携わったCIA関係者は、こう語る。

「我々は外交や経済戦略上、日本に拠点と人脈を作りたいと考えたロシア政府が、資金と人員が豊富なオウム真理教に目を着け、自国の国益を満たすように操ろうとした可能性が高いと見ています。それで、軍部や旧KGBの関係者らを通じ、二束三文の旧式武器を高額で売り付け、武装化を煽りながら、巧みに反米思想を植えつけたというのが真相ではないでしょうか。何しろ、オウム信者たちはマインドコントロールされやすいですから、KGBの手に掛かったら赤子の手を捻るようなものでしょう」

さらに、その人物は〝気になる言葉〟を口にした。

「地下鉄サリン事件で、口から血を流している被害者がいたんですが、サリンでは通常、血を流すことはありません。おそらく、タブンなどほかの毒ガスが含まれていたと見ています。いくらオウムでも、いろいろな毒ガスを短期間に開発できないでしょう。我々は、ロシアがオウムにサリンなどの毒ガスを与えたのではないか、と思っています」

この発言が事実なら、大変なことになるが、これまでの捜査で、オウム真理教が使用したサリンは、上九一色村の第七サティアンで生成されたものと判明している。

現場検証では確かに、サリン生成に必要なプラントや原材料を押収、採取しているし、村井をはじめ優秀なスタッフも揃っていた。生成に関わった信者からも、「サリンをつくった」旨(むね)の具体的な供述も得ている。

ところが、捜査当局がひた隠しにしていたトップシークレットがあった。

地下鉄サリン事件の現場から検出されたサリンの副生成物の中に一つだけ、松本サリン事件のものとは異質なものが含まれていたのである。これは、地下鉄サリン事件では二種類以上のサリンが使われたことを意味している。

しかも、地下鉄でまかれたサリンは鑑定の結果、純度が低く、サリンを入れてあったビニール袋の変質ぶりから製造後、かなり日数が経っていたことが判明。第七サティアンで発見されたプラントの購入時期から考えると、地下鉄事件のサリンは、そこで本格的に生成されたサリンにしては少し古過ぎて、時期的な矛盾が生じてしまう。

では、そのサリンは、どこで生成されたものか。その答えが、CIA関係者が指摘した「ロシアからの密輸」であった。

酸塩化物の代わりに三塩化リンと塩素を混合するという、オウム信者が行っていたサリン生成法は、ロシア軍独自の製造方法であり、信者がロシアでサリン生成法を記した文献を入手し、それに基づいて生成実験を行った時のノートも、上九一色村の教団施設から押収されている。

捜査当局が地下鉄サリン事件後、捜査員ら七人を新潟に派遣し、九四〜九五年にかけて新潟港に入った船舶の乗船名簿や荷揚げリストを徹底的に洗ったり、船内の検索、化学物質の鑑定を行ったのは、そのためである。

捜査当局はロシア—新潟—上九一色のサリン密輸ルート解明に全力を挙げたが、結局、外交問題に発展しかねないとして断念している。

「核弾頭はいくらか?」

当時のロシアはソ連崩壊による混乱で、政治も経済も、そして人心も荒廃していた。

ロシア内務省によると、国内には大小五千七百のマフィアがあり、構成員は約十万人。九三年には凶悪犯罪が約二十二万五千件も発生し、約二万九千人が殺害され、約二万人が行方不明になっているが、大半がマフィア絡みだという。

しかも、カラシニコフ乱射などによる銃撃戦をはじめ、要人襲撃、拉致監禁、殺人、爆破、企業恐喝、麻薬や銃器の密売……など凄まじい事件ばかりで、オウムのテロ計画と酷似している点が、いささか不気味である。

ロシアンマフィアの特徴は、単なるギャング団ではなく、旧ソ連崩壊で失脚した政府や旧KGB、軍の関係者が加わり、政府中枢(ちゅうすう)と癒着している点にある。今のロシアでは何と、民間レベルで武器や軍事技術を提供する犯罪ビジネスが堂々と罷り通っている。それどころか、ついに国境を越え、核テロの脅威をもたらし始めた。実際、ドイツ当局が九四年五月、シュツットガルト郊外で押収したプルトニウムは、モスクワ近郊の核研究施設から持ち出されたものだった。

そのうえ、ロシアではマネーロンダリング（資金洗浄）の必要がないため、マフィアと政治家の癒着は日常茶飯事だ。例えば、スイスに拠点を構える米国人のマーク・リッチは、母国で禁固三百年の実刑判決を受けた麻薬マフィアだが、九〇年代からロシアで暗躍し、石油の横流しなどで巨万の富を築いたとされる。彼はエリツィン派の政治家に食い込んでおり、疑惑を報じた反エリツィン派の新聞『ジェーニ』は廃刊に追い込まれ、集めた資料はすべて、当局に没収された。

公安当局によると、早川はウイーンでリッチと接触している疑いがあるという。

そのロシアンマフィアで忘れてならないのは、極東マフィアの存在だ。ロシア内務省の調査では、ハバロフスクに三十一団体、サハリンに五十団体の計一千人のマフィアがいて、ロシア、中国、韓国、北朝鮮系に分かれているらしい。

中でも、ハバロフスクとウラジオストックのマフィアは、日本の暴力団とのパイプがある。ロシア陸軍出身者の多い前者が関東、海軍の退役軍人が中心の後者が関西の暴力団と強力なコネクションがあり、「原潜以外なら、何でも手に入る」と豪語しているらしい。

主要なビジネスは武器と麻薬で、中ロ国境は事実上フリーパスと言われ、早川が頻繁にハバロフスクに出入りしていたのは、彼らに接触するため、と見られている。

ロシア当局によると、ハバロフスクから日本への密輸ルートは①空路ウラジオストックに運び、貨物船で新潟沖まで運搬、日本の漁船に積み替える。②トラックで約三百八十キロ離れたバニーノやソビエツカヤなどの港に運び、小樽や稚内（わっかない）近くの漁港まで海上輸送する。③空路、カムチャツカ半島に運び、貨物船で網走（あばしり）沖まで運搬し、引き渡す——の三コースあって、早川はサリンや武器を①のルートで密輸した疑いが強いとされる。

九五年十二月、巨大な軍港を備えた産軍複合都市のサンクトペテルブルグで会ったネオナチグループのリーダーは、九二年と九四年の二回、麻原らと会ったことを認め、早川を武器商人に紹介したことを明かした。その武器商人に話を聞いたところ、恐るべき証言が飛び出してきた。

「オウムが買おうとしていたのは、トカレフやカラシニコフなんかじゃない。戦車やヘリでもない。本当に狙っていたのは核兵器なんだよ。それも入手したはずだ……」

一方、モスクワ市でインタビューしたムラビヨフは「ハヤカワはアサハラの代理として、よく武器購入や軍事訓練実施の陳情に来ていた」と、あっさり早川との関係を認めたうえで、

「わが国では現在、大半の軍事演習場が一般公開され、利用・訓練料金さえ支払えば、誰にでも利用できる。工場で生産される武器も国内外で公に販売され、価格表付きでPRもしている。何も問題はない」

と胸を張っていた。

ところで、早川はロシア国内で、どのように行動していたのだろうか。

オウム教団はウクライナに貿易会社『マハーポーシャ・ウクライナ』を設立し、兵器や高度情報・通信システムなどの輸出入窓口にしており、早川も頻繁にウクライナを訪れている。また、〝解散命令〟を受けた後の教団の拠点は、モスクワから南に約千七百キロ離れた北オセチア共和国の首都、ウラジカフカスであった。

ウラジカフカス支部は九四年一月、同国法務省の認可を受け開設した。今はこの地でも活動を禁止されているが、実は形を変えて、しばらくは存続していた。

元大学教授のロシア人女性信者が代表となり、五百万ルーブルをプールし、文化・スポーツ基金に登記替えして生き残ったのだ。この元教授は支部設立前に「建物も電

話、テレビ、ラジオもすべて提供する」として入信しており、上祐は喜んだが、「彼女は尊師に代わって、自分が神だと言い出す人だ」と反対する声もあった。信者は六十人ほどいたが、オウムはなぜ、この支部だけ閉鎖しなかったのだろうか。

ウラジカフカスは当時、内戦下にあったチェチェン共和国の首都・グロズヌイから約百十キロと近く、ソ連崩壊で旧ソ連軍が引き上げた時、大量に放棄した武器をチェチェン軍、反政府ゲリラが奪い、闇ルートで売り捌（さば）いてきた町で、オウムにとって武器調達の宝庫だった。早川は何度もこの町を訪れ、水陸両用戦車や潜水艦まで購入しようとしたし、地下鉄サリン事件当時にもウラジカフカスにいたとされる。

ＣＩＡ報告書も《ウラジカフカスこそ、オウムとロシアンマフィア、武器商人の接点である》との見方を採っている。

実際、ロシア捜査当局がウラジカフカス支部を家宅捜索した際、同市を本拠地とする『イール商業銀行』の預金証書が大量に出てきた。同銀行はオウムが支部を設立した十か月後の九四年十一月に設立されたが、頭取は普通の女性で、資産家でもプロのバンカーでもない。それが突然、約五十億円もの資金量を誇る銀行を経営し始めたのだから、住民たちは訝しがった。

捜査当局の調べによると、同銀行の預金の大半は大口預金者十人のもので、最大の預金者はオウムではなく、トルコのイスタンブール市にある旅行会社『バルナ』であった。

この会社は実態がほとんどなく、教団幹部宅から押収したフロッピーの中に社名が出てくるところから、オウムが設立したフロント企業の可能性が高い。さらに調べると、同銀行の大口預金者のほとんどがオウム関連と見られ、銀行自体がフロント企業の可能性も出てきたのだ。

ロシア在住の日本人信者はモスクワ支部閉鎖後、イスタンブールとキエフを拠点に活動を始め、ブルガリアなど東欧諸国に頻繁に出掛けていた。ウラジカフカスとイスタンブールの間には定期航空路が開設されており、イスタンブールを拠点にすれば自由に移動できる。

教団はこの銀行に財産を隠匿し、ここを拠点に武器を買い集め、再起を期そうとでもしたのだろうか。これについて、CIA報告書は興味深い予測をしている。

《オウムがウラジカフカスを動かないのは、大事な物を保管しているからではないか》

大事な物とはズバリ、核兵器である。

ロシア治安当局は、ウクライナやアゼルバイジャンなど近隣諸国のロシア離れが自国の安全にとって脅威になるため、常に旧ソ連諸国の動向に目を光らせている。特にウクライナは核兵器が配備されており、北朝鮮やイラク、イランなどへの流出情報や核物質の密輸疑惑が度々流れているだけに、その動向には神経を尖らせていた。

九五年には、ウクライナの首都・キエフで、警察当局が殺人容疑者のアパートを捜索したところ、数キロの高濃縮ウラン入り容器が発見された。ウクライナ物理技術研究所では、公式には十五キロしかないはずの高濃縮ウランが七十五キロも保管されていたことが判明している。


一方、ロシアや周辺諸国で急速に台頭しているイスラム原理主義も監視対象だ。核兵器や、貧者の核兵器と言われる毒ガス兵器の入手に動く危険性があるからだ。

米上院調査小委員会顧問のエーデルマンは九六年三月の上院公聴会で、オウムが地下鉄サリン事件を起こす以前に、旧ソ連内で核兵器を購入しようとしていたことを明らかにした。それによると、教団幹部が核兵器購入をめぐり、ロシア高官と協議したという。前出の武器商人の「オウムは核兵器を入手したはず」という証言には根拠があったのだ。

『早川ノート』の九四年のメモに《核弾頭はいくらか？》とあるし、九三年には《オーストラリア　ウは確認されない　燃炭ウラン鉱が見つかったら、その下に硬いウラ

ンが出る　塩湖もウランを含んでいるところがいっぱいある　南オーストラリアの方がよいウランが？　東濃　人形峠　海外のウラン鉱に比べて四〇パーセント　含有率は？　何分の一？》とある。

これは、オウムがロシアで核物質を入手しようとして失敗。ウランそのものの採掘を計画し、オーストラリアの牧場や岐阜県の山林を購入しようとしたとも考えられる。あるいは、オウムは当初、ウクライナで核兵器を入手し、保有しようとしたが、強制捜査で追い詰められて断念。核兵器開発に躍起になっていた北朝鮮などの国に売却しようとしたのかも知れない。

事件直前に来日した旧ソ連軍将校

それにしても、早川を政府高官に引き合わせ、武器調達を斡旋した人物は誰なのか。日本の捜査当局が「オウムのロシアルート解明のキーパーソン」としてマークし、CIAも注目している一人の人物がいる。日ロ間の経済・文化交流基盤を整備し、投融資活動を推進する会社『ユーラシア投資環境整備』の役員だったJである。

公安当局作成の資料によると、Jは一九三九年横浜市生まれ。父親は終戦直後、「銀座警察」と呼ばれた暴力組織を率いた一人で、岸信介(のぶすけ)元首相ら政界から右翼、暴力団まで幅広い人脈を誇っていた。

都内の私立大学卒業後、大手商社系の対共産圏専門商社に入社。鉄骨加工会社『共和』をめぐる汚職事件で起訴された元北海道・沖縄開発庁長官の阿部文男と組んで、海産物貿易で活躍し、独立後はソ連貿易に関わる一方で、ソ連での人脈を広げて行く。キャビアの対日輸出利権をめぐる商社競争に勝ったり、当時ソ連で強力な権力を持っていたテレビ・映画委員会に食い込み、高級ホテル滞在、高級車貸与などVIP待遇を受けたことから、「大統領からマフィアまでコネクションがある男」と言われ、KGBスパイと見られた時期もあった。

Jは右翼のドン、笹川良一の対ソ連の窓口でもあり、笹川の親書をブレジネフに二回、アンドロポフに一回届けている。

また、ソ連に関心を抱いていた新潟中央銀行頭取の大森龍太郎を連れ、ソ連内を視察したのもJであり、大森が中心となり、新潟県内外の五十七企業、県と新潟市が出資して『ユーラシア投資環境整備』社を設立し、Jが役員に就任している。

因みに大森は、旧東京協和、安全の二信組をめぐる乱脈融資事件で逮捕された旧東京協和信組元理事長の高橋治則と親しく、ゴルフ場を担保に約三十億円の大口融資をしたことで知られる。

Jは、ロシア貴金属委員会の鉱山再開発の依頼に基づき、高橋を伴ってロシア内のエメラルド鉱山やダイヤモンド鉱山などを視察したこともある。

ロシア側が日ロ大学への投資を最初に依頼した日本人は、実はJだった。彼は二十年来の付き合いである元駐日公使のボリゾフからの依頼で、ゼネコンなどと現地調査し、一時はホテルやビジネスセンター建設計画がまとまる寸前だったといい、日ロ両国間で最も有力なパイプを持つ人物と言えよう。

Jは捜査当局の事情聴取に対し、

「我々の投資活動が時間がかかっている間に、ロシア側が勝手にオウムに接近し、我々はその段階で撤退した。ロシア高官とオウムを繋いだのは別の人物だ」

と供述し、オウムとの関連を全面否定した。

しかし、CIA報告書は、狙撃された国松と同じマンションにボリゾフが入居し、その保証人がJだったことから、完全にシロとは断定していない。

もし、Jが無関係だとすれば、オウムをロシア高官に繋ぎ、大量の武器を与えたのはいったい、誰なのか。

「ウクライナ出身の武器商人、ヴィタリー・マセンコがオウムに銃などを売ったことは分かっているんだが……」

公安関係者は、そう話す。

マセンコは在日旧ソ連大使館の通商代表部に所属していた人物で、日本の政財界に人脈を広げた。九一年末のソ連崩壊後も日本に残り、今度はウクライナ通商代表部を名乗り、政界のパーティーに出席して、有力代議士らに接近したり、企業のレセプションや各国大使館にも頻繁に顔を出した。その裏面で、旧KGBエージェントを自称し、早川の紹介で暴力団関係者らと接触しては武器密輸を持ちかけた。彼の武器リストには拳銃はおろか、機関銃や戦車から潜水艦、空母、ミサイル、核弾頭、プルトニウムに至るまで、販売価格付きで記載されていた。

マセンコと早川はモスクワやキエフで度々会っていたし、『早川ノート』にある武器価格表は、マセンコのリスト内容とほぼ一致する。

公安当局は、二人が組んで旧ソ連のハイテク軍事技術や兵器を買い集め、ロシアやウクライナ経由で北朝鮮に売り捌こうとしていたと見ている。

実際、早川はロシアやウクライナだけではなく、北朝鮮にもロシア経由で十四回以上出入りしていたこと(早川は公判で「一回も行っていない」と否定)を摑んでいる。

ロシア、ウクライナ経由で北朝鮮に入る場合、北朝鮮のビザは挟み込みでパスポートには残らないため、確認はできないものの、ベルリン発モスクワ経由平壌行きの朝鮮民航機か、ウクライナからチャーター便で入国したものと見られる。

公安当局はもともと、オウム真理教と北朝鮮の関係に注目していた。オウムが作り上げた教団組織が、北朝鮮の労働党とよく似ており、参考にした可能性があったし、仮谷事件の手際良さに、李恩恵らを拉致した北朝鮮のエージェントを連想させるものがあったからだ。

白昼、大の男を拉致するには腕力もさることながら、上の命令に絶対服従し、チームワークがしっかりしていて、かつ秘密保持ができるグループが必要だ。信者の知恵と力だけで、こうしたスペシャリストのような仕事ができるのかとの疑問が、捜査員の頭には常にある。

それに、教団はある段階から、徹底した資金づくりマシーンに変貌を遂げ、大量殺戮兵器を集めようとしていた。外国の諜報機関、特に対日戦略を練っている北朝鮮が、それを全く利用しない訳はあるまい、ということである。

第二、第三章では、この北朝鮮とオウムの関係も検証してみたい。

ところで、地下鉄サリン事件直前、早川がロシアから日本に送った二丁の拳銃は、このマセンコから購入したものだった。が、その時送られたのは、拳銃だけではなかった。拳銃を撃てる人間、つまり、狙撃手にはうってつけの男も、後日、ちゃんと届けられたのだ。

その男は元ソ連軍将校のUで、旧KGBにも所属していたことがあるという。射撃の腕は抜群との触れ込みだった。そして、Uを早川に紹介したのも、マセンコである。Uは長官狙撃事件前の九五年三月二十六日、早川の帰国と相前後して来日した。

彼は身長一八〇センチで、肌の色は白いが、顔つきはアジア系で、帽子を目深に被ると外国人には見えないという。日本国内でのUの行動は不明だが、事件後の四月四日、早川が出国すると相前後して、ロシアに戻っている。

このUについては、ロシア議会下院議員で、キリスト教民主同盟議長のビタリー・ヴィクトロヴィッチ・サビツキーも知っていた。彼はロシア下院の社会運動・宗教団体委員長でもあり、オウム批判の急先鋒だった。

彼は取材に対し、こう答えている。

「地下鉄サリン事件の前後、日本から一人のロシア人信者が、密かに帰国している。その人物はロシア軍の化学兵器専門の将校で、モスクワ市内の自宅に帰り、毒物の専門書を探していたとの証言も得ている。長官狙撃事件直後にも、同じ人物が日本から出国したことが気になっているんだが……」

ただ、サビツキーは、その人物が長身でアジア系の顔だちをしている点は似ているが、Uという名前ではなかったと証言した。

この情報はもっと細かく詰めていきたかったのだが、サビツキーは取材で会ってから約一週間後の十二月九日夜、サンクトペテルブルグ市内で交通事故に遭遇し、死亡してしまった。

車に同乗していて、やはり瀕死の重傷を負ったサビツキーの秘書は「議員は殺されたんです」と訴えたが、彼もまた、退院後に消息を絶っている。さらに事故後、サビツキーの事務所が何者かによって荒らされ、オウム関係の資料などがなくなっている。あまりに突然で、不可解な事故死だが、ロシア政府はなぜか、彼の葬儀の映像を流そうとしたテレビ局に圧力をかけ、潰してしまった。

サビツキーが生前、強く訴えていた言葉は、こうだ。

「オウムはロシア防諜局の全面的な協力を得ており、その拠点となったのが『オウムプロテクト』だ。黒幕は大統領側近のコルジャコフ以外にはない。彼こそ、旧KGBを率いるボスであり、大統領さえ自由に動かせる実力者なんだ」

さて、長官狙撃事件の前後の出入国記録を調べていた日本の捜査当局は、Uの存在に気づき、その行動に関心を持った。が、いくら調べても、国内でのUの行動が摑めず、そのことが逆に、疑惑を深めた。

そんな時、ロシア側から驚くべき情報がもたらされた。

「Uはクーデターのようなことをやろうとしていたようだ」

というのである。

公安当局と友好関係を結んでいる旧KGBの一部勢力は、マセンコの独自行動が目立つため、彼の行動を監視していた。そして、自宅などの電話やファクスを二十四時間盗聴したところ、マセンコとUの間の恐るべき会話を聞いてしまったのだ。

それが、日本国内におけるクーデター計画なのだが、通話が短時間だったうえ、暗号を用いていたため、詳しくは分からなかった。

ただ、マセンコ自身にロシア政府高官を動かせる力があったかどうかは、疑問だ。

ところが、CIA報告書はこのマセンコの背後に、別の宗教団体や暴力組織、さらに彼らが生み出す利権に群がる政治家たちの存在があると指摘、その実態を鋭く抉り出していた。

ウクライナで蠢く北朝鮮人脈

ドニエプル川に面した〝森と公園の町〟キエフ市に、オウム真理教が設立した貿易会社『マハーポーシャ・ウクライナ』がある。

周辺住民の目には、そこはオウム服の信者ではなく、旧共産党幹部からロシアンマフィア、ほかの宗教団体に属する日本人信者、朝鮮語を話す人々……とさまざまな人種が出入りするユニークなオフィスのように映っている。しかも、会社の経営や専門的な業務は、日本人商社マンらしき男たちが仕切っているという。

CIA報告書は、その〝商社マン〟たちの正体を《東京に本社を置く不動産会社『S社』の幹部たち》と断定している。

S社では九一年六月、広域暴力団「稲川会」の前会長、石井進が実質的なオーナーを務める岩間カントリークラブの会員資格保証金預かり証を十億円分も引き受けたことが発覚。同社の監査役を務めていた小沢一郎の元秘書（故人）はこの時、辞任している。

この不動産会社と教団の間には果して、どんな関係があるのか。

キエフにある民間団体「ASSO－UNICHI協会」（AU協会）は九三年、「日本ウクライナ文化経済交流協会」（日ウ協会）との間で《日本・ウクライナ間の経済協力を発展させるための各種イベントや事業を行う》との契約書を交わした。

しかし、AU協会によれば、ウクライナ側が五百万ドル、日本からは九五年十月までに同額以上の基金を拠出する話だったのが、日本側から何の音沙汰もなく、完全に宙に浮いてしまったという。

この契約書に署名した日ウ協会理事長のMは、六八年入省の元大蔵官僚で、外務省に出向したり、主計局でODA（政府開発援助）予算を担当するなど、海外との接点が多い職場を歩いた。九一年六月、四十一歳で退官後、経営コンサルタント業を営み、九五年三月末まではS社の役員も務めていた。

ウクライナ外務省によると、Mは九二年、都内でマセンコと接触し、その働きかけで日ウ協会を設立したという。九三年四月、Mら五人がキエフ市を訪れ、ウクライナ大統領側近と会談。九三年には四回も訪問、ようやく契約文書の署名にこぎつけた。その際、S社社長もキエフ市で大統領と会談、東京・港区新橋の自社ビルを五年間、在日ウクライナ大使館用として無料で貸与することを約束し、九四年九月から在日ウクライナ大使館が開設された。S社はその見返りに、在日ウクライナ大使館のビザ発給業務の代行や、モスクワ―キエフ間を結ぶ航空会社『エア・ウクライナ・インターナショナル』の発券業務を独占。さらにキエフ市に百パーセント出資の現地法人『Sコーポレーション』を設立している。

こうした一連の動きの裏側で、「S社側はロ日大学の交渉経験があるオウムに協力を求めた」との証言もある。

さらに、Mは北朝鮮ロビイストである——と、CIA報告書は明示している。

《M氏はウクライナの軍産複合体企業出身の政治家と親しく、その政治家を通じて、ウクライナの軍事技術や兵器、特にロケット打ち上げに関するノウハウを集めることができた。彼はその利点を最大限に生かして、ウクライナの兵器技術者を北朝鮮などに派遣する仕事をしていたと見られる……》

事実、Mの周辺には、マセンコをはじめ、北朝鮮出身で商社を経営する日本人社長や、モスクワ市のルムンバ大学に留学経験を持ち、九三年からウクライナに住む元会社社長ら北朝鮮人脈が集まっていた。ルムンバ大学は社会主義国の有力者子弟の留学先として知られ、北朝鮮からも多くの留学生が入学しており、元社長はそこで北朝鮮人脈をつくったと見られる。そして、早川もその一員であったのだ。

早川はしばしば北朝鮮入りしていたが、その多くは、マセンコやMと一緒だったことが、ロシア当局の調べで確認されている。早川はなぜ、そんなに頻繁に北朝鮮に行ったのか。

当初は彼がロシアやウクライナ、北朝鮮を飛び回り、ロシア・ウクライナ製兵器を北朝鮮に仲介・斡旋したり、ウクライナの軍事情報、特に核関連情報を北朝鮮に売りつけて利益を上げ、その資金で武器などを購入するためと見られていた。

ウクライナには、旧ソ連の宇宙ロケットや船舶建造のトップ技術のほとんどが集中しており、核兵器開発に躍起の北朝鮮には喉(のど)から手が出るほど欲しいはずだ。

「ロシア・ウクライナ製武器の北朝鮮への輸出には、オウムとロシアを繋いだとされる日本人ブローカーや元ロシア大使館高官、在日韓国人バイヤーらが絡んでいるのは確かだ。北朝鮮軍とロシア軍は、ソ連崩壊後も緊密な関係を保っているし、オウムと北朝鮮のどちらから接近を図ったのかは不明だが、その動きは要警戒だよ」

そう明かすのは、在日イスラエル政府関係者。イスラエルは、北朝鮮が中東にミサイルを輸出していることに警戒を強め、諜報機関『モサド』にノースコリア・セクションを新設したほどだ。

ただ、早川もマセンコと一緒では、オウムに大金がころがり込むとは思えないし、ロシア、北朝鮮とも資金難のはず。ロシアは武器売買で利益を得る方だからまだしも、北朝鮮は果たして、オウムに巨額なカネを払っていたのだろうか。

「答えはノーだろう。オウムは北朝鮮の豆満江周辺の土地を約百二十万平方メートルも買い占めていたから、それらの購入代金で相殺(そうさい)していたのではないか。麻薬や金塊で決済を受けていた可能性もある」

と話すのは、前出のイスラエル政府関係者。

豆満江は、北朝鮮が社会主義体制を維持しつつ、破綻した経済を建て直すため、中ロとの国境付近に建設を進めていた自由貿易地区。国連開発計画（UNDP）の援助で総額約三百億ドルの巨費を投じ、二十一世紀の香港を造ろうというプロジェクトで、日本やロシアなどから利権を求め、さまざまな組織が参入した。

ところが、豆満江周辺は、遅々として進まぬ開発計画とは裏腹に、麻薬や武器などの密輸基地となりつつあったという。

九四年六月、豆満江のロシア側で、北朝鮮から来た二人の男がロシア連邦防諜局（FCS）と沿岸地方警察に、麻薬密輸容疑で逮捕された。その直前にも、北朝鮮とロシア、中国国境沿いのハサン村で、北朝鮮人二人がヘロイン約十キロ（日本国内の末端価格で約一億二千万円相当）を所持していたとして逮捕され、ロシア沿岸地方でも、三人の北朝鮮人がロシアの核兵器部品を入手しようとして逮捕されている。

九四年五月二日付の『韓国日報』は、こう報じている。

《北朝鮮は九三年にケシの栽培面積を千二百八十万坪に拡大し、年間約三十トンの生産能力を有している。また、羅南製薬工場内のアヘン精製ラインの生産能力を年間三トンから百トンに引き上げて試験生産中。これら麻薬の密売は、深刻な食糧不足の打開策にも使われている》

通常、ソウルのこの種の北朝鮮情報は全面的には信用できないが、この場合、北朝鮮の『民主朝鮮』も《医薬品不足を補うため両江道一帯千八百ヘクタールに、大規模な薬草畑が造成される計画があり、そのため道内の協同農場が薬草植えを競争で展開している》と報じており、まず、間違いあるまい。

韓国公安筋によれば、北朝鮮はここ十年間にノルウェー、デンマーク、インド、日本など二十数か国で三十数件の麻薬絡みの事件を起こし、大使ら五十数人の外交官が逮捕、または国外追放されているという。

「それだけじゃない。最近、北朝鮮とロシアンマフィアが結びつき、麻薬や武器密輸以外にもいろいろな非合法ビジネスを行っている」

そう語るのは、韓国の国家安全企画部（安企部・旧ＫＣＩＡ）関係者。

「ロシア側から豆満江開発に協力しているノルデックス社は、実は、ウイーンに本拠を置くマフィア関連企業の疑いがあった。この会社がモスクワ経由で北朝鮮商務官らをウイーンに呼び寄せようとした時、モスクワ警察でさえ産業スパイ容疑で国外追放したほどだ」

また、北朝鮮系の金星銀行がロシアンマフィアとの協同出資でウイーンに合弁企業を設立したとの情報が流れ、オーストリア当局が内偵を進め、その監視下に置かれたこともあった。

オーストリアの有力誌『ビルツシャフツ・ボッヘ』によると、プルトニウム密輸事件で逮捕された男の所持品から、金星銀行が男に一億ドル払う保証書が見つかっているし、金星銀行が米国の債券を購入した際に支払われたドル紙幣に、大量の偽札(にせさつ)が混じっていたり、金星銀行が仲介した金取引で純度の低い金塊が発見されたという。

ここで思い出して欲しいのは、早川が軍用ヘリ購入や、ロシアンマフィアに会うため、ウイーンを訪れていたことである。公安幹部の一人は、こういう見方だ。

「IAEA監視下にある北朝鮮は、国内でのプルトニウムの抽出が難しく、他国から輸入した方が合理的だ。オウムも核兵器開発を計画しており、早川もウイーンでプルトニウムを手に入れようとしていたのではないか」

CIA報告書はオウムの北朝鮮への接近について、二つの可能性を示唆する。

一つは、北朝鮮が開発している生物・化学兵器のノウハウを習得するためであり、二つ目は北朝鮮とタイアップして、麻薬密売を行うためである。

《北朝鮮の有力な化学工場は江界、朔州の二か所にあり、毒ガスはサリン、イペリット、青酸など二十種類にも及ぶ……》

そう書かれた米国防総省の資料やCIAの麻薬調査書が、報告書に添付されていた。

この報告書の中身については、第三章で詳述したい。

「もう、アサハラにはついていけない」

ところで、地下鉄サリン事件発生前後の九五年三月十七日から二十二日まで、早川がロシアを訪問していたことは、既に述べた。宿泊先はモスクワ市内のオリンピック・ペンタホテルとなっていたが、従業員の話では、早川の部屋は全く使用した形跡がなかったらしい。

実は、早川はその時、キエフ市に滞在し、Mら二人の日本人の紹介で北朝鮮大使館を訪ねていたのだ。この一件は後にロシア当局も確認している事実だ。日本国内でまさに教団への強制捜査が行われようとしていた時、早川はいったい、キエフで何をしていたのか。

ロシア当局は、早川が三月二十日、航空機二機をチャーターし、ＡＫ74などの武器を満載して、ウラジカフカスからウラジオストックに飛んだことを確認している。この時はマセンコが関わっており、途中まで早川と同行していたことも分かっている。

早川は捜査陣を迎え撃つため、急いで武器を上九一色村の教団施設に運び込もうとしたか、あるいはどこか教団のアジトに隠そうとした、と誰もが思うだろう。ところが、この大量の武器はどの教団施設にも届いていないし、途中で没収された形跡もないのだ。

早川は何をしようとしていたのか。そして、飛行機二機分の武器はいったい、どこへ消えたのであろうか。

ＣＩＡ報告書はこの行動について、こう記している。

《早川はオウムのために動いていたとは思えない……》

その早川と行動を共にすることが多かったマセンコは、彼について、こう語っている。

「ハヤカワは素晴らしいビジネスマンだ。私はカネにさえなれば、何でもいいが、彼は武器への好奇心が強く、構造や性能から生産体制、コスト、販売ルートなどの知識、ノウハウを貪欲（どんよく）に吸収した。ただ、テロリストとしては信念が、オウムで言えば信仰心に欠けていたのではないか」

マセンコはこの時、ロシア治安当局に追われ、ロシアやウクライナを逃げ回っていた。モスクワ市郊外に潜伏中のマセンコを発見、彼のアジトで約二時間インタビューした。

その主なやり取りを紹介しておこう。

——オウム真理教をロシア高官に引き合わせたのはあなたか。

「いや、違う。私は単なる武器商人だ。具体的な商談に関して、政府や軍の関係者に引き合わせたことはあったが、高官との会談をセッティングできる力はない」

——それでは、誰が引き合わせたのか。

「オウムの周囲には、政治家や経済人、宗教関係者などロシアのロビイストが大勢いたようだ。詳しいことは知らない」

——実際に引き合わせたかはともかく、オウムの周囲にいた人物は誰か。

「それは言えない。私もまだ、この仕事を続けて行こうと思っているんだ」

——日本の政治家は関与していないか。

「さあ、それは何とも言えないでしょう」

——オウム、あるいは早川との関係は？

「それもあくまでビジネス上の関係だ。商売相手の思想や行動に一々、真剣に付き合っていたら、身がもたないよ。確かに、相手に関して情報収集はするけど、商売に影響なければ、何の興味もないね」

——でも、荒唐無稽なハルマゲドン構想では、商売に不安があったはずだ。

「世界は広い。無茶苦茶なことを言っている人はたくさんいるよ。肝心なことは、そんな狂人たちが権力やカネを持っているかどうかなんだ。湾岸戦争だって、先進国の軍需産業が儲けるためだったと言えなくはない。米国は力と知恵と資金を持っていたが、アサハラはカネしか持っていなかっただけさ」

――ロシアやウクライナでは、オウムにどんな兵器を売ったのか。

「トカレフからカラシニコフ、手榴弾（しゅりゅうだん）、バズーカ砲……いろいろ商談したが、日本国内に持ち込めないために、あまりうまく行かなかった」

――少しは商談が成立したのか。

「ああ。拳銃や機関銃など小型銃器類と、防弾チョッキや毒ガスマスクなどの付属品が少々かな」

――早川が飛行機二機をチャーターし、あなたから買った武器を満載してウラジオストックに飛んだ、との確かな情報があるが……。

「知らない。何かの間違いじゃないのか」

――事実だ。あなたと一緒だったという目撃者もいる。

「うーん。ノーコメントだ」

――日本の教団施設から武器はほとんど見つかっていない。どこに運んだのか。

「ビジネスのことはいろいろと差（さ）し障（さわ）りがあるんで、これ以上は言えない」

——一つだけ教えて欲しい。オウムはロシア軍からサリンを入手したのか。

「……言えない」

——これだけは是非、答えて欲しい。オウムは核兵器を入手したのか。

「さあ、どうかな。ハヤカワが入手しようとしていたのは事実だし、その可能性はある。でも、私は関与していない」

——早川が北朝鮮に行った目的は？

「ビジネスだ。観光に行く訳はないだろう」

——どんなビジネスなのか。

「向こうでは別行動になったので、ハヤカワが何をしたかは分からない。ただ、武器の売買ではないと思う。向こうの担当者がハヤカワの名前を知らなかったから」

　さすがにマセンコは商売のことになると、慎重な口調になった。だが、彼はポロッと、こんな重要な情報を漏らした。

「最後に会ったのは九五年三月だったが、ハヤカワは盛んに、『やってられないぜ。もう、アサハラにはついていけないよ』という言葉を漏らしていた。あちこち飛び回ってビジネスしているうちに、自分は革命より商売の方が向いていると思い始めたのではないかな。北朝鮮なんかに行くと、世界観や人生観が変わるからね。オウムの革命思想の未熟さが身に沁みて分かり、変身したかったかも知れない。私が『疲れているんじゃないか。少し休んだ方がいい』と言ったら、『そうしたいけど、今は休める時じゃないんだ』と寂しそうに笑っていたよ」

早川の心の奥にオウムへの絶望感が忍び寄っていたという話は、どうやら本当だったようである。

マセンコは、こう続けた。

「ハヤカワは今後の身の振り方について悩んでいて、ウクライナにいる日本人に相談していたようだ。それとは別に、私の知人の中に、ハヤカワから『一緒に社会変革のために働かないか』と誘われた者がいる。その時、オウムの話は全く出なかったそうだ。彼はオウムとは別のグループを結成しようとしていたんじゃないか」

ここで登場した別のグループとは、早川や彼の子飼いの信者たちが深く関わっているとされる〝ある宗教団体〟を指すのであろうか。

そして、その宗教団体は果して、早川の苦悩や不可解な行動と関係があるのか。

第三章 取引

「ハヤシを追え！」

九六年三月二十四日朝。灼熱(しゃくねつ)の太陽が照りつけるカンボジア東部、ベトナムとの〝国境の町〟バベットで、一人の日本人が身柄を拘束された。

タイ警察から偽米ドル所持容疑で国際指名手配されていた「ハヤシ・ショウジ」で、彼はこの日早朝、カンボジアの首都・プノンペンにある北朝鮮大使館を車で出発。車内にはほかに、北朝鮮大使館員三人が乗っていた。

東南アジアで精巧な偽米ドル札が大量に出回り、その背後に北朝鮮の存在を察知したCIAは米国財務省SS（シークレット・サービス）とともに、タイ、カンボジア両国政府の協力を受けて内偵捜査を行い、この車を監視下に置いていたのだ。

カンボジア、米両当局は北朝鮮側と交渉した結果、プノンペンで車内を捜索し、米百ドル札三万六千ドル分や変装用のカツラなどを発見。「ハヤシ」だけが逮捕され、ほかの三人は本物の外交官パスポートを所持していたことを理由に釈放された。「ハヤシ」の身柄は二日後、飛行機でタイを代表する観光地パタヤに送られた。

彼は取り調べに完全黙秘したが、日本の新聞特派員に「私はよど号事件の田中義三だ」と名乗り、日本大使館が警視庁に指紋の照合を依頼した結果、田中であることが確認されたのだ。

よど号事件は七〇年三月、田宮高麿ら赤軍派のメンバー九人が日本刀などで武装して、羽田発福岡行きの日航機「よど号」をハイジャックし、北朝鮮に渡った事件だが、そこに田中がいた。

田中は熊本県出身。明治大学在学中に赤軍派の活動家になり、六九年の警視庁本富士署襲撃事件などに関与したとされた。八八年八月にはよど号事件に絡み、国外移送略取などの容疑で国際指名手配されている。そんな人物がなぜ、カンボジアにいたのだろうか。

そもそも、田中が注目されるようになったのは九六年一月二日、パタヤ市内のホテルやカメラ店で、タイ人らがパーツと両替した九十枚の米百ドル紙幣が偽札と判明したことがきっかけだった。タイ当局は一月から二月にかけ、偽札所持などの容疑でタイ人五人を逮捕。その供述から、五人が「ハヤシ」と「コダマ・ショウゴ」という男から偽札を受け取ったことが分かった。

その児玉章吾は二月九日、カンボジアからバンコクのドン・ムアン国際空港に着いたところを逮捕された。が、児玉は偽札を持っていなかったうえ、日本政府が発行した真正パスポートを所持しており、証拠不十分で釈放されてしまった。児玉はカンボジアに戻った後、二月中旬、プノンペンで知人に「日本に行ってくる。二週間ほどで帰る」と言って姿を消した。

一方、捜査が進むにつれ、「ハヤシ」と国籍不明の「ウォン」と「タン・トク・ホー」の三人を中心とする国際米ドル偽造団の存在が浮上し、タイ当局は二月十六日、「ハヤシ」を国際指名手配した。そして、CIAの追跡捜査で田中が三月十九日、外交官パスポートを持ってプノンペンのポチェントン国際空港に到着したことを摑み、今回の逮捕劇になったのである。

タイ、米両当局は「コダマの逮捕で捜査網が絞られてきたと感じたハヤシは、アジトを引き払って北朝鮮大使館に逃げ込んだ。最後にタイで偽ドル札を換金した後、ベトナムに脱出しようとしたのではないか」と考えた。

当初、米国側は強硬に身柄の引き渡しを求めたが、車内で発見された三万六千ドルが鑑定の結果、すべて真札と判明したため、国際米ドル偽造事件としての立件を断念した。タイの検察当局は、田中をタイ人に偽百ドル札九十枚を渡したとして起訴したが、彼は、

「私はハヤシではなく、朝鮮人のキム・イルスだ。タイに知人はおらず、来たこともない」

と全面否認した。

結局、タイの裁判所は九九年六月、田中に証拠不十分による無罪判決を言い渡している。

ある米捜査関係者は、こう明かす。

「車内から押収した紙幣が真札だったことは事実だ。しかし、バベットの検問所にいた複数の警察官が車内に厚さ五〇センチ以上の百ドル紙幣、数十万ドルがあったことを目撃しており、後から駆けつけた北朝鮮大使館員が、こっそりと窓越しに紙袋を受け取ったという情報もある。我々は最後の詰めを誤ったのでは、と残念でならない」

それにしても、今回の偽札事件の捜査はかなり大規模で、かつ迅速であった。

バンコクの米国大使館は「二十人以上の財務省SS要員がタイに派遣され、二か月にわたり捜査に協力した」とのコメントを発表したが、実際は大勢のCIAエージェ

ントがインドシナ半島に配置され、ICPO（国際刑事警察機構）の全面協力で米国人捜査官を中心に、タイやカンボジアの国境付近で警戒に当たっていた。そのうえ、米国政府は偵察衛星を使って、上空から北朝鮮の国境付近や、犯人グループの動向を監視し、NSA（米国家安全保障局）のシステムで、北朝鮮の無線交信まで傍受していたのである。

米国はなぜ、そこまで強力にバックアップしたのか。

一つは、世界各地に偽米ドル紙幣が大量に出回っているという深刻な現状がある。米会計検査院が九六年二月に議会に提出した報告書によると、九四年度に確認された偽米ドル紙幣は二億八百七十万ドル（当時のレートで約二百八億円）もあり、うち三分の二が海外で発見されている。特に「スーパードル」と呼ばれる精巧な偽札が激増し、東南アジアで二千万ドル（約二十億円）分、世界中では七百億ドル（約七兆円）分が出回っているとの推計まである。

もう一つは、米国政府が米ドル偽造事件を北朝鮮やイランなど反米勢力による経済テロ行為、と見なしていることであろう。米国政府関係者は、こう解説する。

「財務省はイランの動向に最大の注意を払っているが、同時に北朝鮮が八一、八四年にオーストリアから高性能印刷機械を購入、米ドル偽造を始めたとの情報を得ている。

北朝鮮は偽札製造機関を設立し、イランから技術者を招いて、大量生産を始めた。イランにミサイルなどを売り、その代金の一部として技術者を雇ったり、『スーパードル』を入手し、『スーパーK』という新たな偽札を作り上げた。韓国から東南アジアやロシアを経て、逆に中東まで広がっている。これは米国政府の権威を失墜させ、世界経済を混乱させる経済テロなんだ」

ＣＩＡ関係者の見方は、もっと厳しい。

「最大の問題は偽ドルが大量に、武器・麻薬売買といった闇市場に流れ、マネーロンダリングされている点だ。世界中のテロリストや、ゲリラ、犯罪組織に武器や麻薬がどんどん流れ出し、さらに稼いだカネがテロ資金に使われる危険性がある。旧ソ連諸国からの核兵器流出も心配だ。今回の事件は、黄金の三角地帯を背後に抱えるタイ、カンボジアが舞台だけに、何としても叩き潰さなければならなかった」

三つ目の理由は、ＣＩＡがこの事件に林泰男が関与しているのではないかと見ていたことだ。

ＣＩＡはパタヤのホテルで偽ドル札が発見された段階で、犯人グループに対し、徹底的な監視体制に入っていた。それは、ホテルの両替書類に「ハヤシ」のサインが残され、筆跡が林泰男に似ていたからである。

CIAはもともと、林が北朝鮮の工作員の支援を受け、海外に逃亡しているのではないかとの疑いを抱いていた。さすがに林が本名で宿泊するとは思えなかったが、バンコクで二月に開催されたアジア欧州首脳会議が、麻原奪還テロの標的になる恐れがあり、在タイ日本大使館から「林泰男がタイに潜伏中」との情報が寄せられていたこともあって、警戒を強めていたのだ。

CIAがそこまでして林にこだわる理由は、ほかにもあった。

韓国大統領直属の情報機関である安企部は長官狙撃事件について、独自に情報収集を行い、調査報告書にまとめていた。その報告書の一部を入手したが、そこには何と、〝殺人マシン〟こと、林泰男の項目があったのである。

《林泰男。一九五七年十二月十五日、東京都小平市生まれ。北朝鮮籍から帰化し、日本国籍。祖母が北朝鮮出身で、日本人と結婚し、石川県穴水町に居住。祖父母は北朝鮮の秘密工作船支援の容疑で、日本の公安調査庁の重要監視対象者。六三年十一月、祖父母は北朝鮮に帰国。林は四男一女の次男として誕生》

穴水町と言えば、オウム教団に対する強制捜査後、仮谷事件で指名手配された信者の松本剛が隠れ住んでいた貸別荘があった場所で、古くは七三年六月、北朝鮮の対南工作員、辛光洙が日本に潜入した場所でもある。

《林は七四年一月、国学院久我山高校中退。都立立川高校定時制に入学し、昼間は七五年四月から国立市のそば店、七六年六月から小平市の運送会社、七九年から八王子市の水産会社に勤務。高校卒業後、職業訓練校を経て七九年四月、工学院大電気工学科（二部）に入学。小金井市の北朝鮮工作員の拠点に出入りし、注意を要する》

小金井市の拠点とはJR武蔵小金井駅前の麻雀（マージャン）店で、経営者は北朝鮮工作員の支援者として、公安当局からマークされていた人物だった。

《林は八三年三月、大学を卒業後、四年間は定職に就かず、同年九月、東南アジア、南米など五か国を放浪旅行と称して歴訪経験あり。八七年、米国ニューヨークに一年間滞在し、日本料理店に勤務。真の渡米目的は不明だが、北朝鮮工作員の支援者と目される重要監視対象者と頻繁に接触。北朝鮮対米ネットワークの一員の可能性あり。八七年十月に帰国後、都内の電気工事会社に勤務したが、翌八八年十二月退職。同月六日に出家。傷害、毒劇物法違反の前歴あり》

この時期はソウルオリンピックの開催前後であり、安企部は日本の公安当局やCIAの協力を得て、不審人物を二十四時間監視していた。その網に、林が引っ掛かってきたというのである。

こんな情報があったとすれば、CIAが「ハヤシ」という名前に敏感になっていたことも頷けよう。米政府関係者はこう語る。
「実は、CIAはその後もずっと、ハヤシの足取りを追いかけていた。パタヤで監視していたハヤシはどうやら、タナカとは別人だった形跡があったからだ」

オウムと「よど号」犯の接点

アジア各地で起きた偽ドル札事件を見ると、北朝鮮が関与しているとの疑いは強まる一方だ。

九四年六月、マカオのアジア・デルタ・バンクで約三十万ドルの偽ドル札が発見されたが、マカオ警察はその後、北朝鮮の外交官パスポートを所持する者ら計五人を偽札使用の疑いで逮捕(後に証拠不十分で釈放)している。同年八月には、中国・吉林省の延辺朝鮮族自治州で、北朝鮮から帰国した中国人が偽ドル札を所持し、逮捕された。

日本国内でも、九〇年に京都府内の外資系銀行で偽ドル札が発見されて以来増え続け、警察庁のまとめによると、九三年に三百八十四枚、九四年に三百四十五枚、九五年に四百七十二枚の偽ドル札が見つかっている。

九五年六月には、渋谷区の貿易会社が大手銀行の支店に百ドル札で五百枚・五万ドルを入金したところ、うち五十四枚が偽札と判明。警察庁科学警察研究所はこの偽札を、「スーパーK」の一種と断定した。

警視庁捜査三課の調べで、この会社は北朝鮮の企業と取引があり、偽札は九四年五月十五日、平壌の商社と中古車売買契約を結んだ際、社員が現地で受け取った手付金の一部だという。

安企部の調査によれば、北朝鮮は金正日の指示で、通貨偽造の専門機関を設立。偽札識別機でも判別不能なほど精巧な偽ドル札を年間一千万ドル以上と大量に印刷し、旧社会主義国家を中心に流して、武器などの購入代金に充てているらしい。北朝鮮から亡命した元政府高官や元軍人も次々と、北朝鮮が国家ぐるみで紙幣を偽造していることを証言している。

それにしても、田中の名前がなぜ、そこに登場してくるのか。

よど号事件のメンバー九人は、北朝鮮で主体思想を信奉する亡命者として厚遇されたと言われる。公安当局によると、それぞれ平壌市内の高級マンションを与えられ、メンバーの大半が日本人女性と結婚して子供までもうけ、翻訳や日本語教師などをしながら生活していた。

ところが、八〇年代に入り、メンバーの様子が一変する。八五年九月、吉田金太郎が病死し、最年少の柴田泰弘も翌年、東欧経由で極秘帰国し、日本国内に三年余潜伏した後、八八年五月に逮捕された。懲役五年の実刑判決が確定、九四年に刑期満了で出所している。また、田中と安部公博が平壌から姿を消し、岡本武も北朝鮮賛美を続けるほかのメンバーと対立し、日本への脱出を図ろうとして失敗。妻子とともに北朝鮮政府の再教育を受けたとも、粛清されたともいう。

残る四人は九〇年以降、北朝鮮の政治宣伝活動の傍ら、積極的に貿易業務に取り組んだ。平壌市内に貿易会社「プロジェクト21」を設立し、現地社員を採用して、日本や中国などと海産物や中古車の輸出入を開始。一時は北朝鮮の外貨獲得に貢献したが、次第に支払いが滞り出し、うまく行かなくなったという。九五年十一月には、リーダー格の田宮が急死している。

この間、田中は何をしていたか。

「田中は活動方針の対立から単独行動を取るようになり、八七年ごろから公の場に姿を現さなくなったことは確かだが、自分たちの亡命を受け入れてくれた北朝鮮への報恩意識は同じように強い。ただ、田中は赤軍派幹部というよりコマンド的な人物。恩返しの仕方が経済活動ではなく、テロ行為に走ったということだろう」

そう話すのは公安関係者。こうも言う。

「田中と安部は北朝鮮の非合法対外工作を担当し、田中が中東で偽札づくり、安部は欧州で変造パスポート作成に関与していた。田中は八五年ごろに平壌から中国、シリア経由でレバノンに行き、ベイルートを拠点に活動していた。一時、パリに移って北欧、東欧諸国を渡り歩いていたとか、宮崎県内で田中を目撃したとの情報もあった。具体的な工作内容は確認できていないが、北朝鮮での軍事訓練の成績が良く、スナイパー（狙撃手）として抜擢されたという説も根強い。九二年ごろからはカンボジアを中心に活動し、米ドル偽造事件に関与したり、安部と一緒に金正日書記からの直接命令で、日本の過激派と接触していたのではないか」

北朝鮮製と見られる「スーパーK」が最初に見つかったのは、九〇年初めのフィリピンである。ＣＩＡとフィリピン当局は、その時点でフィリピン共産党やゲリラ組織が北朝鮮の元赤軍派のメンバーと連絡を取り合っていたことを摑んでおり、田中が調整役を務め、偽ドル札をフィリピンに持ち込んだのではないかと見た。因みに、このフィリピンのゲリラ組織には、オウムも接近しており、田中と接触した可能性が高い。

「米国は北朝鮮に経済援助する代わりに、テロ国家のイメージを変えることを要求している。米朝次官級会談では、『よど号』グループの国外退去の要求が出されており、北朝鮮としても本心は悩んでいるところだろう。『よど号』のメンバーもその辺の事情を知っており、使い捨てにされることへの恐怖から、金正日へのゴマすりや政治的宣伝活動はもとより、偽ドルだろうが、麻薬密売だろうが、何でもやる覚悟ではないか。今回の田中逮捕は、メンバーのそうした焦りが感じられる」

とは、前出の公安関係者の意見だ。

ここで注目しておかなければならないのは、公安当局内に、

「田中は国松長官を狙撃した男と容貌が似ているとの意見があり、スナイパーとして養成された可能性もあることから注意を要する」

との声が出ていることである。

もし、田中が狙撃犯だとすれば、国松とは不思議な縁で結ばれていたことになる。なぜなら、田中がかつて襲撃した本富士署の署長が国松だったからだ。

ところで、米ドル偽造団とオウム真理教との間に、意外な接点があった。

早川が頻繁に北朝鮮を訪れていたことは、既に書いた。

しかし、北朝鮮という国はコネクションなしでは要人に会うどころか、入国することさえできない。仮に、マセンコが北朝鮮に食い込んでいたとしても、一介の武器商人の仲介程度では、あれほど何回も北朝鮮に出入りし、友好関係を保つことができたかどうかは疑問である。

早川は、誰を頼りに北朝鮮入りしたのか。彼の北朝鮮内での便宜を図ったのは誰なのか――。結論から言うと、窓口になったのは田中である可能性が高いのだ。

田中は逮捕時、北朝鮮をはじめ日本、香港、中国の四種類の偽造パスポートを所持していた。タイ、米両捜査当局がそれらのパスポートを分析した結果、田中は年に十数回ずつ、北朝鮮を出入国していることが分かった。足取りを追跡すると、田中と早川がほぼ同時期に、北朝鮮やロシア、タイに滞在していたことが判明した。

CIA関係者は、こう語る。

「タナカは東南アジアを拠点に活動する前から時々、タイやカンボジアに姿を現していた。偽札のロンダリングや麻薬取引が目的だったと見ているが、そのうち九二年七月、バンコクでハヤカワと接触した疑いがある。二人は短期間に集中的に会った後、いったん北朝鮮と日本に帰国し、再びバンコクで会っている。おそらく二人は世界同時蜂起構想を語り合い、生物・化学兵器や麻薬の売買について交渉し、それぞれボスの意向を確認しに帰ったのだろう。ハヤカワがそれ以降、北朝鮮に出入りするようになったことから見ても、重要な会談だったはずだ。オウムと北朝鮮の関わりは八九年、ドイツのボンからという情報もあるが、私はタイが原点だと思う」

早川は二十一回もロシアを訪問しているが、ロシア以外にもタイやスリランカなどに計七回出掛けている。特に、タイには七月四日〜十二日の九日間と、七月十四日〜二十三日の十日間の二回、立て続けに訪れたことが分かった。

これについて、公安当局には「バンコクにフロント企業を設立し、教団の活動資金集めや布教の拠点をつくろうとしていた」とか、「黄金の三角地帯から麻薬を仕入れ、日本で売り捌くための中継所にしようとしていた」、さらには「タイを訪問する予定だった創価学会名誉会長の暗殺計画を準備中」などさまざまな情報が寄せられた。

早川が海外活動に関して曖昧な供述を貫いたため、真相は定かでないが、ＣＩＡ関係者の指摘通り、田中と接触した可能性は十分ある。

また、二人は北朝鮮でも接触していたフシがある。九三年から九四年にかけ数回、早川が北朝鮮入りした際、田中もちょうど北朝鮮に〝帰国〟していたからだ。

一方、日タイ両当局は、二人の接触が偽造団の活動開始時期と重なることから、オウムが米ドル偽造事件に関与していたのではないかと見た。

さらに、オウム信者が九四年九月、モスクワ郊外で軍事訓練した時、日本の元赤軍派のメンバーが指導に当たっていたという複数の証言があり、この指導者が田中だったという者もいた。早川も同月二十四日から二週間、ロシアを訪れていたことから、二人が再び接触していたのではないかと見られている。

その田中については、タイのバンコク刑事裁判所が二〇〇〇年五月、日本政府から出されていた身柄の引き渡し請求を認める判決を出した。田中は六月二十七日、タイの空港で日本の警察当局によって逮捕され、日本に移送された。逮捕容疑のよど号事件はもとより、オウムとの関係の解明が期待される。

ここで、早川の北朝鮮訪問の目的について、CIA作成の『オウム真理教事件報告書』が示唆する二つの可能性を検証してみよう。

第一点は、オウムが北朝鮮の開発している生物・化学兵器のノウハウを習得するために接触した、というものだ。

日本の企業がオウムを支援?

CIA報告書は、米国防総省の国防情報局（DIA）が九五年に北朝鮮の戦略、軍事情報についてまとめた複数の非公開文書（DIAリポート）の中身を紹介しながら、説明している。そこでまず、DIAリポートの要点から記そう。

《朝鮮人民軍は常時百二十万人の大軍を臨戦状態にして維持している。五千三百輛余の戦車、一万余基の対空ミサイルなどで重装備しつつ、絶えず攻撃的な戦略を練っている》

《核弾頭が搭載される予定の中距離ミサイル『ノドン』（射程距離約一千キロ）は、実戦配備されるだけの数が製造されていない。『テポドン1号』（同約二千キロ）と『テポドン2号』（同約四千キロ）は、未だ設計段階前後に止まっていると見ていいのではないか。むしろ、北朝鮮軍の軍事力で最も脅威なのは、生物・化学兵器である》

リポートはまず、北朝鮮の軍事力を冷静に分析している。その半面、生物・化学兵器に関しては、我々素人の目には過剰に映るほど厳しく警告を発している。

《北朝鮮は化学戦の準備を進めており、現在神経ガス、びらん性ガス、血液ガスなどの生産に取り組んでおり、既にこれらの化学兵器を製造する多数の施設を保有している》

《生産されている毒ガスはサリン、イペリット、青酸など二十種類にも及び、その備蓄量は約一千トンで、ロシア、米国に次いで世界で三番目。約百万人の陸軍兵士に十分に行き渡るほどある。毒ガス専門の師団も多数編成しており、常に化学戦に備えた実戦訓練を行っている》

《炭疽やペストを引き起こし、大量殺戮も可能な生物兵器も既に完成している。ただ、科学技術の成熟度が低く、小型化してミサイルの弾頭に装着する段階までは達していないと推測される》

《北朝鮮は冷戦終結後、生物・化学兵器の開発に必死で取り組んでおり、その技術水準は世界のトップレベルにある。このように熱心なのは、これらを用いて非武装地帯を攻撃し、一気に南進しようという具体的な計画があるからに他ならない》膨大な資料からの抜粋なので分かりにくい点もあろうが、米国が北朝鮮の生物・化学兵器をかなり警戒していることは分かるだろう。

これが隣接する韓国になると、もっと詳細で、過激な情報になる。

九四年の韓国国防白書は《北朝鮮には化学兵器工場が八か所あり、スカッドミサイルなどで韓国各地を攻撃する能力を備えている》と言い切っている。

また、韓国安企部が九六年一月にまとめた報告書には、こんな記述が出てくる。

《北朝鮮は旧ソ連からサリン、タブンをはじめとする各種の化学兵器を輸入して、開発に成功した。現在は平壌郊外をはじめ朔州、咸興、江界、清津など十か所に製造工場があり、年間約五千トンの化学兵器を開発する能力がある。また、新義州と新興に最新式の研究所を建設し、既にサリンやイペリットをミサイルや砲弾に装塡している。平壌、沙里院などの倉庫には、約一千トンの化学兵器が備蓄され、これは一度に約四千万人を殺害できる量である》

九四年三月に北朝鮮から亡命した元朝鮮人民軍総参謀部核化学防衛局の幹部、李忠

国も事情聴取に対し、

「化学兵器工場は朔州や江界にあり、イペリット、サリン、青酸など二十種類の毒ガスを作っていたように記憶している」

と供述しているので、米韓両国の分析はそう間違ってはいまい。

そうなると、生物・化学兵器に異常な関心を示していた麻原が頻繁に、腹心の早川を北朝鮮に派遣したのも頷けるだろう。

ＣＩＡは当時、早川が北朝鮮を訪れたのとほぼ同時期に、ロシアの化学者や化学兵器技術者らが北朝鮮に集結していることを摑んでいた。ロシア人や北朝鮮人でつくる化学兵器製造チームが北朝鮮で、サリンガスを製造するプラントを建設し、その技術を早川が日本に持ち帰ったのではないかと見ていたのだ。

「サリンプラントの設計図はどこでも入手できる類のものではないし、まして実際に建設できる場所はごく限られている。オウムは資金を提供し、北朝鮮で実行したのではないか。もし、そうだとすれば、北朝鮮は完成したプラントが手に入るし、松本・地下鉄サリン事件も彼らには恰好の検討材料になった。独裁国家といえども、大量殺戮ガスの効果を調べる機会は滅多にない。サリンはいったい、どのくらいの量をどのように散布すれば、どれだけの被害が出るか、運搬方法は？　解毒剤は効果があるのか、被害地域を拡大するにはどうすればいいかなど、多くのデータが収集できたはずだ。北朝鮮がそのためにオウムの犯罪を支援したとまでは言えないが、高い関心を抱いていたのは間違いないだろう」(CIA関係者)

これはひとつの推論に過ぎないが、これまでのオウム裁判で、サリン製造の経緯は明らかになりつつあるものの、サリンプラントをどうやって設計、建設したかについては分かっていない。

私は、早川の度重なる北朝鮮行きが、その謎を解明する鍵であるような気がしてならない。

ところで、このDIAリポートには、次のようなショッキングな一文が出てくる。

《北朝鮮は当初、生物・化学兵器の原材料を旧ソ連から購入していたが、ソ連崩壊と外貨不足でできなくなった。現在はあらゆる名目で、密かに入手している。特に日本の企業が農薬の原料として輸出している薬品は、北朝鮮に数万トンの化学兵器をもたらしている。さらに、生物兵器の開発に必要な細菌培養器さえ密輸されているとの情報がある……》

意図的ではないにせよ、日本の企業が北朝鮮の、下手をすればオウムの化学兵器開発に寄与したというのである。

この指摘が間違っていないことを証明したのが、サリン原材料密輸事件であった。

兵庫県警外事課と神戸水上署は九六年四月八日、サリンの原材料になるフッ化ナトリウム約五十キロなどを北朝鮮に密輸出していた神戸市長田区の貿易会社社員を外為(がいため)法(ほう)違反容疑で逮捕し、会社など八か所を家宅捜索した。

逮捕容疑は、この社員が九六年一月二十四日、サリンなどの原材料となり、外為法で輸出が規制されているフッ化ナトリウム五十キロを大阪港で、二月十五日にはフッ化水素酸五十キロを神戸港で、それぞれ日本からの支援米運搬のため入港していた北朝鮮の船に積み込み、平壌市内の海運会社宛(あて)に密輸出したというものだ。

フッ化ナトリウムは木材の防腐剤や歯の治療に、フッ化水素酸はガラスの艶消(つやけ)しなどに使われるが、ともにサリンの原材料にもなる。専門家によれば、百キロという分量は歯の治療には多過ぎるし、工業製品に使うには少なく、サリン製造用の可能性が高いという。

「輸出規制品だとは全く知らず、平壌市内の貿易会社から注文を受けたので、輸出しただけだ」

と社員は供述したが、疑問が残る。

この社員が勤めていたT社は六三年に設立された資本金一千万円、社員約二十人という小さな会社で、北朝鮮を中心に中東、ギリシャなどに船舶部品や鉄鋼を輸出している。

そのベテラン社員が輸出規制品について知識を持っていないことはあり得まい。それにフッ化ナトリウムなどが入った容器や紙袋には、《輸出規制品》と印刷されたラベルがベタベタ張られていたのである。

この社員はこれら薬品を税関のチェックが緩い「船長託送品」として積み込んでいたが、「船長託送品」は私物やごく少量の物品に限られており、大量の薬品が該当しないことは、貿易会社社員なら当然、知っているはずだ。さらに、この社員はフッ化ナトリウムの仕入れ先である神戸市内の薬品会社に対し、輸出用であることを全く説明していなかったことも分かった。これらの事実はむしろ、組織ぐるみの犯行であることを示していよう。

兵庫県警幹部は、こう明かす。

「T社は、ウチや警察庁の公安部が日朝貿易監視対象企業としてマークしてきた会社だ。八〇年代後半、北朝鮮との行き来が盛んになり、取引が行われていたのは確認していたが、決め手がなかった。今回の摘発は、密輸情報があったこともあるが、四月に『スーパーK』と見られる偽札が姫路市内などで発見されたため、一気に勝負を賭けたんだ」

因みに、国内で偽百ドル札が使われた例として、東京・渋谷区の貿易会社が都市銀行に持ち込んだ五十四枚のことを述べたが、実は、その会社も公安当局から日朝貿易監視対象企業としてマークされていた。同社の代表者は、日朝貿易の中心的な企業として知られる別の商社の元副社長であり、二つの会社には取引関係があった。しかも、その商社の役員の一人が、北朝鮮へのコメ援助に使用する運搬船の手配をほぼ独占している海運関係会社の社長なのである。

つまり、米ドル偽造、サリン原材料密輸両事件とコメ援助という北朝鮮をめぐる三つの問題は、一つの線で繋がっていたのだ。

もちろん、これらの事実だけで結論を導き出すのは危険だ。が、この密輸事件は少なくとも、北朝鮮側が日本を武器開発の〝後方支援基地〟と見ていることを示したとは言えまいか。

ニューヨークから来た工作員

ＣＩＡ報告書の分析に戻ろう。早川の訪朝目的と見られる第二点目は、オウム真理教が北朝鮮とタイアップして、麻薬を密売していたのではないか、という疑惑である。

調査によると、北朝鮮は七〇年代から、東南アジアなどで買い集めた麻薬を在外公館や北朝鮮系商社を通じて密輸・密売したという。

北朝鮮国内でケシの自家栽培を始めたのは八〇年代半ばと見られ、九一年九月からは外貨獲得策として本格化し、ケシ畑は九三年までに四千二百ヘクタール余に拡大。九三年に約三十トン、九四年に約四十トンのアヘンを生産し、その後は年間数百キロのヘロインを日本や香港などに密輸出し、国際麻薬市場に供給するほどになった。

一方、米ドル偽造の拠点とされたカンボジアも近年、タイが麻薬捜査を強化したこともあって、黄金の三角地帯からのヘロイン積み替え地点として急浮上している。プノンペンは現地通貨のリエルより米ドルの方が幅を利かせており、まさしく偽ドル札のマネーロンダリングにはうってつけの町と化している。

カンボジア警察首脳は「ヘロイン密輸は今や、わが国最大のビジネスに成長しており、週に六百キロから七百キロのヘロインがプノンペンを通過している」と話し、米捜査関係者も「ＩＣＰＯを通じて国際指名手配されている重要な容疑者は約二千人いるが、うち三百人以上がカンボジアに潜伏しているようだ」と嘆く。

ところで、オウムはどうやって、大量の麻薬を北朝鮮から日本に運び込んだのか。

ＣＩＡ報告書はオウム真理教の麻薬密売疑惑について、《北朝鮮やロシアンマフィア、日本の暴力団が絡んでいる》と断言している。
事実、九三年八月、オウム真理教施設の清流精舎付近で、早川と朝鮮語を話す人物、暴力団風の男の三人が路上や駐車した車の中で密談しているのを目撃した元信者がいる。捜査当局が元信者から事情聴取したところ、「北朝鮮に入国するラインはどれを選ぶのか」とか「誰に資金提供すればスムーズにいくのか」「ブツの純度はいいのか」といった話が漏れ聞こえたというのだ。

また、オウムの教団施設から押収した資料の中に、早川が北朝鮮のある組織と取引があったことを示す文書があり、《コメと引換えに覚醒剤の原料を輸入する》などと書かれていた。

一方、韓国安企部は、日本の暴力団員が定期的に北朝鮮に送り込まれ、日本におけるスパイ活動に欠かせない風習や地理などの各種情報を教えたり、覚醒剤や麻薬の製造、密売方法を伝授していることを突き止めた。現に、釜山地検が逮捕した中国、北朝鮮を背景にした覚醒剤密売グループが暴力団に販売する計画だったことが分かっている。

オウムと北朝鮮を結ぶ接点として俄(にわ)かに、暴力団の存在がクローズアップされてきた。

この暴力団の関与という考え方は、実は、長官狙撃事件の初期捜査の段階から、囁かれていたことだった。

警視庁は最初、長官狙撃事件を暴力団を担当する捜査四課に捜査させる考えだった。九二年三月に施行された暴力団対策法の立法化を推進してきたのが、当時、警察庁刑事局長だった国松であり、狙撃された日がちょうど、山口組の暴力団指定再審査のための呼び出し日だったからだ。

オウム真理教が富士山総本部の土地を買収する際、暴力団のフロント企業が仲介役を果たすなど、もともと、オウム周辺には暴力団の影がチラついていた。村井刺殺事件のように、共犯者として暴力団幹部の名が登場したケースもあったが、この長官狙撃事件の周辺でも暴力団の存在が浮かび上がっていた。

韓国安企部の調査報告書の中に、林について書かれた項目があったことは既に述べたが、その最後に、こんな恐ろしい言葉が記されていた。

《国松長官狙撃事件は、オウム真理教が林泰男の北朝鮮コネクションを利用した可能性が高い。朝鮮人民軍偵察局員、金××中尉が米国ニューヨークから極秘入国し、林に加担したとの疑いが強く、徹底的に追跡調査すべし》

つまり、長官狙撃事件は、オウム真理教が林を通じて依頼した北朝鮮人民軍偵察局員の仕業ではないか、というのである。

北朝鮮人民軍偵察局とは、対韓国工作をはじめ、暗殺、爆弾テロ、ゲリラ戦などを専門とする特殊部隊で、八三年にビルマ（現・ミャンマー）の首都ラングーン（現・ヤンゴン）で爆弾テロを行い、訪問中の韓国政府の閣僚ら多数を殺害したことでも知られる。

報告書によると、金は長官狙撃事件当時、表の肩書は北朝鮮国連代表部職員（警備担当）となっており、ニューヨークに居住していた。

金は九五年三月二十三日、ニューヨーク市郊外のジョン・F・ケネディ空港からユナイテッド航空機で成田に出発し、四月四日に帰国している。長官狙撃事件は三月三十日だから、ちょうど金の滞在期間と符合する。

これは後で判明したことだが、安企部はJ・F・K空港で金が搭乗するまでは確認していたが、金は偽造パスポートで来日したため、行方を見失っていたのだ。

金が日本で何をしようとしたのかはもとより、国内での足取りはほとんど不明であり、ほぼ同時に来日していた前出の旧ソ連軍将校、Uとの関わりも分かっていない。

ただ、事件当日、狙撃現場周辺で目撃された日本人貿易商が北朝鮮の協力者であることが判明、来日中の金と行動をともにしていた疑いが強まってきた。

公安当局によると、この貿易商は母親の家系が北朝鮮出身で、日本国籍を取得しているが、在日朝鮮人の工作員と見られるグループと繋がりがあった。

しかも、そのグループは在日朝鮮人実業家がスポンサーといわれ、メンバーの一部にオウムの逃亡犯を匿った疑いが出ている。

そのうえ、貿易商の人脈を辿っていくと、何と、村井刺殺事件で逮捕された徐裕行が加わっていた在日朝鮮人グループに繋がることも分かった。

韓国安企部は、北朝鮮の亡命者などから、この貿易商が朝鮮人民軍偵察局の工作員・Sと同一人物ではないかとの情報を得ている。

長官狙撃事件前後の金の足取りについては、「金中尉とよく似た男が貿易商と一緒にいるのを見た」といった断片的な情報を積み重ね、事件の二日前に都内のホテルに宿泊していたことや、貿易商の事務所に数回出入りしていたことを、何とか割り出した。が、それ以降の行動解明は難航している。

ところで、これまで述べてきたオウム関連の暴力団情報を追跡していくと、何と、一つの組織に集約されると分かった。それは一つの大きな暴力団組織が裏側からオウム真理教を支援していた可能性があることを意味している。

その組織は暴力団の中でも武闘派と呼ばれ、さまざまな事件やトラブルで名前が取り沙汰されてきた。半面、経済活動も巧みで金融、不動産といったフロント企業を多数経営し、莫大な利益を上げてきたとされる。

捜査当局はその組織が八九年ごろから、暗殺者（ヒットマン）部隊を創設し、フィリピンなどで実弾射撃訓練を積んでいるとの情報をキャッチしている。また、別の宗教団体に食い込み、年間十億円近い資金提供を受け、幹部の警護や反対勢力の襲撃といった活動を続けてきたという情報もある。

さらに、前述したような北朝鮮人脈との繋がりもある。

「彼らは暴力・恫喝（どうかつ）と利権というアメとムチを巧みに使い分け、政財界はもとより、左・右翼、宗教界、外国勢力などに食い込んでおり、影響力は決して小さくない。特に、カネ、人、組織が既に完備している宗教団体を利用するノウハウを持っていて、警戒を強めていた矢先に、オウム事件が起きただけに、ショックを受けた」

そう語るのは、警察上層部の一人。

そうした暴力組織は今なお健在であり、スポンサーとされる暴力団とフロント企業はますます、勢力を拡大している。それどころか、上祐を中心に復活しつつあるオウム真理教に、再び接近し、甘い汁を吸おうとしているのだ。

安企部の在日エージェントは、こう語る。

「狙撃犯はなぜ、捜査の直接責任者である警視総監じゃなくて、警察庁長官を狙ったのかがポイントではないか。暴力団と警察、北朝鮮とくれば、想像がつくだろう」

この言葉が何を指しているのかは、第三部で述べることにするが、いずれにしても、長官狙撃事件の真相がオウムと北朝鮮と暴力団を結ぶ線上にあることだけは間違いあるまい。

第三部

村井刺殺事件の「闇」

第一章　暗殺

実行犯と〝指示役〟の明暗

九五年三月下旬。都心部にある料亭の一室で、二人の男が向かい合っていた。

二人とも、とうの昔に老境に差しかかっており、体格も決していい方ではないのだが、健康体なのか、貫禄（かんろく）なのか、それとも欲望に満ちているからか、年齢よりずっと若々しく見える。

人払いをしていながら、先刻から終始、無言で対峙（たいじ）する二人の男。片や大物のフィクサー、片や元首相。裏社会では、〝黒幕〟と呼ばれることが多く、その名にふさわしく寡黙（かもく）で知られる二人だが、この日はいつにも増して口数が少なかった。

一瞬、部屋の空気が乱れた。フィクサーが口を開いたのだ。

「いったい、どこまでやるつもりかね」

「……」

元首相の思わず、唾(つば)を飲み込む音が聞こえる。

「とぼけなさんな。オウムのことだよ」

この夜は、十二人もの死者を出した地下鉄サリン事件から、まだ一週間も経っていなかった。

「始まったばかりじゃないか」

「うむ。だが、あそこを突っつくと、いろんなボロが出て大変なことになるよ」

「まあ。政府もそんなことはしないわな」

「自分の首を締めることになりかねんから、念には念を入れておかないとなあ」

二人はそう言うと、お互いをジッと見つめ合った。そして、どちらからともなく、自然に頷くと、まるで図ったように、一斉に酒を呷(あお)った。

この日の会談は、急に行われた。当日になって突然、フィクサーから申し入れがあり、既に予定が入っていた元首相は、無理やり都合をつけて現れた。

それだけ重要な話し合いであり、誰も宴席に近寄ることが許されなかった。そこでいったい、どんな話し合いが行われたのだろうか。

密室である以上、詳細については定かではないが、関係者から漏れてきた話や、その後の二人の言動から見て、どうやら一連のオウム真理教事件の捜査状況と、今後の見通しについて話し合われたようである。

「まあ、オウムは潰すしかあるまい。しかし、それ以上はどうかな」

「そうは言っても、被害者が大勢いるから、当局もなかなか、妥協はしまい。格好だけはつけさせてやらんといけない」

「七月には選挙があるし……」

「そうなんだ。困ったものだよ」

「それにしても、麻原という男、あそこまで馬鹿だとは思わなかった」

「全くだ。誰か止められなかったのか」

密談は二時間近くに及んだ。

二人の会話は、まるで禅問答のようであり、仮に、傍らで聞き耳を立てていた者がいたとしても、中身は分かりにくかったに違いない。それにしても、「オウムを突っつくと、大変なことになる」とか、「自分の首を締めることになりかねん」とは、どんな意味なのか。

いかにも、きな臭さが漂う会合であったが、一つだけハッキリしているのは、この時、一連のオウム事件の幕引きが決まった、ということである。

オウム真理教の最高幹部の一人、村井秀夫が刺殺されたのは、この密談から一か月も経たない四月二十三日の夜のことであった。

村井刺殺事件は、衆人環視の中で起きた。

四月二十三日午後八時三十五分ごろ、山梨県上九一色村の教団施設から車で東京・南青山の教団総本部に戻った村井は、マスコミに揉みくちゃにされながら、正面入口から中に入ろうとした。その時、報道陣の中に紛れ込んでいた男が飛び出し、カバンの中に隠し持っていた刃渡り二一・四センチの牛刀でまず、村井の左腕を一撃し、さらに右脇腹を深々と抉ったあと、刃を回転させて引き抜いたのだ。

村井は何とか、建物内に転がり込み、救急車で病院に運ばれた。が、腹部の傷が肝臓から腎臓に達しており、翌二十四日午前二時三十三分、出血多量のため死亡した。

犯人の徐裕行は牛刀を総本部に向けて投げ捨て、その場で逮捕された。

徐は当初、警視庁の取り調べに対し、こう供述していた。

「オウムに対する義憤に駆られて、自分一人で決めてやった。オウムの幹部なら、誰でもよく、殺すつもりはなかった」

だが、これが嘘であることは、すぐに分かった。

その日、教団総本部には上祐や青山吉伸ら幹部が何度か出入りしていたのに、徐は見向きもしなかった、という多数の目撃証言が得られたからだ。

しかも、ベテラン刑事が、

「最初から腹を狙い、牛刀の刃を上に向け、いったん深く刺してから、ねじり上げるやり方は、内臓をズタズタにして、確実に生命を奪う暗殺者特有のものだ。それに、犯行前日の徐の足取りを追ってみると、親の顔を見たり、女を買ったりして、娑婆への未練を断ち切っている。まさに典型的なヒットマンだな」

と語ったように、徐は必殺の構えを見せ、その通り、実行していたのである。

「九四年五月から、三重県伊勢市にある右翼団体『神洲士衛館』に属していた」

徐は後に、そう自供した。

しかし、①『神洲士衛館』は九四年十月に政治団体として届け出されているが、山口組系羽根組組長が実質的に経営する水産会社の社員によって設立された団体で、活動実態が全くない。②『神洲士衛館』の所在地が事実上、羽根組関係者の宿泊所になっており、事件の五日後に解散届が出されている。③徐は東京・世田谷で羽根組関係者と同居し、羽根組事務所にも出入りしていた——などから、暴力団による暗殺説が一気に浮上した。

実際、警視庁の厳しい追及に対し、徐は一転、

「右翼思想に基づく犯行ではない。羽根組若頭から、『オウムはとんでもない組織だ』と、何度も繰り返し聞かされ、自分もその気になった」

と、供述を翻した。

徐は殺人罪に問われ、九五年十一月十三日、東京地裁で懲役十二年の判決を言い渡された。彼は控訴せず、刑が確定し、旭川刑務所で服役中だ。

これに対し、若頭は殺人の共謀共同正犯として逮捕、起訴されたが、調べに対し、

「徐に、『オウム真理教の幹部を刺せ』と命令した覚えはない」

などと一貫して、共謀を全面否認。九九年三月二十九日、東京高裁で一審に続いて無罪判決を受け、確定している。

若頭の控訴審で九八年十一月、証言台に立った警視庁捜査四課の捜査員は、

「六月に徐に面会し、法廷での証言を要請した際、彼は『一審で本当のことをすべて話しており、責任は果たした。若頭は娑婆にいる。下手にこれ以上証言すると、攻撃したと見なされ、自分や家族の命が危ない。自分も出所後、裏切り者として逃げ隠れしなければならない』などと言って、証言を拒否しました……」

と明かしている。

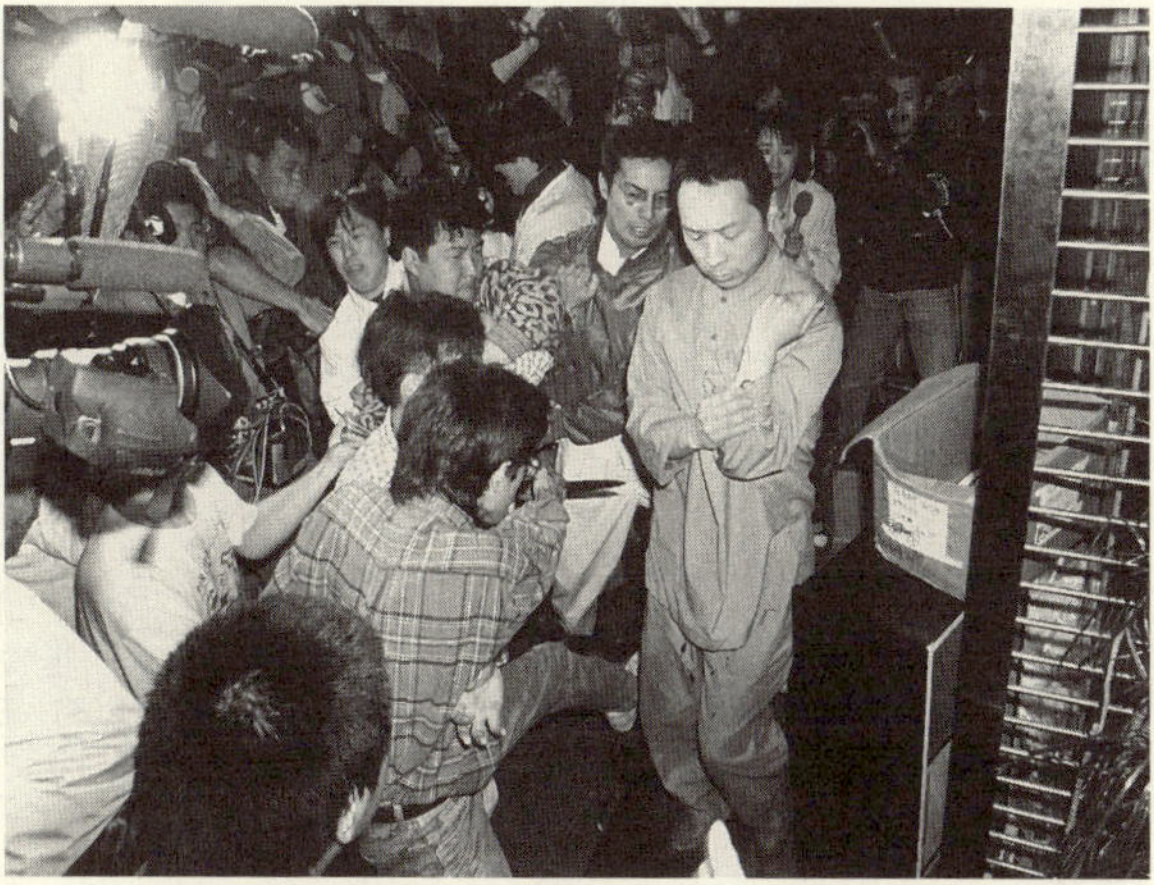

村井刺殺の瞬間　一撃目は左腕に（上）、次に右脇腹を刺された（下）

また、徐は相当ガックリした様子で、知人らにこう漏らしていたという。

「自分は事実を話したのに、誰も信じてくれず、求刑も判決も軽くして貰えなかった。すべてにおいて、自分は甘過ぎたんだ……」

「ある人が期待している」

本当に、事件の背後に暴力団は関わっていなかったのか。

捜査資料と裏付け取材をもとに、彼の生い立ちから犯行に至るまでの足跡を追うと——。

徐は六五年五月二十五日、群馬県高崎市で在日韓国人二世（日本名は田中）として生まれた。

家庭の都合で東京都足立区に転居し、彼も同区立小・中学校を卒業。都立足立工業高校に進学したが、一年生で中退し、解体業者の元で見習いとして働き始めた。

しかし、仕事は長続きせず、印刷会社やデザイン事務所など転々とし、八六年からは販売促進・企画会社に就職。真面目で意欲的な勤務態度が評価され、八八年五月、イベント企画会社「イベントダイヤル」の設立に加わり、その後、代表取締役社長に就任した。

ところが、この会社がバブル経済崩壊で業績が悪化し、九二年秋、総額二千三百万円の負債を抱えて事実上倒産してしまった。徐は夜逃げ同然で、茨城県つくば市の友人宅に身を寄せ、古紙回収業などをしながら、かろうじて生計を立てていた。

九四年に東京に戻った徐は、五月ごろから羽根組組員らと親しくなり、暴力団との接点ができた。十一月からは世田谷区上祖師谷の友人宅に転がり込み、この組員ら数人で共同生活を行う一方で、友人が経営する金融業を手伝い始めた。ここで、羽根組幹部や韓国人グループと知り合い、彼らの紹介で羽根組の東京事務所にも顔を出すようになった。

因みに、この同居している羽根組組員は徐の初公判に現れ、傍聴席から徐に向かって、「頑張れよ。皆で見守っているからな」とか「性根入れてな!」と檄を飛ばし、裁判長から退廷を命じられている。

やがて徐は、伊勢市の羽根組事務所に出入りするようになり、若頭と出会った。その後、行儀見習いとして事務所の雑用や電話番などを務めたり、韓国人ホステスの偽装結婚の相手や、宅配ヘルス業の手伝い、羽根組組長のボディガード役を務め、ヤクザとしての実績を積んでいる。

九五年四月、事務所当番を終えた徐は東京に戻るが、この時、若頭から犯行を指示されたとされている。その辺りの事情について、徐の捜査段階での供述調書や、検察側の公判資料から検証してみよう。

徐は四月二十日、若頭と電話で連絡を取り、目黒区内のレストランで食事した際、若頭から「組のために、オウム真理教幹部の上祐、青山、村井のうち、誰か一人を包丁で殺るんだ。殺ったら、その場で捕まり、『神洲士衛館』と名乗れ」と言われた。

若頭は準備資金として現金数万円と、オウムの記事が載っている週刊誌三冊を徐に渡し、「今日から地下に潜れ。オウムの本部へ行って様子を見ておけ」などと指示したうえ、「ある人がお前を期待している」と〝謎めいた言葉〟を残したという。

翌二十一日は渋谷で食事や散髪などをした後、父母の顔を一目見ておこうと、久しぶりに足立区の実家に帰った。夕方のテレビニュースで上祐がオウム東京総本部にいることを知り、若頭の携帯電話に「今、上祐が本部にいるので、これから行ってもいいですか」と尋ねたところ、「今日はまずい。明日の夕方、また電話しろ」と言われた。

二十二日午前十時半ごろ、徐はアタッシュケースを持って、実家を出発。西新井駅に向かう途中の金物屋で包丁を買おうとしたが、手頃なものがなく、牛刀を購入し、アタッシュケースに入れた。地下鉄日比谷線とJRで恵比寿経由で渋谷に行き、地下鉄銀座線で表参道に出て、東京総本部を下見。午後八時ごろ、渋谷で若頭と待ち合わせ、六本木のレストランで食事しながら、犯行計画について打ち合わせした。

若頭は徐に名乗り出る右翼団体の名前を覚えさせるため、店の紙ナプキンに団体や構成員の名前を書き、「警察に捕まったら、このように言え」と指示した。約一時間半後、若頭と別れた徐は、渋谷のラブホテルにチェックインし、ホテトル嬢を呼んでいる。

犯行当日の二十三日は午前十時ごろ、若頭に「今日行って来ます」と電話をかけてチェックアウトし、ホテル街のゴミ箱に牛刀のケースを捨て、午前十一時には、東京総本部前に到着。午後一時にコンビニでパンとジュースを買い、午後七時ごろ、ラーメン屋で夕食をとった以外はずっと、総本部付近でオウム幹部たちの動向を見張っていたという。

こうした徐の供述内容は、多少の食い違いはあるにしても、基本的には捜査当局によって裏付けされており、若頭の事件への関与は揺るがし難いと見るのが順当であろう。

徐自身、証拠採用された調書の中で、こう述べている。

《羽根組の組員として、若頭の命令に逆らえないと思った。しかし、若頭の私利私欲

のために利用されたのか、と疑念が生じている。若頭が指示したことを否認している
のは許せない。事実を隠しては人間として後悔するから、指示されたことを話す気に
なった》

ただ、裁判では当然、この供述の信用性が争われたが、判決は、
《重大な疑問が残り、被告（若頭）の指示を認めるには合理的な疑いが残る》
と判断。紙ナプキンの一件などを例に挙げ、
《人に知られたくなく、証拠を残したくない者がとる言動としては目立ち過ぎ、信用できない》
として、若頭に無罪を言い渡したのである。

実行行為を伴わない共謀共同正犯を立証する場合、物的証拠が少ないケースがほとんどで、どうしても実行犯の供述に頼りがちになる。それだけに、捜査当局は確実に、実行犯の供述の裏付けを取り、物的証拠や他の証言と結びつけたり、背後関係を明らかにしていかなければならず、その面で捜査が不十分であったことは否めない。

しかし、オウム自体が暴力団と繋がりを持ち、特に、両者の関係に徐が絡んでくるとなれば、話は別だろう。

オウムと暴力団と聞いて、真っ先に思い浮かべるのが中田清秀と、教団「諜報省」

で活躍し、改造銃を調達したとされる秦野信一の暴力団幹部出身の信者二人である。

中田は四七年、名古屋市北区で生まれた。父親は銭湯を経営していたが、中田が中学二年生の時、事業に失敗して北海道に移住し、彼は近くのアパートで一人暮らしを余儀なくされた。そのアパートにいた暴力団員の影響を受け、やがて組事務所に出入りするようになる。

その後、両親のいる北海道に渡り、山口組の全国制覇の先兵として、六〇年代に各地で抗争を繰り返し、「殺しの軍団」と恐れられた旧柳川組に入る。柳川組解散後、いくつかの組を経て名古屋市の小車誠会清田会（現在は山口組系）の会長代行に就任、ついに秀政一家を率いるまでになった。

全身に〝竜に乗った観音像〟の刺青（いれずみ）を彫り、拳銃の腕が抜群という中田は八四年、拳銃密売で実刑判決を受け、八七年三月まで広島刑務所に服役。その間にオウムに入信した妻の勧めで、八八年に彼も信者となった。

教団では早川の下で、地上げなどを担当。坂本事件で、不審人物として名前が挙がったり、熊本県波野村では、信者の先頭に立って、住民を恫喝する姿が目撃されているが、その活動が目立つようになったのはむしろ、九五年に入ってからだ。

一月から三月にかけ、愛知、岐阜両県の暴力団関係者に拳銃入手を依頼し、三月下旬には、知人に「38口径のマグナムが手に入った」と語っていたことが判明している。

「中田は九二年春ごろから、急に『金はいくらでもある。チャカが欲しい』と言い出し、いろんな組に声をかけていたようだよ。暴対法のお陰で拳銃はだぶついていたし、奴は真正拳銃なら中国製で五十万円、米国製で百万円と相場の倍で買ってたから、かなり集まったんじゃないかな。『オウムの特攻隊長をやっとる』と言ってたけど、ウチの組員なんか、三千万円の札束が入ったバッグを見せられ、宗教団体はヤクザより儲かるんだなって感心してたほどだ」

そう話すのは、関東のある暴力団幹部。

捜査当局も、中田が九二年、都内で五回にわたり、複数の暴力団関係者から中国製トカレフや米国製回転式拳銃を約二十丁と手榴弾約二十個を買い集めていた、との情報を摑んでいる。

「中田は拳銃以外に兵隊も集めていたようだ。五十万円も出して、いろんな組幹部を紹介して貰い、盛んに組員を勧誘していたとの情報もある。実際、入信した組員がいるし、土地取引やトラブル処理を通じ、オウムと関わりを持った組もあると聞いている」

暴力団担当の刑事は、そう明かす。

山口組は当時、全国の組織に緊急通達を出し、組員と家族にオウムの信者がいないかを調査した結果、中田と秦野以外はいないとの結論を出している。

だが、中田が逮捕されるまでの間、東京・赤坂にある山口組系暴力団の企業舎弟が経営する会社事務所に潜伏していたことを、捜査当局は確認している。逮捕直前に中田を車に乗せてテレビ局まで送った男性も、ある暴力団の組員であった。

次に、教祖の麻原自身にも、暴力団との接点があった。

九〇年六月、総選挙に立候補して惨敗(ざんぱい)した麻原と一家六人の住民票が突然、東京都杉並区から大分県宇佐市に移された。麻原一家の住民票は七月にはいったん、富士宮市の富士山総本部に戻ったが、八月には再び、大分県別府市に移るという奇怪な動きを見せたことがあった。

別府、宇佐両市の住所地や周辺をいくら取材しても、麻原一家が住んでいた形跡はなく、そんな住所変更がなぜ、行われたのかは謎に包まれたままである。

ところが、そこに意外な事実があった。

ある捜査幹部が、こう明かす。

「別府市の住所地のすぐ近くに、山口組系三代目石井一家の事務所があり、二代目総長は七五年ごろ、地元暴力団との間で〝別府抗争〟と呼ばれた激しい戦争を起こしていた。ちょうど同じころ、松本智津夫（麻原の本名）が事務所に出入りしていたという目撃情報が寄せられたんだ」

この捜査幹部によると、松本は盲学校を卒業後、一時、別府市で生活し、鍼灸に関心があった二代目総長に可愛がられ、鍼灸師として事務所や自宅に出入りしていたという。

しかも、当時は抗争が最盛期で、組事務所には大勢の組員や右翼団体の若者らが出入りしていたが、その中に何と、岐部がいたのである。

岐部は、別府市の近くにある国東（くにさき）半島の出身で、この時は地元の右翼団体役員に従って行動していたらしい。もちろん、まだオウム真理教は結成されていなかったから、両者の出会いは単なる偶然に過ぎないのだろうが、ひょんなことから、麻原の暴力団人脈が浮かび上がってきた。

奇妙な住所変更は何か、その〝偶然〟と関係があるのであろうか。

「その二代目総長は九四年三月、割腹自殺を図っていて、真の動機は分かっていない。大分県警が自殺の動機を洗い直し、不可解な住所変更が石井一家と関係ないかを調べたんだが……」

前出の捜査幹部は、そう言って首を傾（かし）げる。

麻原をめぐっては、公安当局にこんな情報も寄せられている。九五年一月の阪神淡路大震災直後、麻原はボランティア活動している信者を激励するため被災地入りしているが、その際、密かにある暴力団の最高幹部らと会い、何事かを相談していた、というのである。

そして、ほぼ同時期、徐も若頭らと一緒に、神戸市の山口組総本部を訪ねていたのである。

第三点目は、一連のオウム事件の「原点」とも言える坂本事件の周辺に暴力団の影がチラつくことだが、これについては第四部で詳述したい。

このほか、オウムと暴力団の接点として、北朝鮮絡みの密輸疑惑が挙げられるだろう。

村井のシステム手帳が消えた

横浜税関は九五年三月八日、大理石粉粒として中国・大連港から輸入され、横浜港大黒埠頭の倉庫に積み上げられていたコンテナを捜索し、その中に玄米約三百六十三トンが入っているのを発見。神奈川県警と合同で、その輸入業務を担当していた茨城県取手市のF社などを摘発した。同年十月十九日にF社社長らが関税法違反などの容疑で逮捕されたのをはじめ、この中国米密輸事件の逮捕者は十一人に上った。その中には、第二部で紹介した日本ウクライナ文化経済交流協会理事長のMも含まれていた。

県警によると、犯人グループは九四年五月から摘発されるまで二十隻分、約四千三百五十トンの中国米を密輸入していたと見られ、これらを国産米「コシヒカリ」などと偽って、全国のスーパーや外食産業などに売りさばき、十数億円の荒稼ぎをしていたという。

県警幹部は、こう話す。

「犯人グループは、密輸に関しては素人ばかり。だからと言ってコメ不足で大儲けができると、つい出来心でやったという事件ではない。F社は市営住宅の一室を借りただけの実体のない会社で、大がかりなバックがいないとできないはずだ。それに、中国とは無関係の日ウ協会の理事長が登場するなど、この事件はあまりにも不可解なことが多い」

実は、九五年三月に大連から密輸されたコメは、摘発分より六本も多いコンテナ二十八本分あり、残りは既にどこかに運び出されていた。

「この密輸グループの周辺に、北朝鮮と関係が深い連中がいて、具体的に接触するなどの動きがあったため、我々はこの密輸グループの真の狙いが北朝鮮との密貿易と考えていた。それゆえ、押収できなかったコメは、既に北朝鮮に密輸出されたと見て、懸命に密輸ルートを割り出そうとした。ところが、現場近くに北朝鮮向けの船舶はなかったし、別の船に積み替えた形跡もない。どこに持って行ったのかと思っていたら、意外にもオウムだった。上九一色村の第六サティアンに運び込まれていたんだ」

とは、前出の県警幹部。

確かに、捜査当局が教団への強制捜査で第六サティアンを捜索した際、貯蔵された大量の中国米を発見している。だが、コメに名前が書いてある訳はなく、なぜ、中国からの密輸米と分かったのか。その回答は、ある元オウム信者の供述の中にあった。それも、なかなか意味深長な内容で注目に値する。

「供述によると、オウム真理教はハルマゲドンに備え、上九一色村の教団施設にコメなどの食料を備蓄しようと計画したが、警察やマスコミにマークされていたこともあって、思うように集められなかった。そのため、教団幹部の知人に相談し対策を練っていたところ、その知人と親しい人物が北朝鮮や中国などを相手に貿易を行っていることが分かった。そこで、その貿易商を通じて、大量の密輸米を仕入れることが決まり、教団幹部らが横浜港からトラックで運ぶ計画を立てた、というんだ」

そう語るのは、ある警察幹部。さらに、こう続ける。

「ところが、密輸品の流通・運搬部分は、ある広域暴力団の下部組織が牛耳っていて、間に入り込めないことが分かった。結局、暴力団の密輸グループが途中まで運搬することになり、教団幹部が『手間賃分が高くついた』とこぼしていたそうだ」

この事件の捜査過程で、密輸米の流通に暴力団員が関与した疑いが出てきたのは事実である。

密輸グループの交遊関係の中に暴力団関係者がおり、その人物の知人が経営する運送関連会社のトラックが横浜港の現場付近に出入りしていたなどの証言があった。さらに、その会社は別の密輸事件の捜査線上に浮かんだことがあり、信者の供述に出てきた密輸米の流通ルートがその事件のケースと酷似していることも分かった。

ただ、その信者の供述にあいまいな点があり、完全に裏付けが取れなかった。それゆえ、残念ながら、オウムや暴力団の摘発には至らなかったのだが、ここでもまた、暴力団の存在がチラついたことは間違いない。

オウム真理教がわざわざ、暴力団の手まで借りて、北朝鮮から密輸しようとしていたのは、米だけではなかった。第二部で述べたように、疑わしいのは一に麻薬、二に拳銃などの武器である。

九三年ごろ、関東で供給源が分からない覚醒剤が大量に流れたことがあり、暴力団が出所を調べたところ、オウムであることが分かった。仕入れ値はグラム八千円で、通常の密輸ルートに比べて三分の一の安価だったが、性欲を刺激するとされる〝アンナカ〟と呼ばれる成分が入っていなかったため、購入者の評判は今一つだったといわれる。

この時期と前後して、関西や九州を中心に関東以西の各地で、オウム信者たちが盛んに、暴力団関係者らに覚醒剤を売りつけようとしていたことが判明している。

これらの覚醒剤を、オウムはどこから手に入れたのか——と言えば、第一に教団が密造していたことが挙げられる。

捜査当局が上九一色村の教団施設を家宅捜索した際、覚醒剤の原材料であるフェニルアセトニトリルが大量に発見されているし、教団で化学兵器の開発を担当し、逮捕された土谷が覚醒剤製造を自供し、信者の毛髪や尿からも反応が出たことから発覚した。中田ら暴力団出身者がそれぞれの人脈を利用して、覚醒剤のサンプルを入手していたとの情報もあり、かなり大規模に行われていたと見られる。

こうした活動の中心的メンバーとして、林泰男の名前が浮上したことがある。

林はかつて薬物中毒だった時期があり、麻薬の売人を通じて暴力団にコネクションを持っていた、というのだ。しかも、オウム自前の覚醒剤が混ぜ物が少なく、性的興奮が得られないため売り上げが頭打ちになった際、早川の指示で暴力団関係者を回り、覚醒剤の製造方法について情報収集していたのも、林だったと言われている。

捜査員の間では、林が長らく逃亡を続けて来られたのは、こうした林と暴力団の関係があった、即ち暴力団にとって、林は絶対に捕まってはならない人物だったからではないか、との声が根強く残っている。

次に考えられるのは海外からの密輸入だが、オウムは覚醒剤そのものの密輸もさることながら、良質な覚醒剤を大量生産するためのノウハウを、台湾で習得していた。

「オウムの科学技術省の幹部たちが九二年末から度々、台北に来て、日本の暴力団の紹介で台湾マフィアの幹部たちと接触していることが分かった。最初は、日本で製造した覚醒剤を台湾経由で日本の密売ルートに乗せたいとの依頼だったようだが、覚醒時間が短い粗悪品が多く、ルートに乗せられないと断ったらしい」

そう話すのはマフィア捜査のスペシャリストで、台湾マフィアから鬼のように恐れられている台北市警察局警察大隊の幹部。こうも言う。

「マフィア側が『五百万円で良質な覚醒剤の製造方法を指導する』と提案したら、オウム側は直ちに、台北の銀楼（地下銀行）に五百万円を振り込み、九四年七月末から三日間、同じ日本人が高雄の工場で製造方法を習っていったそうだ。その幹部は九四年末、東京でナカタと会い、ハヤカワを紹介されたと供述している。二人には銃の取引も持ちかけられた、と言っていた」

教団は覚醒剤の製造・密売を通じて、台湾マフィアと交流を深め、最終的にはアジアの黒社会と連携することで、国際的武器マーケットと結びつこうとしていた、と見られている。

ここで問題なのは、こうした覚醒剤の製造・密売の責任者が村井だったことだ。

そもそも、村井が殺された直接の原因は彼の口の軽さにある、との見方が強い。村井はテレビ番組や記者会見で、教団が「毒ガス攻撃だ」と説明していた異臭騒ぎについて、「農薬実験の失敗」と口を滑らしたのをはじめ、自らサリンについて言及し、サリンを製造した薬品類の存在を認め、「農薬製造用だ」と強弁したり、「教団の総資産は一千億円」などと口走るなど、軽率な言動が目立ったのは事実だ。

こうした村井の発言を知った麻原が激怒し、特にサリンに関する発言がオウムの犯行を立証しかねないとあって、ヒットマンを雇い、村井の口封じをしたのではないか、と見る人が多い。

このほか、麻原が指示を出す場合、ほとんどが村井を通じて伝えられていたことから、

「我々は村井について、『取り調べで論理の矛盾を突けば、必ず落ちるタイプ』と見ていた。麻原も、逮捕された村井が一連の犯行を自供することを恐れていたし、村井の口を塞げば、自分の容疑、特にサリン事件は立証できない、と考えた可能性がある。麻原はすべての罪を村井に被せて、自分だけ助かろうと悪あがきしたんじゃないか」（警察幹部）

との意見も根強い。

「オウム教団関係者が不動産会社社長に数億円の現金を渡して、村井の殺害を依頼し、その社長が若頭に二億円を出して、殺害させた……」

と証言する暴力団関係者が現れたり、村井が刺殺された時の状況が、教団内部に協力者がいることを強く感じさせるなど、教団内部犯行説を補強する材料には事欠かなかった。

教団内部に協力者がいたというのは通常、東京総本部は深夜でも信者が自由に出入りできるように、地下のドアを二十四時間開けてあるのだが、事件当日に限って施錠され、村井は仕方なく正面玄関から入ろうとして襲撃されたからだ。これは、教団内部の人間が予め、地下のドアを施錠しておいたと見るのが合理的であり、中には、

「すべては上祐が考え、指示したのではないか。彼なら、麻原に代わって、村井を呼

びつけることができたし、地下ドアの施錠を命じることもできたはずだ」

と主張する捜査関係者もいたほどだ。

確かに、報道陣が村井の後をついて、地下への階段付近に殺到したのに対し、徐は全く正面玄関前から動いておらず、地下ドアの鍵がかかっているのを知っていた可能性がある。

これらの意見はどれも的を射ているように見えるが、中でも捜査当局が注目したのは、村井の「総資産一千億円」発言であった。

この発言は単なるはったりとも思えるし、教団にはほかに巨額な隠し資産があるとも取れる。が、一部の捜査員は、この巨額な資産を覚醒剤を売り捌いて得た利益と解釈し、オウムと麻薬取引をしていた暴力団のメンバーが、組織と麻薬密売ルートを守るために、村井の口を封じたのではないか、と考えたわけだ。

捜査当局はオウムと麻薬取引を行った疑いのある暴力団を三団体に絞り、それぞれの団体と教団との接点をはじめ、お互いの関係や麻薬密売ルートの特定、北朝鮮との関わりなどを徹底的に捜査した。捜査幹部によれば、これらの暴力団は同じ系統の組織で、いずれも東日本にあり、お互いは友好的な関係にあるという。

特に東海地方に本拠を置き、麻薬・覚醒剤製造をオウムに委託して資金源としてきた暴力団が、村井が覚醒剤の一部を横流ししたり、自前で流通させて組の傘下を離れようとしたため、排除に及んだという説は、捜査関係者の間では根強く支持された。しかも、その組と徐の間には接点があった。徐が村井刺殺を引き受けた動機の一つは、多額の借金があったためと見られているが、捜査当局の調べによると、借金の原因となったイベント失敗の舞台となった場所が、その組の拠点に近い地域にあったのだ。

その組長は坂本事件にも登場する大物で、捜査員が密かに、「多額の報酬で村井暗殺を請け負い、徐の借金を裏保証する代わりに、暗殺を行わせたのではないか」と睨んでいた人物だった。

「暴力団が暴対法逃れのため、麻薬や覚醒剤の密造をオウムに委託していた疑いは、極めて強い。それに対し、オウムは自前で覚醒剤を製造する一方で、北朝鮮から麻薬を密輸しようとしたのではないか。その橋渡しと資金提供したのが早川で、製造・密売が村井、実際に覚醒剤を密輸して捌いていたのが暴力団、という図式だろう。念のため言っておくが、その暴力団とは羽根組ではない。オウムでこうした事情に詳しいのは麻原と早川、村井の三人だが、麻原の意思か、暴力団の考えかは別にして、その中で口が軽い村井を消した、というのが順当な見方ではないか」

ベテラン捜査員の一人も、そう分析する。

実際、村井が常時、携帯していたとされる革表紙のシステム手帳が事件以後、所在不明になっている。信者たちの供述によれば、村井はこの手帳に自分の行動スケジュールや、麻原の指示内容、各種交渉の経緯などを細かくメモしていたという。

この手帳の中に、取引先の暴力団名をはじめ、売買価格や運搬ルートなどが記されていた可能性が高く、捜査当局も重要な証拠と判断し、教団施設などを徹底的に捜索したが、ついに発見できなかった。

村井刺殺事件は果して、麻原か暴力団か、あるいは彼らのバックにいる誰かが、すべての罪を村井に被せ、闇に葬ろうとしたのであろうか。

「ユダにやられた」の本当の意味

村井刺殺の理由として、もう一つ考えられるのは、教団内での権力闘争である。

教団内部では上祐、青山ら穏健派と、早川、井上ら武闘派との間に、教団の路線をめぐる対立があった、と言われてきた。

また、村井、早川、上祐ら麻原側近が主導権争いを展開し、上祐が武闘派の信者をスパイ呼ばわりしたり、村井が早川派の信者たちを査問にかけるなど、激しい戦いが繰り広げられてきた。早川が頻繁に海外を飛び回っていたことも、上祐がモスクワ支部長に左遷されたこともすべて、こうした権力闘争の影響だったと見られている。特に、上祐がロシアに去った後、村井と早川の争いが激化しただろうことは、想像に難くない。

麻原の野望を支え、教団を飛躍的に発展させた立役者が、村井と早川の二人であることは言うまでもあるまい。村井の科学者らしい冷徹さと、早川のビジネスマン顔負けの合理性や貪欲さは、教団発展にはなくてはならない両輪と言えた。

だが、それだけに、二人は水と油の関係であり、教団ナンバー2の座をめぐる二人の争いこそが、オウムを拡大させ、そして、破滅に導いたと言えるだろう。

何しろ、この二人の性格は正反対だ。経歴はともに、大学院を出たエリートだが、村井が家族の絆（きずな）を断ち、妻とも離婚して信仰にのめり込んで行ったのに対し、早川は出家前に両親のために家を建て、出家後も家族と連絡を取り続けていた。

教団内でも、村井は麻原の教えや指示を忠実に守って酒や女を全く寄せつけず、ストイックな生活を送り、信者から「頭の切れは抜群だが、崇高過ぎるうえ、思い込みが強過ぎて、寄りつき難い」と見られていた。これに対し、早川は子飼いの信者をスナックに連れて行ったり、麻原の無理難題には、平気で「やってられんよ」と漏らすなど極めて人間臭く、信者たちからも「おやじ」と呼ばれ、慕われていたという。

教団の採った路線についても、村井が次第に麻原と一体化し、凶悪犯罪に手を染めていったのに対し、早川は一連の事件に直接関わることを避け、外部に活動の場を求めた。

早川がやたらと、フィクサーとかブローカーなど〝怪しげな人物〟と接触し、次々とイベントや商談をまとめたのは、彼が「ビジネスチャンスに燃える青年実業家」といった妄想に取りつかれ、潤沢な資金を駆使して〝闇の総合商社〟づくりを目指していたことに加え、彼と接する悪党たちのダーティーな魅力に引きつけられたからではないだろうか。

ところが、現実に戻ると、自分が着実に破滅の道を進んでいることを実感せざるを得ない。村井が自分へのライバル意識から、麻原におもねり、サリン製造に全力を挙げるとともに、自分の築いていた外部の人脈を清算し、留守中を狙って、子飼いの信者たちをスパイ容疑で査問にかけるなど、事態は悪化する一方であった。

村井が死の数か月前から盛んに、麻原に早川とロシアとの密約を密告したり、ある団体と組んでのクーデター説を流していた、との情報を捜査当局も摑んでいる。

ライバルより大きな手柄を立て、その陰で足を引っ張る。それはまさに、自分が嫌った〝企業内の熾烈な派閥抗争〟そのものであることに気づき、愕然としたはずだ。

早川は教団内部の機関誌『真理』の中で、

《ロシアでも交渉をはじめ、現世的なワークが多くなるにつれ、だんだんと現世的になっていく自分を、どうすることもできませんでした……》

と心情を吐露している。

実際、彼は一時、新宿などのロシアンパブに入り浸り、気に入った女性と深い関係になっている。それこそ、夢や野望に破れ、挫折したサラリーマンが辿る姿ではないか。

早川は坂本事件に関わってさえいなければ、とうの昔に教団を離れていたかも知れないが、現実にはそうはいかなかった。それなら、麻原と村井の狂気をどこかで止めなければ破滅する、との焦燥感が村井刺殺に繋がったのではないか、という訳だ。

この早川による村井粛清説には、幾つかの根拠がある。

一つは、村井自身が「尊師と早川が自分の処置を相談したらしい」と、側近の土谷に漏らしていたことである。

二つ目は、早川が村井刺殺前にテレビ番組に出演し、わざわざ逮捕されている点。

彼は地下鉄サリン事件当日はロシアに出張するなどアリバイ作りが得意とされ、この不可解な行動も村井刺殺事件と無関係を装うアリバイ工作ではないか、という訳だ。

三つ目は、村井が死の直前に漏らした言葉である。それは当初、「ユダにやられた」と伝えられ、瀕死の村井に付き添った上祐は後に、「実はユダヤだった」と修正した。

しかし、オウムがユダヤを敵視し、何か起きるごとにユダヤのせいにしてきたのは確かだが、具体的なトラブルはなく、村井クラスの幹部が、それを鵜呑みにしていたとは思えない。

それに、村井刺殺事件後に見せた上祐の異様なほどの怯え方から見ても、村井がもっと具体的な言葉を漏らしたと考えるのが順当であり、むしろ、ユダ（裏切り者）の方が通じる気がする。

上祐は「もういい。しゃべるな」と慌てて村井の口を塞いでおり、嘘をついた可能性もあるが、実は、村井が、〝ある団体〟の略称を叫んでいたのを、複数の捜査関係者が聞いている。

その団体は、捜査当局の調べで、早川や北朝鮮と深い関わりがあり、略称は漢字で二文字、音読みで三語に相当する、というのだ。

そして極めつきは、徐が早川と関係があったということである。

徐は九〇年の総選挙の時、麻原をモデルにした張りぼて製作の仕事をしており、オウムと直接関係があったことが分かった。早川とはその時からの知り合いで、犯行前に首都圏のあるスナックで、早川らしい人物と酒を飲んでいた、という情報もある。

しかも、早川の腹心だった中田が、徐が事件直前まで住んでいた家の所有者が経営するクラブに、よく出入りしていたことが判明した。それどころか、その店には、山口組関係者も時々、顔を見せていたのだ。

もう一つ、重要な事実がある。

徐の足取りを追って三重県を訪ねると、そこには意外な事実が待っていた。徐は、あるグループの一員として、三重県内の総合病院の乗っ取りに関わっていたのである。

その病院は六九年に設立されたが、バブル時代にゴルフ場や韓国でのリゾート開発に手を広げて失敗し、約六十億円の負債を抱え、九四年四月に事実上倒産している。

病院の経営不振が表面化し始めた九一年ごろから、暴力団や病院乗っ取りで知られるグループなどが次々と訪れ、債権回収を名目に経営権の譲渡を要求。それを拒むと、再三にわたってさまざまな嫌がらせを受け、病院幹部の拉致監禁をはじめ、登記偽造、向精神薬盗難などの事件が多発する有様だった。

「この病院を狙っている連中は大勢いて、誰もが執拗(しつよう)に食いついていましたが、実際は裏で繋がっていたようです。特に九四年初めごろから頻繁に押し寄せた中に、オウムの幹部がいました。早川と中田、それに〝白虎隊〟と呼ばれるメンバーです。そして、嫌がらせなどを行う暴力団員の一人が、あの徐だったんです」

そう話すのは、病院関係者の一人。つまり、徐と暴力団とオウムは三重県で揃い踏みしていたことになる。

別の病院関係者も、こう明かす。

「実は、その連中とは別に、ある宗教団体絡みのグループも病院買収に乗り出してきました。三者ともお互い、よく知っているような口ぶりで、『グルだな』って感じたことを覚えています」

その新しいグループのバックにいたのが、早川と彼のグループが関わっているとされる宗教団体で、この病院関係者の目には、新グループが主導権を握っているように映ったという。

病院は一時、暴力団員風の男が廊下をウロウロし、病室はオウム信者らしい男女が占拠、玄関前には別の宗教団体の信者らしい人々がたむろするといった〝奇妙な光景〟と化した。何やら、怪しげな〝闇のトライアングル〟が出現したのである。

第二章　利　権

オウム臨時政権の闇僚名簿

『WANTED！　悪魔に魂を売り渡した黒い貴族たち』と題した記事がある。オウム真理教の機関誌に掲載されたものだが、そこには、「黒い貴族」として中曾根康弘、細川護熙（もりひろ）、羽田孜（つとむ）の元首相三人をはじめ、十四人の政治家らが登場する。

幾つか例を挙げれば、

《米国問屋　中曾根康弘＝レーガン元大統領とロンヤスの仲であり、米国に忠誠を尽くした》

《没落大名　細川護熙＝闇の世界政府の操り人形》

といった具合だが、中でも「黒い貴族」のトップに挙げられているのは、現在の自由党党首の小沢一郎で、次のように記されている。

《暗黒大王　小沢一郎＝政界の黒幕と呼ばれているこの男は、フリーメーソンの手先である。彼の著書『日本改造計画』は、世界統一政府樹立に向けての日本改造の指南書と言われる。つまり、世界統一政府に完全隷属（れいぞく）する日本を作ろうとしているのだ》

念のため断っておくが、これらの記述はあくまでオウムの機関誌に記されたものだ。

それを敢えて、ここに記したのには訳がある。

九五年五月十五日に逮捕された井上の所持品の中に、Xデー計画書や教団財務資料、政界人脈図といった重要書類があり、これらは「井上ノート」と呼ばれた。

その中の《オウム真理教が樹立する臨時政権の閣僚名簿》には当時、二信組疑惑の渦中にいた代議士の山口敏夫の名前が、首相として挙げられていた。

また、山口ともども後に逮捕される金丸信についても、《政界の根回し役と北朝鮮とのパイプ役として起用する》と記され、高く評価されていたのだ。

なぜ、小沢らが「黒い貴族」で、金丸らが「オウム政権の閣僚」なのか。オウム真理教のメンバーが考えることとは、我々には到底、理解できないところがあるが、オウムを取り巻く人間関係を調べていくうちに、何となく分かってきたような気がする。

そもそも、麻原はじめ教団幹部たちがなぜ、ここまで荒唐無稽で、冷酷無残な犯罪を考え、実行できたのか、という疑問がある。

もちろん、直接的には「カルト集団ゆえになせる業」ということになろうが、そこにはオウムという狂信的集団に対し、数々の悪知恵と、サリンをはじめとする武器と、国際的な規模を持つ地下コネクションを授けた複数の輩（やから）がいた、と考える方が合理的であろう。

そうでなければ、オウムがいくら、常人の及ばぬような才能と行動力、資金力を持つ集団であったとしても、ロシアや北朝鮮の高官に直接面会し、自動小銃から軍用ヘリ、核燃料に至るまでの軍需物資を手に入れることはできなかったはずだからだ。

具体的にはまず、国際的な武器シンジケートの存在を抜きには語れないし、北朝鮮をめぐる半島情勢や中国・台湾の対立に代表される東アジアの軍事的緊張が続く中で、米ロ両大国の思惑や軍産複合体の野望が蠢（うごめ）いていたことも見逃せまい。

国内に目を転じれば、暴力団をはじめとする〝闇社会の面々〟がオウム教団に群がり、巧みに操りながら、彼らが生み出す莫大な利益を貪（むさぼ）っていると見られるし、その外周に連なる政治家や官僚たちの言動も、「犯罪」と呼んで差し支えないものが多い。

公安当局は、これらの情報を入手しながら、警察首脳の了解が出ないと見るや、わざとオウム真理教だけの犯罪として処理し、事件の表面的な解決を急いだ。

これは、過激派などの衰退で存在感を失いつつあった公安組織を防衛し、建て直すことに利用した、と言い換えてもいいだろう。それどころか、第二部でも指摘した通り、彼らは一連のオウム事件を組織内部の権力闘争の手段としても活用し、真実をさらに一層見えにくくした。

万事に弱腰だった政府は早々に、オウム事件を国内犯罪として処理することを決め、時の首相・村山富市は「何よりも国内の安定が第一」と、国家公安委員長だった野中広務に、刑事事件として処理するように命じている。

一連の事件をこのまま、単なる「カルト集団の犯罪」として処理してしまえば、冒頭に述べた密談通りに事が運ぶだけである。それは、多くの犠牲を出した一連の事件の教訓を全く生かさぬばかりか、真の悪を再び闇に解き放ち、第二、第三のオウムを作り出すことにほかならない。実際、第二のオウムが既に蠢動(しゅんどう)しているのだ。

村井刺殺事件の真相、そして、前述した〝闇のトライアングル〟の正体を突き止めるためにも、ここでは、オウム教団に群がった面々について述べてみたい。

クレムリン―永田町を結ぶ黒い線

まずは、オウム臨時政権の首班に〝指名〟された山口敏夫について述べよう。

山口とオウムの関係はこれまでにも、いろいろと報道されている。

オウムのロシア進出のきっかけとなったロ日大学の構想は、旧ソ連時代のソ日大学構想を引き継いだもので、当時、ソ日大学構想に関わっていたのが山口とされる。

山口は九〇年一月、当時の自民党幹事長、安倍晋太郎を団長とする訪ソ団に、小渕恵三、加藤六月らと参加。この時にソ日大学構想が誕生したと言われている。山口は同年九月にも、小渕を団長とする訪ロ団の一員としてモスクワを訪問しており、その具体的な計画を提示している。

ソ日大学構想をめぐって、永田町で「佐川マネーが動いた」との情報が流れたことがある。

捜査当局がオウム真理教京都支部から押収したメモの中に、山口に宛てた〝脅迫状〟があった。そこには《東京協和から引いたカネの一パーセントを、教団に御布施として振り込め》と書かれてあり、差出人には何と、元佐川急便会長の佐川清の名前が使われていたのだ。

一方、ロ日大学設立をめぐっても、山口は財界などに積極的に働きかけていたと言われ、その資金集めの熱心さは捜査当局の目を引いた。

しかも、山口がかつて秘書をしていた代議士の石田博英は、日ソ友好議員連盟会長を務め、亡命したKGBのレフチェンコから「ソ連のエージェント」と名指しされたことがある人物だった。もちろん、山口はすべてを否定したが、そんな〝ロシア通〟のところが疑惑を招き、逆にオウムからは〝評価〟された所以なのかも知れない。〝ロシア通〟としてはこのほか、ロ日大学の準備段階であった日本・ロシア合弁国際大学準備室長を務めた柴野たいぞう、九二年に自由大学モスクワ支部を開校した栗本慎一郎ら当時の代議士たちの名も登場した。

ところで、当時の日ロ関係はどうなっていたのだろうか。

それまで日ロ関係をリードしてきたのは安倍だった。ソ日大学構想を推進し、モスクワにテーマパークを開設したのも安倍だし、彼が亡くなった後も、三塚博、亀井静香ら旧安倍派の議員が遺志を継いで、日ロ間の友好関係促進のため尽力している。ただ、ソ連崩壊後は、大勢の政治家たちがそれぞれ、ロシアや各共和国との友好関係促進のため訪問し、多数の友好団体を設立しており、安倍の影は薄らいでいた。

日ロ間の主な課題は経済援助問題であり、この当時の大規模な経済援助は、サハリン石油開発プロジェクトであろう。これはサハリン沖の大陸棚で石油を採掘しようというもので、「サハリンI」と「サハリンII」の二鉱区に分かれていた。

サハリンIは、七〇年代半ばから通産省や石油公団、伊藤忠、丸紅などの商社が中心となって進めていたが、数百億円を投資してもメドが立たなかった。

サハリンⅡは、九〇年代に入ってから米国の石油関連会社や三井物産、三菱商事が推進し、何とか採算ベースに乗る段階にまで至っていた。これは、九一年の小沢の訪ソの際に提案された、とも言われる。

小沢は九四年五月にも、夫人同伴で「プライベートな旅行」と称して、密かにモスクワを訪れている。『イズベスチヤ』紙が《小沢氏はロシア対外情報局のプリマコフ長官と会談した》と報じたことなどから、その〝極秘行動〟がバレてしまったが、実は、この時、小沢はもう一人、別のロシア政府高官と会っていたのである。

ロシア政府関係者によると、それは経済相のアレクサンドル・ショーヒンで、サハリンⅡなど経済援助問題について話し合われたという。

経済援助関係でも、こうした石油をはじめとする資源開発プロジェクトは、日本側の関心が高く、閣僚級の政治家が商社などと一体となって、軒並み名乗りを挙げており、激しく競い合っているのが現状だ。

ロシアに人気が集まるのは、まだまだ手つかずの広大な土地があり、鉱山・水産資源などが豊富に眠っているからだ。それに、こうした資源開発はＯＤＡなどの公的資金援助が見込まれるため、企業側が安心して参加できるし、仲介した政治家も実績を上げたうえ、多額のコミッションやバックマージンが期待できるからだと言われている。

もちろん、ロシア側の権力者たちにも、それなりの実入りがあり、クレムリンと永田町を結ぶ利権ラインと言ってもいいだろう。

経済界はどうか。新たに注目されていたのは、当時の新潟中央銀行頭取、大森龍太郎の存在であろう。大森は前述したように、「ユーラシア投資環境整備会社」を設立するなど、ロシア贔屓（びいき）として知られていた。

実際、環日本海交流の拠点都市を目指す新潟市近郊に、テーマパーク「新潟ロシア村」建設を計画。九二年五月、総額五百六十億円をかけてロシア正教寺院やホテル、美術館、サーカス場などを建設する第一期工事を開始した。その直前には大森や、後に佐川急便事件で辞任する新潟県知事の金子清らがモスクワを訪問。ロシア政府に協力を要請し、九三年九月、一部オープンした。

大森は一時、ロシアとの〝最も太いパイプ〟と言われた時期もあったが、長引く不況で資金が集まらず、その後は投資額が百五十億円に大幅縮小されるなど、計画の抜本的な見直しを迫られてしまった。

実は、エリツィンの側近であるロボフも最初、元駐日公使のボリゾフを通じて大森にロ日大学の資金援助を呼びかけたが、資金難を理由に断られていた。

オウムは結果的に、大森に代わり、その〝最も太いパイプ〟を通って、ロシア進出を果たしたことになり、捜査当局の注目を集めたのは当然だろう。

ところで、当時のロシアでは、政治家や官僚の多くが汚職や不正蓄財に励み、一部の軍人はマフィアと組んで、武器密輸をはじめ、要人襲撃や誘拐、企業恐喝、麻薬密売などを繰り広げていた。そして、この腐敗構造は、旧ソ連の屋台骨を背負っていた諜報機関も同じだった。

ロシアには旧ソ連の国家秘密警察だったKGBと、赤軍参謀本部の情報機関GRUという二つの諜報組織があり、昔から激しい勢力争いをしていた。両者とも旧ソ連崩壊後は、見る影もないほど力が衰えているように見えるが、現実には、利権をめぐる両者の争奪戦は凄まじいものがある。

オウムが食い込んだのはGRUの方で、軍用ヘリを購入したのもGRUを通じてであり、オウムの信者らが軍事訓練を受けたロシア軍最強の特殊部隊『スペツナズ』も、GRUの所属である。

この両者の利権には、クレムリンの政治家たちはもちろん、旧共産党幹部や高級官僚らがぶら下がり、そこに多数のロシアンマフィアが群がっている。

もっと言えば、それぞれの利権は永田町にまで伸びており、何人かの大物政治家に直結している。しかも、それらには旧財閥系を中心とした企業が連なっており、その相関図はまさに、日本の政財界の構造的な汚染を示す縮図と言えるだろう。

東西冷戦の終結は、世界中に平和と繁栄をもたらすはずであったが、現実に起きたのは、新たな武器輸出ラッシュであり、核兵器拡散の危機だった。

米ロ両国を中心とする世界の軍需産業は今、自国製の余った武器をアジアやアフリカ、中南米諸国に売ろうとしのぎを削っている。特に、世界最大の武器輸出国だった旧ソ連は、エリツィンが「武器輸出は我々にとってやむを得ず必要なものであり、貴重な外貨収入源なのだ」と言い切り、官民挙げて武器輸出に力を入れていた。

中東和平が進む中、アジアこそ最大の市場であり、実際、八〇年代後半から九〇年代にかけて、アジアの軍事費は倍増し、世界の約三分の一を占めるまでになっている。

「クリントン政権がキャッチフレーズだった人権と経済をリンクした政策をかなぐり捨て、中国への最恵国待遇の供与延長を急いだのも、中国と断絶状態だったフランスが北京政府に急接近したのも、すべては中国ルートを経て、北朝鮮とのビジネスチャンスを逃したくないとの意思表示である。世界の兵器ビジネスは、北朝鮮の核疑惑でさえ商売にしようとしており、成功のためには国家権力の介入だってあり得るんだ」

そう指摘する外交問題専門家もいる。

武器商人にとって誰にどれだけの兵器を渡そうが、大した問題ではない。しかも、近年は、過当競争から仲介者へのコミッションやリベートも跳ね上がり、二〇～三〇パーセントは常識と言われており、こうした裏金を狙って〝闇の紳士〟たちが盛んに蠢いているとも言われている。

さらに、これら国際的な武器シンジケートに、それぞれマフィアが絡み、銃器や麻薬など、少しでもおこぼれを頂戴（ちょうだい）しようと手ぐすねを引いて待っているのだ。

そんな果てしない〝欲望の相関図〟の中で、兵器を買い集めていたオウムはどうやら、〝途轍（とてつ）もなくいいカモ〟だったようである。

捜査当局は後になって、オウム教団が盛んに百億円単位の融資先を探していたことを突き止めた。その意味ではオウムはまだまだ毟（むし）り取られる運命にあったが、事件の発生前、CIAが乗り出したと聞いて、オウムのカネに群がっていた〝闇の紳士〟や政治家たちは一斉に逃げ出したのである。

オウムが稼ぎ出した巨額の資金は、「かなりの部分が二信組疑惑に群がる連中に流れた可能性が高い」（捜査幹部）とも言われている。

早川は取調官に対し、こう呟いたという。

「悪い夢を見ていたのかも知れませんね」

その早川が頻繁に北朝鮮入りしていたことは、既に述べたが、次は半島情勢をめぐる利害関係について検証しよう。

金丸、武村、そして竹下……

日朝関係と言われて思い浮かべるのは、九〇年九月の〝金丸土下座外交〟だろう。元副総理の金丸信を団長とする訪朝団はこの時、北朝鮮側が提案した日朝国交回復交渉の受け入れを表明し、戦後四十五年間の〝補償〟まで約束した自民、社会、朝鮮労働三党の共同宣言を打ち出した。これには国内はもとより、韓国、米国が猛反発。金丸は後に、その両国に事情説明と陳謝をせざるを得なくなり、こうした一連の経緯が〝土下座外交〟と呼ばれた。

この交渉を仕掛けたのは、社会党を代表して何回も訪朝し、金丸にも同行した元副委員長の田辺誠と言われたが、実際は元首相の竹下登で、金丸は出発前、竹下と念入りに打合せしている。

同年九月四日、自民党は日朝友好議員連盟会長の石井一、社会党は参議院議員の久保亘を団長とする先遣隊が訪朝。金丸も、時期尚早と反対する小沢を押し切り、武村正義や野中らとともに出発した。

北朝鮮側は予想以上に、金丸を厚遇した。

国家主席の金日成は金丸と二回の公式会談のほか、三回の極秘会談を行っている。極秘会談には二男で秘書の金丸信吾が同席したが、三回目は二人だけであった。

このため、永田町では、

「金主席は暗に、五十億ドルの援助と三千億円の円借款を要求してきた」

「金丸の狙いは利権だ。豊富な鉱物資源に目を付けたんだ」

「極秘会談では将来、リニアモーターカーを日本――韓国――北朝鮮――中国と繋ぎたいなんて話まで出たそうだ」

などの噂が乱れ飛んだ。

翌九一年、金丸は政府特使として訪米し、コメを部分開放する代わりに、日朝交渉の側面支援を要請した。この思惑は結局、「今度はコメで国を売るのか」と国内外の猛反発にあって実現しなかったが、金丸は北朝鮮国交回復への強い意欲を示したのである。

ところが、金丸は東京佐川急便事件に絡み、九二年十月に議員を辞職、九三年三月には巨額脱税事件で逮捕されてしまった。その後の日朝関係は、旗振り役の失脚と、北朝鮮の核疑惑問題もあって、なかなか進展しなかった。

そんな折り、九三年十二月十六日付の『ロサンゼルス・タイムズ』は、《日本は北朝鮮の軍事プログラム開発の抜け道になっている》
と報じた。しかも、その中でこう書いている。
《細川政権は北朝鮮に対して断固たる措置を取る可能性はない。連立政権最大党派の社会党は平壌を支持しているし、新生党の石井一は日朝友好議員連盟会長、武村官房長官も滋賀県知事時代、独自に北朝鮮との友好関係を進めた実績がある……》
細川政権はその後、武村更迭を軸とした内閣改造問題で揺れた。その原因は表向きには、武村と小沢の確執にあるとされたが、実は、北朝鮮問題が絡んだ対米問題があったのだ。
「細川首相が二月に内閣改造を言い出したのは、日米首脳会談で米側から『北に近い人物が政権中枢にいる』と、暗に武村氏のことを指摘されたためだ」という話をはじめ、「武村氏は金主席が日本で最も信頼する政治家で、金丸訪朝団に事務局長として参加したのも北側の指名だった」とか、「武村氏は滋賀県知事時代、金主席と会談した際、諜報機関のトップが同席した」、「武村氏の地元では朝鮮総連との密接な関係は有名な話」といった怪情報が、永田町を飛び交った。
その武村が北とパイプを持ったのは、滋賀県知事だった八五年の訪朝からだといわれている。県内のマラソン大会に北朝鮮の選手を招待するための表敬訪問だったが、金日成と白頭山で当初の予定を倍以上もオーバーして八十分も会見したことから、さまざまな観測を呼んだ。九三年のゼネコン疑惑の際は、地元で「北朝鮮系パチンコ業者との繋がり」を指摘する大量の怪文書がばらまかれたこともあった。

もちろん、武村は疑惑を否定しているのだが、米朝関係が微妙な時期だっただけに、細川も問題処理には苦労したようだ。ある高級官僚は、こう語る。

「日本は国際社会の中でよく『自らの意思で発言や行動できない』と批判されるが、日本が米国との合意、またはその指示で動く代わりに、米国は日本の安全を保障する。それが日米関係というものなんです」

確かに、これまで日本が米国の意に反して行動した時は、いずれも激しいしっぺ返しを受けてきた。ロッキード事件で失脚した田中角栄は、米国の石油メジャーの価格独占体制に対して、中国やソ連と独自に資源外交を展開しようとしたからだ、といわれる。米国の警告を無視して、北朝鮮との国交樹立を図ろうとした金丸もまたしかり。いずれも、虎の尾ならぬ、米国の尻尾を踏んだから、と考えても不思議ではない。

北朝鮮問題にしても、米朝交渉が失敗すれば、日本は北朝鮮の核の脅威にさらされ、成功すればしたで、米国から対北朝鮮支援の金銭的なツケを回されるのは必定だろう。

この時、焦点になっていた北朝鮮の軽水炉建設には、十年近い歳月と一基三十億ドルの資金がいる。そのカネを拠出するのは、まず間違いなく、日本になるはずだ。まさに、日本の政治、特に外交は米国次第、と言っても過言ではあるまい。ところで、「日本で日朝関係を実質的に仕切っているのは、竹下元首相である」というのが、当時の永田町の常識であった。

竹下は日韓議員連盟会長ゆえ表立っては動けないが、九四年八月の竹下訪中は、北朝鮮との国交正常化や援助について協議し、その意向を中国を通じて北朝鮮に伝えるためだったとされる。

竹下はその時、年間六百億円にも上る北朝鮮への援助計画として、日・米・韓・中・ロ及び北朝鮮が朝鮮半島開発振興基金を設立し、実際、その資金の九〇パーセントを日本が拠出するという構想を打ち出した、と言われている。

ところが、日本中が地下鉄サリン事件で大騒ぎになっていた三月二十八日から三十日にかけて自民、社会、さきがけの連立与党三党は、元副総理の渡辺美智雄を団長とする訪朝団を派遣、九二年十一月以来中断していた日朝国交回復交渉再開の四党合意を取り付けた。

これは自民党政調会長だった加藤紘一と、朝鮮労働党書記の金容淳が仕掛けたと言われているが、永田町ではすこぶる評判が悪い。「政界再編を主張し、竹下追い落としを狙った加藤と、金丸外交の失敗で失脚寸前だった金が暴走したのだろう。メンバーにコメ議員が多く、余剰米を北朝鮮に売りつける策謀ではないか」といった声さえ出た。そこには、新たな利権の匂いが漂っていたのかも知れない。

北朝鮮ビジネスを仕切る女性

それにしても、北朝鮮ばかりがどうして、注目を集めるのだろうか。端的に言えば、利権があるからで、その意味では確かに、北朝鮮は魅力溢れる国であった。

北朝鮮は開発途上にあるため、インフラ整備など建設工事の相当な需要があることだ。特に、国連開発計画が九一年末から、中朝ロ国境の豆満江流域の開発を進めており、将来的にかなりの需要が見込まれた。さらに、生コン資材の中でも上質とされる川砂利が豊富にあり、また、現地では無造作に捨てられているスケソウダラの大量輸入も期待できた。

このため金丸訪朝後、建設、鉱山、商社、水産加工など各企業が次々と、それぞれのツテで北朝鮮入りしている。九一年十月の全日空チャーター便には、金丸の声がかりで、ゼネコン訪朝団が大挙して乗り込んだ。同行したのは金丸の名代である信吾と、その窓口を務めた野中で、相手側の窓口はもちろん、金容淳だった。

一行はダム、港湾、道路を視察するなど交流を深めた。が、ここで問題になったのは、通産省が約二十年前の大型セメントプラントの購入代金を払っていない北朝鮮向けの貿易保険の引き受けを停止しており、大規模な商談は成立が難しいことであった。

そこで当面は、川砂利やスケソウダラを輸入する代わりに、NTTの中古電話交換機を輸出する〝交換貿易〟方式を採ることが検討された。

もし、両国が国交回復すれば、日本から北朝鮮への援助はODAを含め、七千億円から一兆円に達すると見られる。その資金があれば、日本企業は支払い不能の恐れなしに進出できるため、大いに乗り気だった。早くも、現地との合弁会社設立に向けて動き出すゼネコンさえ現れた。

北朝鮮のもう一つの魅力は、猛スピードで拡大を続ける中国市場だろう。中国に衣料や食料を輸出する基地として、安くて勤勉な労働力を有する北朝鮮は絶好の場所だったのだ。

ある警察関係者は「あくまで一般論」と断ったうえで、こう解説する。

「北朝鮮は中国、ロシアなど旧共産圏諸国の窓口として〝大化け〟する可能性があり、日本の政財界がその利権を見逃すはずがない。最も注目されているのが、モンゴル自治区などで産出される石油や鉱物資源だ。日本の大手商社は、既に『東アジア貿易研究会』なる団体を作り、中国で成功した『大連方式』と呼ばれる大量物資援助作戦で基盤を構築し、北朝鮮経由で安く輸入する構想を練りつつある。政治家も小選挙区制や政界再編絡みで、いくらでもカネがかかるから、北朝鮮の利権は喉から手が出るほど欲しいはずだ」

こんな魅力的な北朝鮮をめぐるビジネスの窓口になったのが、米国籍を持つ韓国人女性実業家で金剛山国際グループ会長の朴敬允である。周囲の人は畏怖の念を込めて「マダム朴」と呼んでいるが、朴は日本のマスコミにほとんど登場したことがなく、その正体は謎に包まれていた。

公安当局が作成した資料によると、朴は三五年、韓国・忠清北道に生まれ、在韓米軍の事務員を勤めた後、米国に留学。一度結婚したが、すぐ離婚。不動産コンサルタントをしていた時、実業家の朴魯貞と知り合った。二人は結婚したが、八六年七月に夫が病死し、遺産相続をめぐって裁判沙汰になっていた義弟も死亡したため、朴の元に日本円で約五十億円の遺産が入った。

朴は「民族統一が悲願だった夫の遺志を叶えるため、北朝鮮とのビジネスを決意した」といい、八六年ごろから北京の高麗酒家を拠点に、北朝鮮関係者と接触を重ねた。そのうち、北朝鮮の対外経済担当の朴鐘根と知り合い、平壌に金剛山国際貿易開発会社を設立した。それを母体として、金剛山国際観光や金剛山国際航空、高麗商業銀行を次々と設立し、一大グループを作り上げたといわれている。

このグループは、九三年十一月から平壌で九階建て、百七十室の普通江ホテルを経営しているほか、安山閣を買収したり、光明星ホテルや金剛山観光特別区でのホテル建設を進めた。名古屋から平壌への直行便を通し、ビザ発給を代行しているのも、同グループである。

これら一連の買収などを仲介したのが高麗民族産業発展協会で、その指導に当たっているのが、現総書記の金正日であった。

朴自身、韓国の雑誌で「北朝鮮での金剛山国際グループの経済活動を支えているのは、『光明星』社を率いる金正日氏です」と語っている。つまり、朴は将来、北朝鮮のリーダーになることが確実視されていた金正日のお墨付きを得て、北朝鮮国内はもとより、日本や香港、台湾、中国、米国、ドイツなどと大々的に取引していたのである。

その朴は、金正日の有力な対日パイプとして、金丸を選び、金丸訪朝前後からしきりに金丸サイドと接触していた。

九一年五月、民間として初めて名古屋―平壌直行便を運航したが、それには信吾が乗っていたし、信吾はその後、四回訪朝していることが分かっている。

北朝鮮は当時、ソ連の崩壊で孤立感を深めていたうえ、農作物の不作などもあって、国内経済は疲弊しきっていた。そのため、イデオロギーに関係なく、走り回ってくれる朴と金丸への期待は高かったと言えよう。

もっと具体的に言えば、日本との国交回復を進めて賠償金を引き出し、さらにODAの予算をつけさせることで、日本企業の投資と進出を狙っていた、ということである。

さらに、北朝鮮へのコメ援助話を最初に日本側へ持ち込んだのも、この朴だと言われている。

ところが、この支援策は日本が北朝鮮との関係について十分に論議しないうちに行われた面は否めない。しかも、北朝鮮のコメの使途を全くチェックしていないなどの問題点があった。

実際、援助米が知らぬ間に軍隊の倉庫に入っていたといった情報もあり、軍需物資の輸出になりかねない事態となった。そうした批判が高まる中で、サリン原材料密輸事件が発覚したため、さらに大きな問題に発展したのだ。

このコメ支援策を日本側で推進していたのは、当時の自民党幹事長、加藤紘一とされている。が、その周辺には、公安当局や韓国安企部に北朝鮮のエージェントとしてマークされている人物が登場するなど、幾つかの疑惑が囁かれ、国会でも追及された。

「最初は非公式ルートの交渉で、終盤になってやっと正式に出てきた政務院直属の朝鮮国際貿易促進委員会にしても、本当の顔は外国を対象にした情報収集・分析の専門機関ではないか、との見方がある。我々は、北朝鮮との貿易業務に従事している商社員、特に在日朝鮮人らをエージェントとして使い、情報、工作活動をさせていると見ている」

ある公安幹部はそう言って、複雑な表情を見せた。

金剛山国際グループの実権は、金正日の腹心である朴鐘根が握っており、自分は表に出ず朴を動かしているとの説があるのも、その辺りを踏まえての観測だろう。

こんなエピソードがある。

九五年三月二十二日、捜査当局がオウム教団施設を捜索した際、麻原個人の金庫から、約七億円の現金とともに十キロの金塊（時価約一千万円）が発見された。

この金塊には刻印がなく、再鑑定の結果、九三年の脱税事件で金丸事務所から発見された無刻印の金塊とほぼ同一の規格、品質であり、同じ高炉で精錬されたものと分かった。

金塊は普通、ロンドンの金市場で公認された金の精錬業者によって、業者の商標や金塊番号、重量、純度などの数字が刻印される。その刻印がない金塊は一般的には、盗品を溶かして固め直したものと言われる。ただ、北朝鮮はロンドンの金市場で認められた刻印を持っていながら、大半の金塊を国家資産として保有し、世界市場で流通させておらず、功績のあった人への贈呈品としてだけ使っていたという。

その金塊について金丸サイドは、「亡くなった夫人が財テクで買っていたもので、北朝鮮から貰ったものではない」と否定したが、購入先は不明のままだ。捜査当局は金丸、オウム教団とも北朝鮮から入手したと見ているが、北朝鮮から見れば、金丸やオウムはそれだけ大事な存在だったとも言えよう。

だが、金丸の逮捕で、すべての目論見は水泡に帰した。動きが取れない信吾に代わって一時、竹下事務所関係者が川砂利開発計画書を預かったとされたが、結局、どうにもならなかった。

北朝鮮をめぐる動きはその後も、きな臭さを捨てることはなかった。私には、そのお先棒を担がされたのが、オウム真理教だったように思えてならない。

中曾根に近づいた文鮮明

ところで、北朝鮮を語る時、忘れてならないのが統一教会の存在である。九一年初冬、教祖の文鮮明は突然、北京空港から北朝鮮を訪問し、金日成と会談して、世間を驚かせた。

強烈な反共思想を持つ統一教会のトップが、よりにもよって平壌を訪れたのだから、その衝撃は計り知れないものがあろう。実際、この事実にショックを受けた信者たちが教祖を批判したり、脱会する騒ぎが起きている。

文は十一月三十日から十二月八日まで北朝鮮に滞在し、金剛山観光開発や豆満江開発、元山軽工業基地建設などへの投資、統一教会によるホテル経営を含む経済協力の合意書を取り交わし、北朝鮮利権を獲得している。

また、これに先立ち、統一教会は北朝鮮に約三十五億ドルの献金を申し出ている。金日成に文の招聘を持ちかけたのは、朴だった。金剛山国際グループの従業員の中には統一教会関係者が多く、彼女自身、その〝代理人〟を自認しているところがあったのである。

当時、北朝鮮は五十二億ドルの累積債務を抱え、経済困難は目を覆うばかりであり、手っ取り早い資金獲得方法を模索中であった。そんな時に統一教会が献金を申し出たことは、まさに渡りに船だったと言えよう。

一方、統一教会側はこの時期、中国のパンダ自動車、ベトナムのメコン自動車をはじめアジアの社会主義圏や旧ソ連などに、盛んに経済進出していた。九〇年四月には文が提唱した世界言論人会議がモスクワで開かれ、文・ゴルバチョフ会談まで行われている。

その文は九二年三月に来日している。

この時は、文が米国で脱税のため実刑判決を受け、本来なら入管法の規定で入国できないところを、金丸サイドが法務省に工作し、超法規的に入国している。

金丸・文会談は北朝鮮への援助資金の調達方法などについて話し合われたと言われ、その成果ではあるまいが、同年、日本から大量の信者たちが「聖地巡礼ツアー」（北朝鮮にある文の生家を訪れる旅行）に参加し、北朝鮮に貴重な外貨をもたらしている。

文の演説によると、この統一教会の経済進出は布教を狙った〝政策〟であり、特に北朝鮮の場合は経済的浸透を果たすことで自然屈伏させるのが目的であるという。

しかし、ロシアや北朝鮮と〝奇妙な友好関係〟を結んだ反共思想家の強行訪日は、公安当局に、統一教会を危険分子と見なさせ、外事犯罪の震源地として警戒を強めさせることになる。

ある公安幹部は、こう明かす。

「二人は、表向きは日朝国交正常化について話し合ったことになっていますが、実際は、利権話の相談だったと見られています。それ以降、日本側からの北朝鮮への働きかけが活発化したことが、何よりの証拠でしょう。日本の政治家は利権しか頭にありませんが、統一教会側は朝鮮半島の南北統一を目指し、それが達成された暁には、日本国内に混乱を起こさせ、自ら対米、対ロシアの中心的存在となるため、さまざまな対日工作を繰り広げる危険性が高い、というのが我々の見方です」

公安当局がこうした危機感を抱いた背景には、北朝鮮の核開発疑惑があったことは間違いあるまい。ただ、統一教会が反共思想を掲げて、金丸をはじめ、自民党中枢に食い込んでいたため、うかつに手が出せなかったのは事実である。

それゆえ、金丸失脚後、公安当局は直ちに、統一教会の友好団体である国際勝共連合本部を選挙違反容疑で家宅捜索するなど、捜査に乗り出した。

これに対し、統一教会側も金丸に代わるロビイストを探していた形跡がある。九四年八月十七日、軽井沢のリゾートホテルの一室で行われた密談が、それだ。

室内には、文の側近で元世界日報社長の朴普煕と、元首相の中曾根康弘がいた。

二人はいったい、どんな話をしていたのか。

「北朝鮮の情勢に詳しい人物がいるから、会ってみないかという話があって、情報収集するつもりで話を聞いただけ」

中曾根サイドは周囲にそう説明しているが、統一教会関係者によると、少し事情が違ってくる。

「金丸氏の失脚で北朝鮮と日本を結ぶパイプ役がいなくなり、ここは是非、中曾根先生にお骨折りいただきたいと思って、会談をセッティングしたと聞いております」

金丸逮捕後、日朝関係がギクシャクしていたのは確かだ。

それに、中曾根側も、この年の六月、首相指名選挙で自民党議に反して、反自民グループが推す海部俊樹に投票して以来、処分こそ免れたものの、党内の評価は急下降。党執行部から選挙で比例区転出を迫られるなど、凋落傾向が日に日に強まりつつあった。中曾根にとって、そんな境遇を吹き飛ばす切り札として、「北朝鮮カード」は魅力的だったに違いない。

こうした統一教会側の反撃を察知した公安当局は警戒を強めたが、その不安は的中した。

九四年に入るとまず、『ニューヨーク・タイムズ』紙が、

《ロシアの潜水艦が日本企業の仲介で大量に北朝鮮に売却された》

と報じた。ロシアのナホトカ総領事館によれば、売却されたのは四十隻で、うち十二隻がフォックストロット型とされ、いずれも老朽艦だという。

ロシア側の窓口は、退役したロシア海軍幹部が設立したD社。仲介したのは日本のT社。スクラップ扱いとは言うものの、売買価格は合計千四百万ドルだった。

九一年二月に設立されたT社の社長は、八二年十月の国際合同結婚式で日本人女性と結婚し、役員三人も八八年十月の国際合同結婚式に参加しており、統一教会との関係が取り沙汰された。

いずれにせよ、北朝鮮と統一教会の関係は、今でも続いており、金日成の葬儀には、統一教会系の日刊紙『世界日報』の社長が出席している。

だが、ここで問題なのは、統一教会とオウムの間に関係があったと見られることだ。

「早川は統一教会の信者」の衝撃

捜査当局がオウム教団から押収した資料の中に、「オウム真理教内の統一教会信者名簿」があった。これは、統一教会の合同結婚式に参加したオウム信者たちの名簿と

見られ、統一教会信者と同姓同名という二十三人の名前が書かれてあった。

オウム教団内には、創価学会や阿含宗などほかの宗教団体から加わった信者が多く、新左翼などの脱会組もいると言われている。

「他宗教からの参入組の中には、明らかにスパイと見られる者もいたようで、村井がスパイ探しに躍起になり、信者に次々とポリグラフをかけ、調べていたとの情報を得ている」

公安関係者は、そう明かす。

その名簿の中に、麻原とほぼ同時期に、阿含宗からオウムに入信したとされる女性の名前が含まれていた。

その女性は、後に総選挙に立候補するのだが、八六年二月から六月まで住民登録していた東京・世田谷の民家は八二年秋、統一教会会長だった久保木修己が借りたものであった。統一教会の施設が移転した後も系列の団体が契約しており、不思議なことに、その後に入居したのが「株式会社オウム」なのだ。

このほか、麻原が一時、住民票を移した東京・杉並のマンションの所有者は、国際勝共連合の会合に出席したり、機関紙に投稿するなど近い関係とされる国会議員であった。

さらに、オウム教団が熊本県波野村に進出しようとして地元住民とトラブルになった際、統一教会系の新聞が「強制捜査は宗教弾圧」などと擁護したり、麻原のインタビューを一ページ使って載せるなど全面支援していたし、ロシアの教団付属オーケストラが来日した時の宿泊先が、統一教会信者が経営するホテルだった。

実際、二つの教団は信者の勧誘方法をはじめ、信者を家族から隔離したり、信者に多額の献金をさせるなど、よく似た体質を持っている。

公安当局も、オウム真理教が八八年ごろから、統一教会系とされる企業と交流を深め、メディア戦略のノウハウを学んだり、九〇年の衆院選では選挙活動のコンサルティングを受けていたとの情報をキャッチし、選挙後に統一教会からオウムに、大量の信者が移ったことを摑んでいる。

また、オウムより先にクレムリンに食い込んだとされるのが統一教会で、ロシア宗教自由委員会の調査では、七十人の国会議員が五百〜七百ドルを支給され、米国に招待されたという。

オウムはまるで、統一教会の後を追うように、ロシアに進出後、北朝鮮に目を向け、豆満江開発まで手を伸ばす。これは単に、オウム教団が統一教会のやり方を真似たのか。それとも、統一教会がオウムを導くレールを敷くなどの何らかの意図を持っていたのだろうか。

例えば、ウクライナでは、統一教会は既に九二年から活動していた。オウムは九三年九月、ウクライナ政府に宗教活動の公認申請したが、承認されなかったため、早川が現地の統一教会関係者に会って、承認をもらうためのアドバイスや支援を求めていたことが、捜査当局の調べで分かっている。統一教会は九三年夏、キエフ市で婦人大会を大々的に開催しており、政府の許可を得るためのノウハウを持っていると考えたのだろう。

その助言に基づき、ウクライナ経済省に事務所の貸与を申し込んできたことも、同省職員の証言で明らかになっている。

早川はビジネス面でも、その系列企業役員がロシア・ウクライナ国境に近いハリコフ市に一年以上滞在しているとの情報を摑み、わざわざ会いに出向いている。ハリコフはハイテク軍需産業が集まった町で、この役員はロシア海軍の原子力潜水艦を北朝鮮に転売した人物でもあった。

また、こうした武器売買に顔を出していた武器商人のマセンコも九三年五月、千葉市の幕張メッセで行われた商品展示会で、統一教会系とされる企業の展示ブースに入り、ウクライナ製品をPRしている。マセンコはそうした企業関係者を通じて政財界に接近し、「小沢一郎を励ます会」に出席したり、中曾根や渡辺美智雄の秘書らと交流を深めている。

ここで、私は衝撃的な情報を入手した。

「オウムの押収資料の中に、早川が北朝鮮のある組織との間で取引があったことを示す文書があった。そこには『コメと引き換えに覚醒剤の原料のアセトニトリルを密輸していた』などと書かれていたが、実は、その組織は統一教会のダミーと見られているんだ。『早川メモ』の中には、統一教会の教えを賛美する内容が数多くあり、昔から不可解とは思ったんだが……」

と話すのは、統一教会に詳しい警察幹部。さらにこう続ける。

「公安で早川の足跡を徹底的に追ったら、彼が阿含宗時代から、統一教会関係者と頻繁に会っていたとの情報が得られた。彼は統一教会が送り込んだ信者である可能性は否定できない」

統一教会は一連のオウム事件への関与はもとより、オウム真理教と関係があったことさえ否定している。だが、韓国は地下鉄サリン事件後、直ちに国内に厳戒体制を敷くとともに、安企部の係官を日本に派遣。その際、安企部は北朝鮮と緊密な関係になってきている統一教会とオウムの関係、特に資金面の結び付きに注目し、日本の捜査当局に連絡してきたと言われている。

ここで注目しなければならないのは、オウムがいち早く進出し、その後もパソコン事業などの重要拠点となってきた台湾の『大繁栄公司』からさほど遠くない場所に、金剛山国際グループの事務所があることだ。

金剛山グループは九二年六月、台湾に進出したが、その時も、高麗民族産業発展協会のメンバーが、台湾の財団法人・国際貿易協会との間で、家電製品と鉄鋼などの交換貿易を主体とした合議書を交わしていることが分かった。

「文鮮明は、早川にとって魅力的な人物に映るはずだ。彼は六〇年代に銃器製造、七〇年代には多発連発式バルカン砲を作り、大儲けしたと言われている。早川は文と統一教会の宗教ビジネスを見習い、〝闇の総合商社〟でもつくろうとしたのではないかな」

そう話すのは、統一教会を監視し続けているという警察幹部。こうも言う。

「統一教会は最初、オウム真理教に接近して儲けさせてもらおうと考えたが、オウムが暴走し始めたため、途中で撤退したのではないか。オウムが最後に、友好関係にあった文のことを『家畜の父』呼ばわりしたのも、彼らが散々利用した挙句に離反したことに激怒したからだろう」

松本、地下鉄両サリン事件後、早川派の信者が大量に教団から姿を消したことは、第一部で書いた。実は、その多くは早川の逮捕後、統一教会の幹部と接触していたことが分かったのだ。早川自身、逮捕前に姿を消した際、その系列とされるホテルに潜伏していたと言われている。

この早川派の信者について、公安幹部の一人はこう明かす。

「後の捜査で判明したことだが、彼らのほぼ全員が統一教会の脱会者で、中核は元自衛官を含む十人前後と見ている。彼らは八八年には既に、千代田区神田淡路町周辺に事務所を構え、オウムとは常に一線を画した行動を取っていた。彼らがオウムに求めたのは救済でも、イデオロギーでもなく、ビジネスだったと言っていいだろう」

公安当局の調べで、彼らの大半は、八四年の「世界日報」編集局長襲撃事件など教団内の路線をめぐる対立で、統一教会を脱会した者たちであることが分かっている。それゆえ彼らは、統一教会に再入信しようと考えたわけではない。

早川は密かに、別の宗教法人の買収に動いており、彼自身や早川派の信者が、関西や名古屋の休眠中の宗教法人を物色していたことは、元信者や買収を受けた法人側の証言で明らかだ。

ある捜査幹部は、こう語る。

「早川や早川グループの行動が、彼ら自身の意志だったのか。それとも、上部組織の指示だったのかは、早川らが口を噤んでいる以上、ハッキリしない。でも、脱会後、ある者は在家信者に戻って商売を始め、ある者は統一教会に戻り、ある者は新たな宗教団体を設立しており、まるで捲土重来（けんどちょうらい）を期しているような彼らの動きこそが、最も恐ろしいんだ」

そして、教団内でこれらの動きをいち早く察知し、阻止しようとしたのが村井だった。

徐は主体思想研究会員

「例えば、北朝鮮の対日工作グループが日本国内の友好関係にあるメンバーを通じ、オウム真理教に資金とサリン製造のノウハウを伝授したとは考えられないだろうか。オウムを隠れ蓑（みの）にして、毒ガス兵器や自動小銃を大量生産し、日本国内に備蓄する。AK74は北朝鮮軍の制式使用銃と同じ弾丸を使っているから都合がいい。サリンはテロ効果は大きいが、持ち運びが困難だから、日本国内で製造するのが合理的である。これらを利用して対日破壊工作を進め、日本国内にパニックが生じた段階で軍事侵攻をもくろんでいた……。こんなことを言うと、すぐ考え過ぎだとか飛躍し過ぎだと笑う人が多いが、この論理だと、なぜサリンを自前で生成する必要があったか、なぜAK74なのかといったことが、すべて説明がつくだろう」

そう話すのは、CIA報告書の作成に携わったエージェントの一人である。

この証言は九五年のもので、いかにも諜報関係者が好みそうな乱暴な論理だが、オウム真理教の場合、何が起きても不思議ではないから怖いという程度の認識だった。が、その後の取材や、捜査当局の取り調べが進むにつれ、このCIA関係者の話が決して荒唐無稽ではなく、現実となったことに、私は衝撃を覚えずにはいられない。

話を村井刺殺事件に戻そう。

村井を刺殺した徐の周辺を聞き込み取材してみると、意外な人脈が明らかになった。

徐が犯行直前まで住んでいた家の所有者である女性が経営するクラブに、教団幹部で早川派と見られる中田が頻繁に出入りしていたことは前述したが、その女性の姉がかつて同居していた相手が、実は北朝鮮の大物スパイ、辛光洙であったのだ。

辛とはどんな人物か。

韓国安企部の捜査資料によれば、辛は一九二九年、在日朝鮮人の五男として静岡県で生まれ、まもなく家族とともに帰国し、朝鮮戦争時には北朝鮮側の義勇軍に参加した。その後、ルーマニアのブカレスト工業大に留学し、六〇年に卒業、帰国後は科学院機械工学研究所に勤め、結婚して一男三女をもうけた。

労働党入党は五二年。勲功メダルを授与されるほど優秀な党員で、七一年に対南工作員に抜擢され、スパイ教育を受けた後、七三年に日本に密入国。大阪や東京を中心に在日同胞をオルグするなど暗躍した。八〇年には日本人コックを言葉巧みに宮崎県の青島海岸に誘い出し、待ち構えていた工作員の船で北朝鮮に拉致し、以後はコックになりすまして活動していた。

その前後、石川、富山両県の海岸から北朝鮮に向け六回にわたり密出入国を繰り返し、八五年二月、ソウルに潜入したところを安企部に逮捕された、という凄腕（すごうで）のスパイなのである。

辛は一時、その女性の姉と同居していたばかりか、女性のクラブにもレジ係として勤めており、北朝鮮関係者と見られる人物が出入りしたこともあった。

また、徐は在日の北朝鮮出身者がつくる主体思想研究会の一員であったことが分かった。しかも、徐の友人で、同じ家で暮らしたこともある男性の父親は、朝鮮総連の幹部であることも判明した。さらに、その人脈を辿っていくと、何と長官狙撃事件で名前が囁かれた北朝鮮人民軍偵察局員の金らしき人物が登場してくる、というのだ。

徐は果して、北朝鮮の工作員と関係があるのだろうか。

「徐の生い立ちから犯行までの足跡を辿ってみると、高校を中退後に一時、行方が分からない時期が出てくる。本人はもとより、肉親や友人、知人らを事情聴取してもハッキリしないし、公式には海外に出た形跡もないんだ。彼がこの間、何をしていたかは非常に興味がある。その後で彼が韓国、そして北朝鮮の若者たちと親しくなっていることも気になるところだ」

そう話すのは公安関係者。さらに、こう続ける。

「その後の調べで、オウム真理教は単に麻薬や武器類を金で買っていただけではなく、日本の重要資料、例えば、自衛隊員の信者から入手した軍事関係の資料とか、電力・建設会社関係者の信者らから手に入れた原子力発電所関係の書類などを、北朝鮮に売っていた疑いが出てきたんだ。こうした重要書類を集めるのは、村井の仕事だったようで、彼はある意味では早川以上に、オウムと北朝鮮とを繋ぐ〝キーパーソン〟だった可能性がある」

村井が麻原の指示を幹部や信者に伝える役目を務めていたため、彼の死で麻原の事件への関与を立証するのが難しくなったことは既に述べた。が、彼は早川や上祐がロシアに去った後、暴力団との交渉から北朝鮮との窓口まで、ほとんどすべてを一手に引き受けており、どこから狙われても不思議ではなかったことになる。

「まだ、ほかにも三十兆円と言われるパチンコ利権というのもある。暴力団、北朝鮮、そして警察……とくれば、パチンコしかないだろう。そこにちゃんと、オウムも絡んでいたし、早川の失脚後、その〝危ない接点〟役を務めたのが村井だったんだよ」（ある企業舎弟）

パチンコとオウム真理教――この全く次元の違う話に、幾つかの接点があったのは事実である。

警察が進めてきたパチンコの換金合法化に対し、反対運動を展開してきた都内の政治団体代表の周囲には、オウムに繋がる人物が多数蠢いている。

彼を崇拝しているというコンサルタントは、教団の顧問弁護士だった青山が逮捕前、頻繁に電話をかけ、相談を持ちかけていた人物だった。

また、彼らの回りには、金丸や中曾根といった政治家たちをはじめ、早川とロシア、北朝鮮の接点に登場した日本ウクライナ文化経済交流協会理事長のM、中国米密輸事件で逮捕されたF社社長、そして、パチンコ業者を支援し、早川の北朝鮮入りをサポートしたと見られる北朝鮮系実業家……などの名前が登場してくる。

「そりゃ、そうだよ。パチンコ業界はギャンブル性の高い新型台開発をめぐってしのぎを削っているし、プリペイドカードの発行、脱税による巨額な闇資金調達など、さまざまな利権があるからね。これを永田町のセンセイ方が見逃す訳がないし、警察としても風俗、交通と並ぶ〝おいしい分野〟だから、積極的に介入する。プリペイドカード関連事業などは警察官僚の天下り先と化しているのが実態だ。もちろん、悪党どもはわんさか押し寄せる。玉の換金をＩＣカードで制御する事業には、あのイトマンが絡んでいたし、射殺された住友銀行名古屋支店長は新たな融資先として、パチンコ業界に手を伸ばしていた、と聞いている」

そう明かすのは、前出の公安関係者だ。

驚愕のクーデター計画

ところで、ある著名な政治評論家が九五年五月三十一日、警視庁に対して供述した一通の調書がある。その供述調書には、〝途方もないこと〟が書かれてあった。

九一年春、この政治評論家は前出の政治団体代表から政治顧問就任を要請され、逆に政治団体の狙いと政治的信条の説明を求めた、とある。

調書によれば、代表の答えは次のようであったという。

《今の法律の範囲内、つまり憲法による参政権の行使という面から、政治団体（注・

原文は実名）から、いわゆる国政選挙に会員、同志を約三百人ほど擁立して当選させた上で、国政に参画する（中略）いずれも公職選挙法などによる合法的で平和的な手段に訴える考え方で、すでに政治団体としては、会員、同志、弁護士、新聞記者、評論家、スポーツ選手ＯＢ、文化人等に焦点をしぼって勧誘中であり、すでに（中略）五十から六十人の人達が同志、会員として参加している……》（《　》内は原文のまま、省略は筆者。以下同じ）

この政治評論家は「代表は約二十年前、ある事件の主犯として逮捕され、実刑判決を受けた経験から警察、検察、裁判所等の司法関係者に対する恨みが、今でも鮮烈であることを強調していた」とも供述している。

しかも、この代表は《合法的、平和的手段による国政への参加、政権奪取まで目指す目的が、落選などによって挫折、失敗した場合、第二の手段をもって、国政を掌握する強い姿勢と考えを私に訴えた》という。

その第二の手段とは、驚愕すべき内容であった。

《一口に言うとクーデター的、革命的と言える、暴力をもって政権奪取をするという具体的な戦術、戦略まで言及しました。それによると、日本国内で暴力を振るう想定、ピストル、小銃、機関銃、戦車等の兵器を装備している組織は自衛隊だけである。ここに、代表（注・原文は実名）は着目し、政権掌握に失敗した場合、直ちに自衛隊の決起、蜂起を促し、その兵力によって首都、首相官邸、中央官庁の制圧、占領と言うクーデターによって、革命、新政府樹立を図る。と、言うものでした……》

この代表は何と、《陸上自衛隊を中心に、海上自衛隊、航空自衛隊の第一線の指揮官クラスである、佐官、尉官クラスのOB、おおよそ三百人と交流している》と、既にクーデターの準備に入っていることまで明かしたという。

政治評論家は、この代表の《政治転覆を図る思想や構想は、内乱罪を上回る、国家反逆罪に相当する最高罪の危険思想》と判断し、政治顧問就任を断ったという。

それがきっかけで、政治評論家は《その政治団体の会員や、機関紙発行責任者となった大手新聞社（注・同）の後輩たちの動向に注意し、特に、代表と現職政治家との交流関係を独自に調査した》と、その調書には書かれてある。

それから四年後に、地下鉄サリン事件が発生したのである。

《地下鉄サリン事件等にからむ、殺人容疑等の警視庁捜査が進展するにつれて明らかになってきた麻原の国政選挙参加と失敗に続いての、犯罪行為の実行犯人の中核に多数の自衛隊員OBが存在したことに、私は驚愕しました。と、言うのは、あまりにも代表の話した、危険な暴力的クーデター構想に酷似しているからでした》

《私自身も独自の情報ルートを通じて、オウム真理教の犯罪に関する情報収集に努力してきました。その結果、代表とオウム真理教が、深い繋がりを持っていると言う情報がいくつもありました。例えば、麻原やオウム真理教幹部が「センセイ」と呼んでいるコンサルタント（注・同）の数多くある肩書のひとつに、「代表秘書」があることも、確認しています》

《このことからも、代表の暴力による政府転覆思想が、コンサルタントを通じ、ずばり、麻原彰晃に吹き込まれた（中略）代表は精神的に、具体的な便宜供与の面でも緊密な関係で、麻原等の地下鉄サリン事件等の具体的事件及び政治転覆まで十分準備をした武装化計画、犯罪の実行行為などへの悪影響をオウム真理教に対して与えたと確信している……》

以上が供述調書の概要である。

もし、この政治団体代表が本当に、ここに書かれたようなクーデター構想を明かしたとすれば、政治評論家が代表とオウムとの関連を疑ったのも無理からぬことであろう。

即ち、オウム真理教による一連の事件は国家転覆を狙ったクーデター計画で、この代表が裏で仕組んでいた、ということになるからだ。

この政治団体の代表サイドは、こう反論する。

「オウムとは、ある民事訴訟絡みで関係があり、麻原とも会ったことはあるが、それ以上のものではない。確かに、コンサルタントは一時期、オウムのマスコミ対策みたいなことをやっていたので、疑われたのかも知れない。でも、彼の件であらぬ疑いをかけられ、代表の息子の会社まで捜査が入った。山口組系暴力団の捜査班に執拗に尾行され、狙われていたんだ。そもそも、政治評論家が警視庁から参考人聴取を受け、その時にとられた調書が原因だ。事実は全く違う」

どちらの主張が正しいのか、ここで論じるつもりはない。しかも、政治評論家の方がこの調書の件について沈黙しているため、真相は藪(やぶ)の中だ。

ただ、徐の共犯とされた羽根組若頭の判決公判で、裁判長が「事件は単独犯行ではなく、何らかの背後関係があると強く疑われる」と指摘したように、村井刺殺事件の背景には、さまざまな要因が潜んでいることだけは確かであろう。

この政治団体代表は九六年二月、ある自民党代議士に宛てて「遺書」をしたため、関係者にも配った。その中身は、パチンコ換金合法化の反対運動を始めた途端、警察当局から圧力を受け、オウムや暴力団との関係を疑われ、徹底的に調べられたことへの抗議であり、自ら一切の政治的活動から手を引く決意を述べたものであった。

問題は、宛て先となった長老議員である。彼は警察OBで、パチンコ業界に睨みが効くことは確かだし、パチンコ利権に絡んで、名前が取り沙汰されていたこともある。それだけではない。

麻原の側近で、ヴァジラヤーナの教義を確立し、薬物イニシエーションを考案したり、長官狙撃事件の犯行計画を立案したとされる教団幹部がいて、一度は逮捕されながら、なぜか不起訴となっている。その幹部を不起訴にするため、警察に圧力をかけたと言われているのが、この長老議員なのだ。

しかも、その後ろには、冒頭の密談に登場した大物政治家がいたのである。

村井に向けられた刃は、金でできていたに違いない。

第四部　坂本弁護士一家殺害事件の真相

第一章　原点

「やったんは極道や」

青白い月が分厚い雲に呑み込まれ、夜の闇が街を支配しようとしていた。だが、眠りを忘れた大都会の人々は、華やかなネオンの洪水に気を取られ、誰も気付かなかった。

九一年九月、東京・港区のシティホテル。別の宗教団体が絡んだ事件を取材していた私は突然、知り合いの企業舎弟を通じて、暴力団の中でも〝屈指の武闘派〟と恐れられている組の幹部から、呼び出しを受けた。

約束通り、待ち合わせ場所のシティホテルに一人で現れた幹部は、パリッとしたスーツを身につけ、一部上場企業の重役然とした顔付きをしていた。意外と物腰が柔らかく、口調もソフトであった。

だが、近くの料亭の一室に誘われ、一対一で向かい合うと、幹部はいきなり、アクセントのきつい関西弁で、こう切り出した。

「いったい、何を狙っとんでっか」

さすがに、その声はドスが利いて迫力があり、思わず身震いがした。

「別に何もありません。ある宗教団体と暴力団の関係を知りたいだけなんです」

私は精一杯の声を出して、そう答えた。

「そういうなら、まあ、何も言わんけど。世の中、知らん方がええってこともありまっからな」

しばらく、沈黙が続いた。

〈この幹部はそれとなく脅しをかけて、取材を止めさせようというのか〉

そう感じ始めた時、幹部が昔話を始めた。武勇伝あり。失敗談あり。話の中身はなかなか面白かったが、意図が全く分からず、不気味だった。

「今日は、何なんですか」

そう突っ込んで相手を怒らせ、本音を聞こうとした。ところが、

「あんたはなかなか、腹が座っとるな」

幹部はそう呟くと、突然、とんでもない話を始めたのである。

「ほれ、横浜に何とかちゅう行方不明になったセンセイがいたやろ」

「坂本弁護士のことですか」

「そや。そや。その坂本ちゅう弁護士や。あれやったんは、ワシの知っとる奴や」

「えっ」

「あの事件は、実は、極道がやったことなんや」

私は、絶句した。

坂本事件とは一九八九年十一月三日夜から翌四日未明にかけて、オウム真理教と信者の家族間のトラブルなどを担当していた坂本堤弁護士（当時三十三歳）が突然、横浜市磯子区の自宅アパートから妻の都子（二十九歳）と長男龍彦（一歳二か月）とともに姿を消した事件である。

九五年になって、教団幹部だった岡崎が殺害を自供し、一家三人の遺体も発見された。だが、この時点では、坂本一家に失踪する理由がないうえ、自宅内にプルシャ（オウム真理教のバッジ）が落ちていたことなどから、神奈川県警はオウム教団とのトラブル絡みで、何者かに拉致されたのではないかと見て、捜査を行っている最中だった。

〈この男は、何を言い出すんだ〉

懸命に頭をめぐらすが、ショックのせいか判断がつかない。

「やったって？ それは……」

「そりゃ、かっさらったってことや」

「坂本弁護士を拉致したというんですね。でも、あれはオウム真理教絡みの事件と言われていますが……」

「そや。でも、やったんは極道や」

「どこに拉致したのですか。今、一家はどうなっているんですか」

幹部は一瞬黙り込み、思案するような表情を見せた後、こう答えた。

「さあ。何でも、殺ってしもうたらしい。実行した奴も始末したって話やで」

「えっ。どうして……」

私は仕事の性質上、何事も疑ってかかる傾向がある。この時も心の中に、

〈この幹部は単に脅しをかけ、取材から手を引かそうとしているだけじゃないか〉

との疑念を抱いていた。

しかし、それにしては、幹部の顔は妙に真剣で、私を見つめる視線は鋭かった。

「でも、ヤクザが何のために？」

思わず身を乗り出し、相手が武闘派の暴力団幹部であることを忘れて、ついストレ

ートな言い方で尋ねてしまった。

「さあな。ワシには分からん」

彼は苦笑いを浮かべながら、質問をはぐらかした。私は一か八かで、強気に迫った。

「ここまで言って、それはないでしょう。是非、その理由を聞かせて下さい」

「うむ……」

この幹部はしばらく、酒を飲みながら考えていたようだった。息苦しいような沈黙がしばらく続いた後、彼は意を決したように、重い口を開いた。

「よしゃ。話したる。けど、ええか。今日、ここで聞いたことは内緒やでぇ。ちょっとでも書いたら、タマ(命)を取るで」

その途端、私は全身から汗が吹き出すのを感じた。が、それでも必死に食い下がった。

「ある暴力団が坂本弁護士を拉致したって言われましたが、それはなぜですか」

「極道がそんなことするんは、相手が邪魔か、脅してカネ取るか、情報を得る時だけや」

「坂本弁護士の場合は、どれですか」

「あんたもしつこいな」

「坂本弁護士は失踪直前、同僚に『オウムの決定的な弱みを握った』と話していたそうですが、心当たりはありませんか」

「さあ。ほんまのことはよう分からんが、坂本センセイはどうも、オウムと極道の関係に気づいたんやないかな」

「それはどんな関係ですか」

「……」

「もしかしたら、オウムが信者に覚醒剤を使用していて、それを暴力団から仕入れているといった話ではありませんか」

「さあな。そんなとこかも知れんな」

私は、この取材が九一年秋だったことを非常に残念に思っている。もう少し後だったら、オウム教団の覚醒剤密造・密売疑惑や、オウムと暴力団の関係、失踪事件と教団幹部の早川、中田の関連などを、もっと詳しく、具体的に質問できた。が、この時はそんな認識はなかったし、まして、その場でそんな取材をすることになろうとは思っていなかった。

それゆえ、捜査関係者から聞いていた断片的な情報を、思い出す限り、ぶつけるしかなかったのである。

幹部の口調は淡々としていたが、話の中身は驚愕の連続であった。

二人の実行犯の実名は……

「坂本事件の実行犯グループは何人ですか」

「聞いたところでは七、八人やないかな。極道が二人、現場の支援を入れりゃ三人ってとこか。残りは教団幹部やろう」

「幹部は誰ですか」

「早川はいたようやが、後は知らん。極道の間で知られているんは麻原彰晃と早川、中田、それに新実とかいう若い奴ぐらいなもんや」

「かなり計画を練ったうえの犯行ですか」

「そりゃ、そうやろ。一般的に極道が拉致や監禁をやる時は、相手の人数なんかにもよるけど、現場の下見はもちろん、どうやって相手に近づくかとか見張りの位置、制圧方法、逃走経路などいろいろなことを考えとくもんや。その場じゃできんで」

「坂本事件の場合、暴力団員でもやはり、プロ級の人間が参加して……」

「何のプロや。あの程度なら頭(かしら)がしっかりしてりゃ、若いもんでもできるやろ」

男はそう言いながら、急に二人の実名を挙げ、犯行に加わったと見られる組員だと言った。男はまるで、彼らのことをよく知っているような口ぶりで話し出したのだ。

「確か、極道二人は莫大な借金を抱え、困っていたんやなかったかな。組にも迷惑をかけていたとかで、カネのためなら、何でもするちゅう話やった」

「坂本一家は、その場で殺されたのですか」

「まさか。直ぐ殺るんなら、もっと手っとり早いやり方はいくらでもあるやろ。ひっさらってくるから、大変なんや」

「それなら、どこへ連れて行かれたのでしょうか」

「詳しいことは知らんでぇ」

さすがに、その幹部も具体的な犯行の手口については、固く口を閉ざした。

しかし、彼の口から断片的に出てくる情報を総合すると、事件の全容はこうなる。

《坂本宅に侵入したのは暴力団員二人と信者二人で、後は見張りなどを担当し、その中にも暴力団員が一人いた。実行犯の一人がオウム真理教の脱会信者を装って、坂本宅を訪問。「教団から逃げてきた。助けてくれ」と、いかにも緊迫した様子で呼びかけたため、夫人がドアを開けた途端、暴力団員がドスを突きつけて、口を塞ぎながら、室内に入った。もう一人の組員が子供にドスを突きつけ、夫婦をおとなしくさせたという。子供を奪い取る時、坂本が抵抗し、信者が腕を嚙まれて血が流れるアクシデン

トがあったが、一瞬で夫婦を動けなくしたようだ》

《実行犯たちは「教祖が会いたがっている。こんなやり方じゃなければ、実現できなかった。おとなしく付いてくれれば、危害は加えない」と言って、子供を楯に坂本、夫人の順で一人ずつ、車に連れ込んだ。布団は血痕が付いていたのと、車の中でカモフラージュするため、別に持ち出した。時間にして十分も経っていないはずだ》

《三人はしばらく、富士山総本部地下の独房に入れられていたようだ。この間のことは暴力団は関係しておらず、よく知らないという。信者から聞いた話では、坂本は頑強に教祖への協力を拒み、洗脳も効かなかった。ただ、妻子の体力が低下し、夫人か子供が死んでしまったため、教団側も後戻りができなくなり、残る二人の始末に困って殺害を決意したのではないか》

「直ぐに組事務所に連絡が入ったようや。誰も殺人はやりたくないわな。そこでお呼びがかかったわけや。連中にすりゃ、いいカネづるやから、引き受けたんやろ。何でも、二人は絞殺したと言うてたなぁ。もちろん、莫大な報酬を頂いたそうや」

この幹部は平気な顔をしてしゃべっているが、私はその話を聞いているだけで、鳥肌が立ち、気分が悪くなった。

「三人の遺体はどうしたのですか」

「最初は車ごと海に沈めると言うてたが、何でも、宝達丘陵ちゅう山ん中と飛騨と、それからアルプスやったかな。三人別々に山に埋めたそうや。実際、どうやったかは知らんでぇ。極道の方が『信者にもやらしたら、どや』と教祖に言うたらしいわ。信者の態度が何や、おかしかったんか、共犯意識を持たそうちゅうことやろな」

「教団側はなぜ、そんなことをしたのでしょうか」

私がそう尋ねると、幹部は急に声を荒らげ、ドスの利いた声で、

「そんなこと知るかいや。麻原か早川に聞けえや」

と言い放った。

〈大分、いらつき出している。どうやら、引き上げる潮時が来たようだな〉

そう思ったが、それからの粘り腰が私の身上である。冷や酒を一杯、グッとあおると逆に腰を据えて、男を見つめた。

「何や、怒ったんか」

「とんでもないですよ。喉が渇いちゃって。ところで、組員二人は今、どうしているんですか。さっき、実行した奴も始末したって言ってましたけど」

「それがなぁ……」

幹部は急に押し黙った。そして、対抗するかのように、酒をあおると、自分の頭を

指差しながら、こう言った。

「二人はその後、ここがあかんようになってしもうたらしい。子供を殺ったことで、かなり参っとったようやな」

「それじゃ入院か何か……」

「二人とも破門され、一人は覚醒剤に溺れて中毒症状がひどく、頭が完全にいかれてしもうとるようや。もう一人は悪夢にうなされ続け、今にも警察に駆け込みそうな危険な状態やったとかで、バラしたと聞いている」

「バラす？」

「しばらく、体を休めて来いやというて、宮崎に行かせ、そこで殺ったらしい」

その言葉を聞いて一瞬、身体が硬直した。

そんな動揺ぶりを見透かしたように、彼は延々と坂本事件の話を続けた。そして、苦笑いしながら、こう言った。

「ところで、プルなんとかちゅう教団のバッジは、誰が落としたと思うんや」

「教団幹部の誰かでしょうが、事件現場にわざわざバッジを付けていくとは……」

「ハッハッハッ。そやな。あれは、実はな。極道が組長の指示で、わざと落として来たんや」

「えっ。何のために？」

「麻原への威嚇と脅迫に決まってるやないか。あれで実入りがずっと違うはずや。まあ、一生、食いっぱぐれはないわ。俺たちは皆、知っとるでぇちゅうことやからな」

この日の会談は、ここで終わった。

私は座っているのがやっとの状態で、とにかく、その場を離れたかった。

これが一連のオウム事件の〝原点〟とも言える坂本事件の真相なのであろうか。

この衝撃的な発言は、その後もずっと、気にかかっていた。

オウムの周辺に、暴力団の影がチラついていたことは、第三部で述べた通りだが、私はどうしても、幹部から聞いた話を書くことができなかった。生命を狙われることが怖かったこともあるが、裏付け取材が予想以上に難航したからである。

ところが、坂本事件はその後、急展開を見せた。

元オウム幹部の岡崎が九五年五月二十二日、神奈川県警の事情聴取に対し、教団が坂本一家を殺害したことを認める供述を行い、同年九月には、岡崎の自供に基づき、一家三人の死体が発見されて、失踪事件が殺人事件に発展したのだ。

さらに、岡崎以外の実行犯グループに早川、新実、村井、中川智正、端本悟の五人がいることが判明。このうち、死亡した村井を除く五人と、犯行を指示した麻原が殺人、死体遺棄罪で逮捕、起訴され、既に岡崎や早川らに死刑判決が言い渡され、いずれも控訴中である。

ただ、驚くことに、早川ら教団幹部たちの裁判では、暴力団の存在が全くと言っていいほど登場せず、すべてがオウムの犯行となっている。

そうなると、冒頭に記した暴力団幹部の証言は偽りであったのだろうか。

しかし、その幹部がわざわざ呼びつけてまで嘘をつく必要はなかったし、虚偽の証言にしてはやたら、具体的な内容だった。それに、実行犯の実名や消息まで明かすなど、まんざら嘘だと思えない点もある。

実際、坂本事件の実行犯たちが捜査段階で供述した内容や、事件現場の実地検証結果などを、捜査・裁判資料から比較検討してみると、さまざまな疑問が湧き出てくる。

ここではまず、九六年三月十二日、東京地裁で行われた中川の公判で明らかにされた検察側の冒頭陳述を中心に、坂本事件を振り返ってみよう。

「子供だけは……」の哀願も届かず

事件は八九年十一月三日深夜の謀議から始まった。

冒頭陳述によると、麻原は二日深夜から翌三日未明にかけて、静岡県富士宮市の富士山総本部内のサティアンビル（後の第一サティアン）四階の自室に、早川、村井、岡崎、中川、新実の五人を集めた。麻原は、坂本が「オウム真理教被害者の会」をまとめている中心人物で、教団に対してさまざまな妨害活動を行っていることを強調し、

「今、問題にしなければならないのは坂本なんだ。坂本をポアしなければならない。このまま放っておくと、将来、教団にとって大きな障害となる」

などと述べ、五人に対し坂本の殺害を命じたという。

この謀議に参加した教団幹部の供述によれば、麻原は車座に座った五人に向けて、

「坂本弁護士のことだが、先日、早川と青山、上祐が横浜弁護士事務所に行って、いろいろと主張してきたが、全くお話にならなかった。そこでお前たちに聞くが、真理を崩してカルマ（業）を積もうとする人間を見たら、どう思うか。善業を積もうとする者には、悪業を積もうとする者を救済する責任があると思わないか」

と説教した。さらに、

「村井と中川とで考えたんだが、ここで坂本をポアしてやらなければ、彼のためにもならない」

と叫んで、右手を挙げ、親指と人指し指で輪を作ってはじくような「ポア」のポー

ズを取った。

麻原は中川の方を見ながら、

「中川に注射させようと思うんだ」

と述べ、中川は姿勢を正して、

「はい。ある薬品を注射すれば、誰でも五分以内に仮死状態になります」

と答えた。これを受けて麻原は、

「お前らが車に乗って行き、弁護士事務所から自宅に帰るまでの間に拉致し、車内で中川が注射すればいいと思っている。どんなことがあっても、口を封じろ」

といい、村井を通じて、塩化カリウムを中川に渡した。

この謀議の席上、「車に連れ込むなら、教団武道大会で優勝した端本を加えた方がいい。坂本に抵抗された場合、腕っぷしが強く、一撃で抵抗を押さえられる奴がいた方がいい」との提案があり、麻原の警護役だった端本の加入が認められた。

端本は後に、この時の心境について、こう供述している。

「一瞬動揺し、ためらったが、断れば、自分が殺られる。教団で生きていくためには、やらなければならないと判断し、従った」

再び、冒頭陳述に戻ろう。

謀議が終わった後、麻原は岡崎と村井に対し、

「よし、これで決まりだ。変装していくしかないな」

などと述べ、犯行を促すとともに、岡崎に「熊本市内に住む信者から坂本の住所を聞き出せ」と命じた。

一方、村井は中川に、既に薬品業者から購入していた塩化カリウムの粉末を溶かして水溶液を作るように指示。中川はサティアンビル三階の洗面所で約百ミリリットルの飽和溶液を作り、ドリンク剤の空きビンに入れるなど準備した。

三日午前十時ごろ、六人はシルバーメタリックの乗用車（ニッサン・ブルーバードSSSアテーサ）と四輪駆動車（いすゞ・ビッグホーン）の二台に分乗し、富士山総本部を出発した。

途中、中川は四輪駆動車から降りて、東京・杉並区内の教団道場に立ち寄り、塩化カリウム水溶液を三本の注射器の中に吸入し、紙袋に入れて持つことにした。村井と端本はJR荻窪駅付近の書店で、横浜市内等の地図を購入した。

早川、新実、岡崎の三人は杉並区内の一軒家で、林泰男に命じて、二台の車に無線機を取り付けさせた後、同区内の別のマンションで村井、端本と合流し、変装用のカツラやサングラスを着用した。

さらに、全員でJR新宿駅西口のデパートに行き、犯行時に着用する背広やネクタイ、手袋、靴などを購入、その場で着替えた後、午後三時半、同駅西口に集合した。六人は二台の車に分乗し、首都高速道路横羽線から横浜横須賀道路を経て、港南台インターで降り、午後四時半過ぎ、坂本宅付近に到着した。

ここで、実行犯グループは二組に別れた。

一方は、帰宅途中の坂本を襲うため、坂本と面識のある早川、新実がJR洋光台駅前に乗用車を停め、車内から改札口を見張った。

残りの四人は、坂本宅に向かう道路の曲がり角に四輪駆動車を停め、車内や坂本宅に隣接した金山神社の境内で様子を窺った。この神社は無人で人通りが少ないうえ、坂本宅のアパートより高い場所にあるため境内から玄関が見下ろせる絶好のロケーションであり、四人と思われる男たちが神社内でウロウロしている姿が、近くの主婦に目撃されている。

午後九時過ぎ、岡崎が坂本宅の様子を窺いに行ったところ、玄関ドアが施錠されていないことを発見、無線機で早川に知らせた。

早川はこのことを駅前の公衆電話から麻原に報告し、指示を仰いだ。

麻原は計画を変更することを決断し、早川に対し、こう命じた。

「もし、坂本が帰宅していれば、家族ともども殺るしかない。時間は今すぐではなく、もっと遅く、近所が寝静まる午前三時ごろまで待って侵入しろ。そのころなら眠っているはずだから、家族三人ともポアしろ。ただ、親類や他人が泊まりに来ていることもある。押し入った際、家族以外の人間がいたら、引き返せ。よく確かめてやれ」

午後十一時ごろ、早川は新実と一緒に、ほかの四人と合流し、麻原の指示を伝えて協議した結果、午前三時に坂本を殺害することを決めた。

早川ら二人は洋光台駅前に戻り、最終電車の終了する午前零時過ぎまで見張った後、再び四人と合流。坂本宅から約二百メートル離れた駐車場に二台の車を停めて、車内で仮眠しながら待機した。

午前三時ごろ、早川が「泣かれて近所に知られては困るので、子供から殺ろう」といい、新実を先頭に、神社脇(わき)の道を通って、歩いて坂本宅に押し入った。

この時、ドアの鍵はかかっておらず、すんなりと入れたという。また、岡崎ら四人は用意していた手袋をはめたが、村井は車内に置き忘れ、早川もポケットに入れておいたのを失念し、素手で坂本宅に侵入した。

冒陳によると、坂本一家は六畳の和室に龍彦を真ん中に川の字に寝ていた。室内灯の豆電球が点灯していて、その様子が分かったため、六人は物音を立てないように部

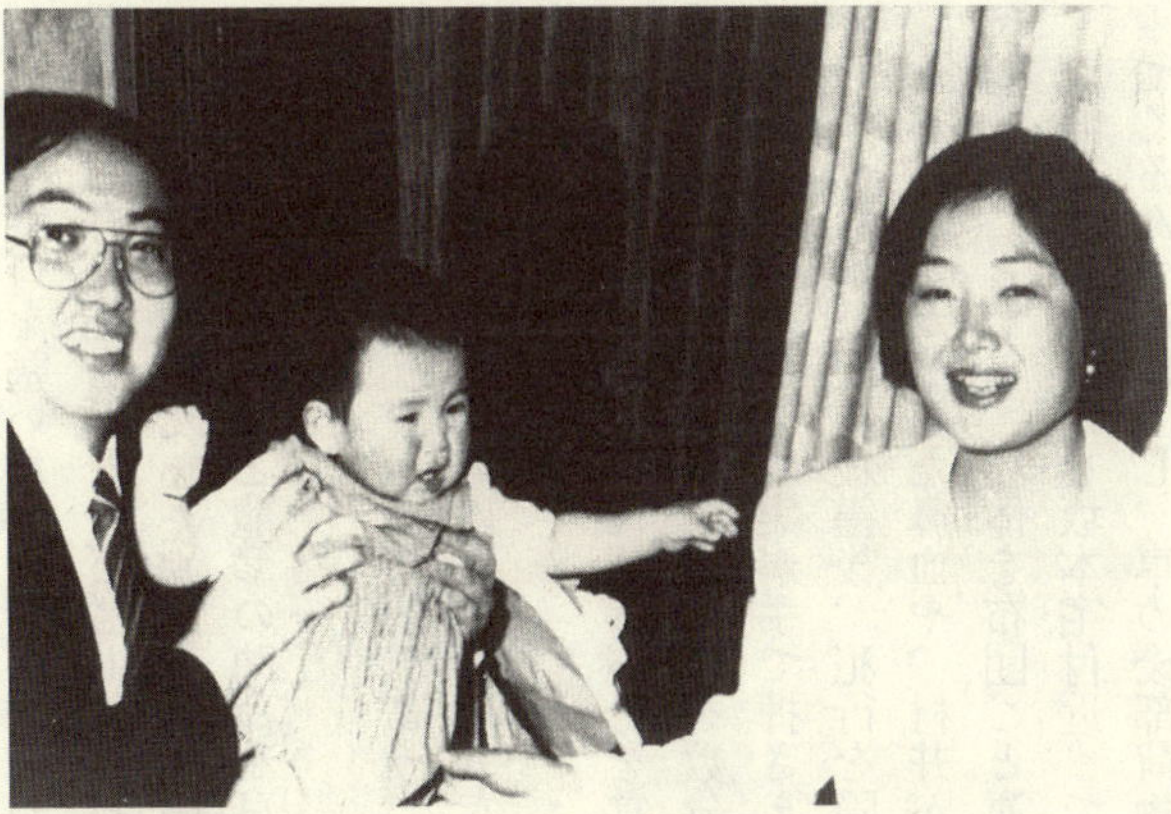

坂本弁護士一家（左から坂本堤、龍彦、都子）

屋に入り、最初に端本が坂本の体の上に馬乗りになり、目を覚ました坂本の顎（あご）を手で数回殴った。驚いた坂本が上半身を起こそうとしたところ、岡崎が背後に回り込んで右手を首に回し、パジャマの左奥襟辺りを摑んで右方向に引っ張り、首を絞めた。

坂本が足をバタつかせるなど激しく抵抗したため、中川は塩化カリウムを静脈に注射しようとしたが、うまくいかなかった。坂本の両足を押さえた早川は、坂本に蹴飛（けと）ばされて、後ろに吹っ飛び、鏡台に激突。その反動で、鏡台が襖（ふすま）にぶつかって、外れた。結局、坂本は岡崎の右手を振り払うことができず、まもなく、鼻から血を流しながら窒息死した。

一方、新実は妻の都子の上に馬乗りにな

り、両手で口を塞いだうえ、首を絞めた。早川と村井も代わる代わる首を絞めたが、都子は村井の指を噛むなど激しく抵抗した。

そのため坂本側にいた端本が、何回も都子の腹部を足蹴にし、「子供だけは手をかけないで。お願い」と龍彦の助命を哀願する都子の腹部に膝を打ちつけるなどして、早川らに協力した。

中川は塩化カリウムを注射しようとして失敗した。そこで、都子の後ろから右手を首に回し、ネグリジェの左奥襟辺りを掴み、右方向に引っ張って首を絞め、窒息死させた。

この間、横で寝ていた龍彦が目を覚まし、泣き声を上げたことから、中川はその場にあったタオルケットで鼻と口を数分間押さえ続けた。ぐったりとし、痙攣を起こし始めた龍彦の鼻口を新実が手で押さえ、窒息死させた。

六人は坂本一家を殺害後、犯行を隠すため、死体を富士山総本部に運搬することにしたが、坂本が流した鼻血や、村井が都子に指を噛まれて出血した血痕が布団などに付着したことから、死体を布団ごと運び出すことにした。

岡崎が四輪駆動車を坂本宅付近まで移動させ、中川がまず龍彦の死体をタオルケットでくるんで運び出し、車の後部荷物室に載せた。

次に早川と新実が都子の死体を布団に包み、車の後部荷物室まで運び、さらに村井と端本が坂本の死体を布団に包んで同様に後部荷物室に載せた。

岡崎はその間、室内に殺害の痕跡（こんせき）が残っていないかを確認し、畳に付着した村井の血痕を浴室にあったタオルで拭き取ったり、寝室の襖が外れているのを元に戻すなど犯行の隠蔽工作を行った。ただ、この時、中川が衣服に付けていたプルシャを室内に落としたことには気づかず、そのまま施錠せずに部屋を出た。

毛ガニを食べながら死体を埋葬

六人は二台の車に分乗し、四日午前三時三十分ごろ、坂本宅を出発。午前六時過ぎ、富士山総本部に到着し、二台の車を麻原専用の車庫に入れ、サティアンビルへ向かった。麻原はビルの出入口で出迎え、「よくやった。ごくろう。よかったね」などと労（ねぎら）いの言葉を掛けた。

麻原は四階の自室で早川らから詳しい報告を受けた後、死体をドラム缶に入れて、遠くの山まで運び、深い穴を掘って埋めることと、犯行に使用した二台の車を海に捨てるように指示した。

その際、中川から「死体を埋めるのは、北アルプス辺りが適当ではないか」という意見が出て、その方面に行くことになった。

早川らは車庫に戻り、坂本一家の死体から着衣をはぎ取って裸にし、用意したステンレス製ドラム缶三本の中に、着衣や布団、自分たちが犯行時に身に着けていた衣類とともに詰め、別に用意したワゴン車に積み込んだ。この時、数本のスコップも用意し、乗用車に積んだ。

こうした作業中は、麻原から指示を受けた石井久子と岡崎が、事情を知らない一般信者が近づかないように、車庫前で見張りをしていた。

六人は、犯行時に使った乗用車と四輪駆動車、そして死体を積んだワゴン車の三台に分乗し、四日午前七時半ごろ、富士山総本部から北アルプスを目指して出発。河口湖インターから中央自動車道に入り、午前十一時ごろ、松本インターで降りた。

早川は当初、絶対に誰も掘り返さないとの理由から、遺体を埋める場所を墓地にしようと考え、麻原の了承も受けていたが、適当な場所が見当たらなかった。当てもなく、国道一四七号線を北上し、長野県松本市内のスーパーで作業衣や軍手、長靴などを購入した後、大町市に向かい、四日夜になって、黒部・立山アルペンルートにある関電トンネル無軌条電車（トロリーバス）扇沢駅の駐車場に辿り着いた。

一行は、三人の死体を同じ場所に埋めて発見された場合、警察が大々的に捜査を行う恐れがあると考え、協議した結果、死体を三県に分けて埋めることで意見が一致。早川が黒部観光ホテル内の公衆電話で麻原に連絡し、了承を得た。

第一地点として、大町市平の湿地帯を選び、六人は交代で縦穴を掘り出したが、一メートルほど掘ったところで土中から多量の水が染み出てきて、それ以上掘るのが困難となった。その深さでは大人の死体を埋めるのが難しいため、実行犯たちは小さな龍彦の死体を埋めることにした。

六人は死体の発見を困難にするため、縦穴の底に横穴を掘り、そこにドラム缶から運び出した龍彦の死体を入れた。さらに、死体の上に石を数個乗せて土を埋め戻し、その上に枯れ葉を散らせたり、倒木を置くなど隠蔽工作を行った。

四日深夜から翌五日未明にかけて新潟県内に移動した一行は、途中、国道八号線沿いにあるサウナに入り、食事を取ったり、新潟県能生町内にある二十四時間営業のドライブインの駐車場に車を停め、車内で朝まで仮眠を取った。

五日午前八時に出発し、約四キロ離れた郊外型の雑貨店でツルハシ、手袋などを購入。向かいのショッピングセンターで寿司弁当などを買った後、遺体遺棄場所を探して何度も日本海沿いの国道を往復し、最終的に同県名立町にある大毛無山の山中に辿り着いた。五日夕方から深夜にかけ、ツルハシで雑木林に深さ約二メートルの縦穴を掘り、ドラム缶から運び出した坂本の死体を入れ、土をかけて埋め戻した。

この時、グループは二手に別れ、早川、村井、岡崎の三人は都子の死体遺棄場所を探しに、乗用車で富山方面に出掛けた。約五時間後、三人が帰ってくると、土が固くて数十センチしか掘れていなかったため、早川が激怒する場面もあった。が、メンバーは三人が買ってきた毛ガニを食べながら、さらに四時間も穴を掘り続け、死体と一緒に毛ガニの殻も埋めたといい、実際に現場検証では毛ガニの殻も見つかっている。

因みに、六人はこの毛ガニがよっぽど気に入ったのか、行く先々で食べ、帰りには麻原への土産として、大量に買い込んでいた。

坂本の死体を埋める際、村井が「もし、遺体が発見された時、簡単に身元が判明してしまうと困るから、歯は折っておいた方がいい」と言い出し、ツルハシを持って穴の中に飛び込み、坂本の顔をめがけ、何度もツルハシを振り降ろした。ほかのメンバーも近くの石などを使って歯を折ろうとしたが、うまくいかなかったという。

「歯ってなかなか折れないものですね。びくともしませんよ」と言いながら、繰り返しツルハシを振るう村井の姿が、懐中電灯の薄暗い明かりの中に浮かび上がったのを見て、さすがの早川も後日、気分が悪くなったと話している。

村井は都子の死体を埋める時も、同じようにツルハシで歯を叩き折っている。

その夜は再び、能生町のドライブインの駐車場で仮眠した。翌六日は、朝早くから国道八号線を西に向かい、富山県朝日町から山に入り、僧ヶ岳付近に都子の死体を埋めた。そこも土が固くて掘るのに午前中から夕方までかかるなど難渋したが、麻原からせかされたため、人ひとり横たえるのがやっとという穴に、死体を運び込んだ。

この死体遺棄について、村井はメンバーに「深さは二メートル以上掘れ」と指示。さらに警察の捜索が検土杖を突き刺して行われるなど詳しいことを知っており、死体遺棄現場のうち二か所は死体の真上の土が埋め戻しで不自然に見えるのを防ぐため、前述したように穴の底に横穴を掘って埋めるなどの偽装工作をしていた。

三人を埋め終えると、一行は富山県朝日町の富山湾に面した海岸に出た。そこで沖の漁火(いさりび)を眺めながら、遺体搬送に使ったドラム缶三本のうち一本を海中に沈めた後、スコップやツルハシを海中に投棄した。再び国道八号線を西に向かい、午後八時ごろ、富山、石川県境付近の海岸で、周囲に人がいるにもかかわらず、死体を包んだ布団やパジャマに灯油をかけて焼いた後、残りのドラム缶二本を海中に投げ捨てたという。

その晩は石川県の山中温泉に別々に投宿し、死臭を洗い流した。翌七日はさらに西へ向かい、舞鶴(まいづる)市周辺の大学施設がある山中で、作業着や長靴を焼却した後、鳥取市のＪＲ鳥取駅前に開業したばかりのサウナに寄り、駐車場で一夜を明かした。麻原から「二台の車も海中に捨てるなど処分しろ」との指示があり、八日午前五時に鳥取市を出発、島根半島まで行ったが、適当な場所は見つからなかった。

早川からその旨の連絡を受けた麻原は、警察が捜査に乗り出し、坂本宅からプルシャが発見されたことなどを伝え、直ちに富士山総本部に戻るように指示した。

一行は岡山県津山市で四輪駆動車のシートなどを捨てた後、中国自動車道から名神・東名高速道路を経て、九日、富士山総本部に帰った。遺体遺棄と証拠隠滅の旅は六日間、約二千三百キロに及んだのである。

この長距離走行について、早川は後に「埋める場所を決めておらず、土地勘のない長野県の山中を四日間も徹夜でウロウロと走り回り、あちこちを掘り返した。なかなか場所が決まらず、皆の気分がおかしくなり、新実と口論になった」と供述している。

ところで、坂本宅内にプルシャが落ちていたことを青山の報告で知った麻原は激怒し、「落としたのは誰だ」と厳しく追及した。中川が「揉み合いで、肌着に付けていたプルシャのピンがはずれて落ちたらしい」と告白すると、「すぐに戻れ」と怒鳴りつけた。

プルシャは当時、百個余しかなく、麻原はすぐに最高幹部会を招集、対策を協議した。麻原は「何をやっているんだ」と激しく詰り、「捜査を攪乱する必要がある。いって、プルシャが珍しいものではないことにすればいい」と言って、村井にプルシャの量産を指示した。村井は青山から「坂本弁護士の同僚たちがプルシャの数はどのくらいかを知りたがっている」と聞くと、「多過ぎて分からないとしておけ」と答えてもいた。

事件から約一週間後、新実が犯行に使用した乗用車をわざと衝突させ、事情を知らない信者を使って、富士山総本部近くの修理工場に持ち込ませ、車体をシルバーメタリックから赤色に塗り替えさせた。その際、従業員がトランクの中に手錠が入っているのを目撃している。

因みに、この車は九〇年初めに大破して、再び、同じ修理工場に持ち込まれたが、修理が不能だったため廃車処分にされている。

四輪駆動車の方はその後、ナンバーを変更し、車体を白色に塗り替えて上九一色村の教団施設に置いてあり、強制捜査された際に押収されている。

教団側は対外的には事件との関係を完全否定したが、内部では実行犯や信者らの動揺を防ぐのに必死だった。

麻原は事件が教団に伝えられた直後、富士山総本部に出家信者を集め、「これはシバ神の神隠しである。教団にとっても有益なことだ」などと説法。「この中で、オウムが拉致したと思う者は手を上げろ」と命じ、挙手した男性信者に七時間にわたり説教した。

また、事件が公開捜査になる二日前の十三日ごろ、麻原は富士山総本部に二百五十人の信者を集め、「カルマ（業）を背負った人間を殺したとしても、これは救済であり罪ではない」とヴァジラヤーナの教えを説き、「坂本弁護士はブッダになった。つまり、救われたということです。これ以上、カルマを背負って苦しまなくても済むのです」と説法した。

しかし、事件翌日に富士山総本部で開かれた説法会では、麻原は「オウムは今、マスコミに叩かれている。あるいは警察に叩かれるかも知れない」と犯行を知っているかのような話をして、墓穴を掘っている。

麻原は実行犯に対しては、教団に戻った数日後に富士山総本部に集め、「殺人を犯すとどのくらいの罪になるのかな」と話しかけた。石井に刑法の殺人罪の条文を読み上げさせ、「三人も殺せば、死刑は間違いない。全員同罪だ」といって、犯行を口止めした。

それでいて、マスコミが反オウムキャンペーンを展開し、捜査当局の摘発が予想されると、麻原は二十一日、村井らを連れて、布教活動を理由に西ドイツに出国した。

総選挙に立候補する東京四区内で開く予定のコンサートを急遽取り止める慌てぶりで、麻原は十二月四日帰国したが、十四日、再びインドに出発している。

麻原は西ドイツ滞在中、坂本宅に素手のまま入り、都子に指を噛まれた村井に指紋を消すように指示。村井は、後で合流した早川とともに、ボン支部で熱したフライパンに長時間指を押し当てたが、不完全だったため、帰国後、中川に皮膚の移植手術を受けている。

以上が、検察側が冒頭陳述などで明らかにした坂本事件の概要だが、一見、説得力があるように見えて、実は、随所に綻(ほころ)びがあることが分かる。

第二章　偽証

助かりたい一心の供述

坂本事件での綻びの最たるものは、逮捕された教団幹部たちの供述内容が大きく食い違ったことであろう。

例えば、岡崎が当初、神奈川県警に提出した上申書では、坂本を襲撃したメンバーとして、青山の名前が挙げられ、次のように述べている。

《午後十一時半ごろ、青山が坂本宅の呼び鈴を押し、応対に出た夫人に「弁護士の青山です。この前の件でご相談したいのですが……」と言ってドアを開けさせようとした。夫人はドア越しに「主人は具合が悪くて、もう寝ていますから」と断ったが、青山は「緊急の用事なんです」とまくし立てて粘った。同じ弁護士ということで安心したのか、夫人が仕方なくドアを開けたところ、隠れていた早川ら四人が飛び込んだ。

「何をするんですか」と叫んだ夫人の口を新実が塞ぎ、騒ぎに気づいて寝室から出てきた坂本をほかのメンバーが押さえつけた。確か、空手がうまい端本もいたと思う》

この上申書や、犯行に加わった教団幹部たちの当初の供述調書を読み比べると、内容にかなりの違いがあり、いかにも〝いい加減な供述〟であったことが分かる。

まず、何と言っても、犯行時刻が「三日午後十一時半」から「四日午前三時」、「四日明け方」まで三通りもあったことだ。犯行時刻というのは、容疑者のアリバイに関わる重要事項なのに、この有り様である。

次に、実行犯の人数が六〜十人と幅があり、富士山総本部を出発した時刻も、三日の朝、昼、夕とバラつきがあった。

これらは、実行犯なら絶対に間違えるはずのない事柄であり、明らかにおかしいと言えよう。それどころか、犯行の手口さえバラバラなのには驚く。

坂本宅への侵入方法は、「青山が呼び鈴を押して、ドアを開けさせた」から「ドアに鍵がかかっていなかった」までさまざまある。

家に押し入った後も、「最も抵抗が激しかった夫人に麻酔薬を注射した後、坂本、長男の順で注射して眠らせた」とか、「長男に麻酔薬をかがせ、息子を守ろうとした夫人、坂本の順に注射した」、「薬品は麻酔ではなく、毒物注射で殺害した」、「三人とも絞殺し、薬品は使わなかった」といった具合に、根本的な食い違いがあった。

そもそも、麻原が「その場で殺せ」と指示したのか、「富士山総本部に連れて来い」と命じたのかが曖昧であり、中には当時、まだ建設されていなかった山梨県上九一色村の教団施設に連行した、と供述する者さえいた。

傑作なのは、坂本宅にプルシャを落とした人物が中川、早川、村井の三人も出てきたことだ。前出の上申書にも、こう書かれてある。

《坂本夫婦ともみ合った際、村井が身に着けていたプルシャを落としたが、報道されるまで気づかなかった。村井は慌てて、「現場に落としたのは自分だ」と告白し、教団内部では「村井はドジな奴だ」と批判の声が上がっていた……》

こんなデタラメな上申書を提出したのが、麻原の〝側近中の側近〟と言われた人物なのだから、呆れてモノが言えない。中川に至っては、「現場にプルシャを二個着けて行き、うち一個を落とした」と供述しており、オウムとはよほど、〝互助精神〟が旺盛な集団なのだろう。

こうした供述の根本的な食い違いは、ほかでもかなり見られる。

「上祐が死体を埋める穴掘りを手伝った」とか、「事前謀議には上祐や石井、松本知子らも参加した」などがそうだが、これは自供というより、仲間の刺し合いであろう。

もっとひどいのが、死体は三体しかないのに、埋めた場所が長野、富山、新潟、石川各県の山中と四か所も挙げられたことだ。ここまでなら、場所が山中だったからハッキリと分からなかったと言い訳できるが、同じ長野県でも北アルプスから美ケ原、野沢温泉付近、南アルプス……と広範囲に及べば、もはやデタラメ、戯言の類と言うしかない。

こうした混乱を招いた第一の原因は、教団幹部たちのマインドコントロールが完全に解けておらず、供述する時の心境に揺れがあったことだ。

さらに、洗脳状態から解放された実行犯たちが極刑を免れようとして、自分のことはあまり話さず、役割を矮小化する反面、ほかのメンバーのことはベラベラしゃべる。自分にとって有利と思えば、麻原や仲間の悪口を言うし、脱会届けも出す。捜査側も供述を引き出すために、いろいろと誘いをかけるし、ほかの被告に大げさに伝えて、焦りや対抗意識を煽る……といったことも影響していよう。

岡崎が「早川がリーダー。私は単なる運転手で、外で見張りしていただけだ」と言えば、早川は「岡崎が実行部隊長で、自分は尊師との連絡係。最後に坂本さん宅に入ったら、既に殺害が始まっていて、自分は後ろから足を押さえていただけだ」と供述しているのが、その典型的な例だろう。

この二人による「罪のなすり付け合い」は、公判でも続いていた。

「自分は実行犯の中で高い地位になく、謀議に行った時、既に麻原と早川の間で犯行計画は決まっていた。自分は坂本一家殺害を実行させられた〝被害者〟の立場にある」

というのが、岡崎の一貫した姿勢で、具体的な事例として、必ず早川に報告し、早川が麻原に連絡して犯行に及んだことを挙げた。これに対し早川は、

「岡崎さんの地位はそんなに低くない。私の方に重い責任があるというのは、自己防衛としか考えられない」

と反論。麻原への連絡の件は、

「たまたま、電話ボックスに一番近い場所にいたからで、尊師と相談したのではなく、情報を伝えて指示を仰いでいただけだ。ただ、村井さんは何でも積極的だから、彼が電話すると、すぐ殺れということになるし、岡崎さんは慎重で現実派だが、鍵が開いているのを発見した手柄を生かす方向に行くと思った」

と説明している。

共謀共同正犯は、殺害現場にいれば、誰が電話したかはもとより、首を絞めようが、足を押さえていようが同じことなのだが、おそらく誰もが助かりたい一心なのだろう。

五人の〝共通語〟は「尊師の命令は絶対服従で、やむなくやった」という責任転嫁の主張だ。麻原に重用されていた早川でさえ「何も殺すことはなかった。教祖の命令には逆らえなかった。今思えば、とんでもないことをした」と言っている。

さらに共通した供述として、「村井に指示された」がある。どの事件でも、核心部分に村井が登場し、まさに「死人に口なし」といった様相を呈しているのだ。

岡崎は公安のスパイか

もう一つ重要な点は、教団幹部たちの間に岡崎に対する不信感が強かったことだろう。それはとりも直さず、彼の人間性に問題があったからである。

岡崎は山口県宇部市出身。教団の出版物によると、高校卒業後、東京で営業マンとして働いている時、ヨガを通じて、オウム真理教の前身『オウム神仙の会』に入会した。教団創設以来、麻原と行動を共にしてきた最古参信者の一人である。

入信後は積極的に独房修行など過酷な修行を積み、八七年七月に解脱したとされる。岡崎は当時、教団で最高の地位だった〝大師〟の称号を与えられ、信者から「マハー・アングリマーラ大師」と呼ばれていた。

教団出版物に度々登場し、修行体験などを説明しており、麻原は「男性にありがちな権力欲のため、私とよくぶつかったが、ものすごく強い意志を持っていた。グルに対する信がなくても、意志さえ強ければ、修行だけで成就できる好例」と〝変わった評価〟をしている。裏を返せば、本人が「尊師と路線をめぐって頻繁に対立し、よく独房に入れられていた」と言うだけあって、かなり自己顕示欲が強く、強引な男だったようだ。

岡崎は九〇年二月の総選挙に、真理党の一員として、麻原らと一緒に立候補したが、選挙結果が出る前に突如として、教団から姿を消した。しかも、当時入籍していた女性信者と二人で、教団から選挙資金二億二千万円を持ち逃げしていたのだ。

この持ち逃げ事件では当初、麻原自身が一一〇番通報し、警察にも被害届を出しているが、わずか四時間後には、麻原が直接、「私の勘違いでした」と被害届を取り下げる騒動になった。この時、教団側は警察当局に対し、

「あのカネは、岡崎ら二人が富士山総本部から東京・杉並区のマンションに運び込んだものですが、そこに金庫がなかったため、彼が気を利かして別の場所に運んでいました。それを知らない女性幹部が騒ぎ出し、一一〇番通報となってしまったわけです。全くの勘違いで大変ご迷惑をかけ、申し訳ありません」

と釈明している。

だが、本当は、岡崎はカネをダンボール箱に詰め、宅配便で山口県の実家に送り、それに気づいた教団側が実家に先回りし、カネを取り戻していたのである。

教団側はカネを回収後も、彼の実家や立ち回り先に張り込むなど、かなり執拗に行方を探し、見つけ次第連れ戻す姿勢を見せたが、岡崎は実家には戻らず、名前を変えて身を隠したため、居所が分からなかった。

ところが、オウム教団は何と、岡崎が脱走した後の九〇年三月に、彼の銀行口座に八百三十万円を振り込んでいた。岡崎と教団の間に、何があったのか。

岡崎が脱走した直後の二月十九日、坂本事件の捜査本部長を務める神奈川県警刑事部長宛に、匿名の投書が舞い込んだ。

封筒の中には、《長野県大町市の山林に、坂本弁護士の長男が眠っている……》という趣旨の文書と、×印が付いた大町市の地図、インスタントカメラで撮影された現場付近の写真が添えられていた。

この投書と前後して、坂本の同僚弁護士らが中心となって結成した「坂本弁護士と家族をさがす会」にも、計三通の手紙が送られている。

手紙はいずれも、五枚程度の便箋(びんせん)に、幼稚な筆跡で、

《龍彦ちゃんが眠っている。誰かが起こして、龍彦ちゃんを煙にしようとしている。

早く助けてあげないと！　二月十七日の夜、煙にされてしまうかも。早く、お願い、助けて……》（二通目）

などと書かれてあり、三通とも大町市近郊、松本市東方の美ケ原、野沢温泉村の各山中に×印が付いた地図と、×印地点を拡大したような手書きの地図、さらにはインスタントカメラで撮影した現場写真が同封されていた。

一通目が二月十六日付の新潟県上越市、二、三通目は二十三日付の長野市の消印が押されており、差出人の名前や住所はなかった。

神奈川県警は二月二十一日と五月二十一日、長野県警の応援を得て、大町市周辺を大々的に捜索。「さがす会」も地元住民の協力を得て、二月二十日と五月二十日に美ケ原、五月二十七日には野沢温泉一帯を捜索したが、何の痕跡も発見できなかった。

この投書の主が岡崎だったのである。

神奈川県警は岡崎を脱会直後から徹底的にマークし、彼が各地を転々とした揚げ句、郷里の宇部市で名前を変え、小、中学生相手の学習塾を経営していることを把握していた。

県警は八百三十万円の〝謎の入金〟を突き止めたうえで、九〇年九月、岡崎から数日間にわたり、連日十時間近くも事情聴取している。

その時は、主に坂本一家の失踪と教団の関係を追及したのだが、岡崎は、「私は当時、修行方法をめぐって尊師と衝突し、八九年十月三十一日から十日間、独房に入っていたので、全く分からない」などと全面否認している。

また、現金についても、「脱会直後に教団に電話したら、退職金をくれるというので、振り込んで貰っただけである」とうそぶいていたという。

県警は、その送金が坂本事件についての〝口止め料〟だったと見て、厳しく追及した。さらに二億二千万円の持ち逃げについても、教団側が坂本事件の発覚を恐れ、表面化させないと踏んでの犯行と見て、自供を迫ったが、岡崎は否認を貫き、何も解明できなかった。

しかし、この時行ったポリグラフで、非常に興味深い結果が出ている。

当時の捜査関係者は、こう明かす。

「岡崎は全く落ちる気配がないので、試しにポリをかけて見たんだ。坂本事件解明のため勝負したのだが、坂本一家や教団幹部たちの名前や教団施設などには、ほとんど反応しない。こりゃ駄目かなと思っていたら、何と、暴力団という言葉に激しく反応してね」

追及の矛先は暴力団に向けられ、かなり突っ込んだ訊問が出たり、問題が核心部分に触れると、岡崎は次第に目を逸らすようになった。

その時はほかに追及する材料がなかったため、岡崎はホッとした様子で引き上げた。

県警は九四年十月にも岡崎に接触を試みているが、この時は拒否されたという。

ところが、九五年三月の事情聴取で、五年前に県警などに郵送されてきた死体遺棄地図付きの手紙と岡崎の筆跡が酷似していることを追及したところ、「自分が手紙を書いて投函しました」と認めたというのだ。

岡崎の供述によると、彼は龍彦の〝埋葬場所〟を記した地図を「さがす会」などに郵送後、麻原に電話をかけ、次はもっと詳しい地図を送りつけるとほのめかし、一千万円を要求した。麻原は「そんなにカネが欲しいのか」などと言いながら、彼の教団への借金分を差し引いた残額を口座に振り込んだという。

この手紙が送られてきた当初、県警は捜査の攪乱か、悪質ないたずらと見ていたが、実は岡崎による教団恐喝事件だったのである。岡崎はこの時、

「坂本弁護士一家殺害はオウム教団の仕業だ。自分も死体処理には関係していたが、詳しくは知らない。死体も後に、教団がどこかに移したと聞いている」

などと供述している。

それにもかかわらず、岡崎が逮捕されなかったのは、地下鉄サリン事件が発生し、任意の事情聴取が中断してしまったからだというのが県警の説明だが、首を傾げざるを得ない。

現に、四月五日に再開された事情聴取でも、岡崎は「自分は捕まりたくない」と頑な態度を崩さず、五月二十日には何とか、「自首調書」と呼ばれる上申書が作成されたが、それでも彼は逮捕されなかったのだ。県警は九五年五月下旬から三か月以上にわたり、横浜市内の宿泊施設で岡崎を〝保護〟し、結局、坂本事件で彼を逮捕したのは、坂本一家の遺体が発見された九月六日になってからである。

この〝保護〟が、八人の刑事による二十四時間監視付きであることは言うまでもないが、岡崎は供述する代償として、①自分の身の安全を保証する。②自分が所有している財産については一切、調べない。③新たに入籍した女性に密入国の犯歴があるが、その出入国に便宜を図る——という三条件を突きつけた、とも言われている。

県警もさすがに、そんな厚かましい要求は認めなかったが、その代わり、岡崎は行動の自由をかなり認められていたようで、高額の報酬を貰い、一部マスコミに犯行内容の一部を明かすなど、やりたい放題をしていた感がある。

そんな男の供述が果して、どこまで信用できるのだろうか。

事実、その後の調べで、岡崎が坂本一家の死体遺棄現場をビデオカメラで撮影し、録画していたことが判明し、単に生命を狙われないための〝保険〟ではなく、新たな恐喝のネタにしようとしていた疑いが出ている。

また、岡崎は宇部市内で「タントラ・ヨーガの会」と称するセックス教団を設立、一緒に逃げた女性信者とさっさと離婚し、身柄を拘束される直前には、上海近郊に住む中国人女性と結婚。彼女に一千万円以上のカネを預け、何度も訪中しては福建省にアパートを購入するなど、国外逃亡を企てていた可能性も捨て切れなかったのだ。

県警はなぜ、岡崎を自首扱いとし、裁判で減刑に繋がる道を残したのか。確かに彼の上申書は坂本事件解決の糸口になったが、その中身は前述したように、自分に都合のいいように変えられているし、県警が甘やかし過ぎた感は否めまい。

岡崎を調べたことがある捜査員は、こう打ち明ける。

「岡崎は話を聞く度に言うことが違うなど、供述に一貫性がないので、うっかり信用すると大変なことになる。特に教団や麻原に対して相当な敵意を抱いており、細部をチェックしながらでないと、調書さえ取れなかった。ただ、供述はいつも本筋近くをかすっており、全面自供すれば面白い存在だったので、つい〝優遇〟してしまったんだ」

これでは、「岡崎＝公安スパイ」説が囁かれたのも無理はないし、岡崎が公安当局と取引したと、早川らが思い込んだのも当然だろう。

この岡崎については、警視庁が九一年、坂本事件で調べかけたことがある。その時は、神奈川県警が横やりを入れ、岡崎が既に教団内部の情報を提供する「協力者」であったことを理由に、警察庁の仲介で神奈川県警が捜査を行うことになった。

こうした警視庁対神奈川県警のライバル意識と縄張り根性から来る対立をはじめ、刑事対公安、公安当局内の派閥闘争といった警察内部の権力闘争が災いし、それぞれが都合のいい〝いい加減なリーク〟を流したこと、さらにはそれを真に受けたマスコミが、過剰報道に走ったことも、捜査を混乱させた大きな原因と言っていいだろう。

現に、警視庁の刑事が「将来、坂本事件で合同捜査本部が設置された場合、主導権を握りたい神奈川は、あることないことを盛んにリークし、捜査の進展ぶりをアピールしているんだ。初動捜査の遅れを取り戻したいんだろうが、やり方が酷いね」と言えば、神奈川県警の幹部は「警視庁は完全黙秘の麻原を落とすため、マスコミにわざと書かせた紙面を示し、動揺を誘っているに過ぎない。自分たちが利益を得るためなら、ほかの捜査はどうなってもいいのか」と応酬するほど、ヒートアップしていた。

東京地裁は九八年十月二十三日、岡崎に対して死刑判決を言い渡した。

その判決理由で、捜査段階での供述を自首と認定しながら、「教団から殺されるのを恐れた自己保身が理由だった」と判断し、刑の軽減が認められなかったのは、何とも皮肉であろう。

致命的な初動捜査のミス

坂本事件についてはほかにも、検証しておかなければならないことがある。

まずは何と言っても、神奈川県警による初動捜査の遅れである。

この事件の捜査は、最初からボタンのかけ違いの連続だった、と言っていいだろう。

県警が事件を認知したのは、事件から三日後の十一月七日だった。

几帳面（きちょうめん）な坂本が無断で欠勤し、予定していた弁護団会議も欠席したため、不審を抱いた同僚弁護士が、坂本の母さちよと連絡を取り合い、坂本宅に一家三人がいないことを確認したうえで、神奈川県警磯子署に捜索願を提出。磯子署員はその夜、坂本宅を現場検証している。

県警の現場検証や同僚弁護士らの調査によると、坂本宅は台所の窓が少し開いていたものの、ドアや窓にこじ開けたりした形跡はなく、一家の履物もすべて揃っていた。

なお、玄関ドアの鍵については、六日夜に電話に応答がないのを不審に思い、様子を見にきて一泊した坂本の父、良雄が県警の事情聴取に対し、「いつも通り合鍵を使ってガチャガチャと回して開けたので、鍵はかかっていたと思う」と証言している。

室内には、特に争ったような跡はなかったが、居間に敷いてあったカーペットが寝室側の隅で少し浮いたようにゆがみ、ピンが三個外れていた。また、テレビ台が四十センチほど前に迫り出しており、上に乗せていた置き時計が下に落ちていたし、その裏側には坂本のカーキ色のズボンなどが丸めて放り込まれていた。

寝室では、襖を隔ててテレビ台の真後ろにあるドレッサーが動き、襖や敷居に新たな傷を作っていた。さらに、夫妻が使うセミダブル寝具一式や龍彦用のベビー布団一組をはじめ、坂本のグレーのパジャマ上下、都子のセーターとジーパンがなくなっていた。

寝室の窓の下の壁や畳に小さな血痕が発見され、鑑定の結果、坂本と同じO型だったが、良雄が「前にも見たことがある」と証言したこともあり、事件との関連性は薄いと見なされた。

このほか、坂本のメガネや定期券、弁護士手帳が置いたままで、二人の財布にも現金が入っていた。また、炊飯器は保温のスイッチが入り、台所の流しには食器が洗わずに山積みになっているなど、まるで一家が〝神隠し〟にあったような状態だった。

ところで、磯子署はこの時、なぜか、「プルシャ」と呼ばれるオウム教団のバッジが落ちていることに気づかなかった。このバッジは翌八日、さちよが雨戸を開けた際、寝室の隅の畳のへりに落ちているのを発見している。

県警は磯子署に捜査本部を設置し、百二十人体制で捜査を始めた。が、捜査は当初、必ずしもしっくりいっていなかったようである。

その原因として、事件発生当時の神奈川県警が最悪の状態にあったことが上げられるだろう。

県警は日本共産党国際部長宅盗聴事件の責任を取って、県警本部長が警察庁警備局長とともに辞任するなど、幹部が総入替えになったばかりであった。警察庁警備局長は、日本の公安警察の〝総元締め〟であり、しかも、そのホープと見られた元神奈川県警公安一課長が責任を取る形で自殺していたのだ。

坂本は共産党員ではなかったが、彼の法律事務所は共産党系であり、人権派弁護士が揃っていたこともあって、警察当局にすれば、一種の〝敵対関係〟にあった。

実際、捜査関係者の間には、「日常は捜査にクレームを付けることが多いくせに、こういう時だけ助けてくれなんて虫のいいこと言うな」との声があったことは否めない。

「坂本弁護士は過激派のセクトに所属していたため、内ゲバに巻き込まれた」とか、「弁護士として預かり金に手を付け、数千万円の借金がある」といった悪質なデマも流れた。

県警は当初、個人的なトラブルではないかと見ていたフシがある。坂本が弁護士として扱って来た事件は計七十六件あったが、医療過誤や不当解雇問題など複雑な背景を抱えたものばかりであったことも、捜査が手間取った一因だろう。それでも、関係者への聞き込み捜査などの結果、坂本と激しく対立し、一家を拉致するほどの動機、背景を持つ相手はオウム真理教しか残らなかったのだ。

坂本が初めて早川ら教団幹部に会ったのは八九年八月三日のことであった。

坂本は出家信者の保護者と一緒に富士山総本部を訪ね、教団側に「子供と会わせて欲しい」と申し入れた。応対したのは早川ら四人で、早川は「それはできない」と断っている。

因みに、坂本がオウム関連の相談を受けるようになったのは同年五月、入信した子供を取り戻したいという親の訴えからであった。その後、麻原の血を飲むイニシエーションに百万円払った元信者から、カネを取り戻したいとの相談を受け、十月二十一日には、坂本が中心になって、「オウム真理教被害者の会」が結成されている。

二度目は十月三十一日夜。早川と青山、上祐の三人が法律事務所を訪れ、一時間以上激論を交わしている。この会談は前日、青山が電話をかけてきて、

「未成年者の出家や血のイニシエーションについて、科学的なデータなどを示して、是非とも説明したい。何とか会って欲しい」

と強く要望したため、急遽決まったことだった。

オウムは、麻原のＤＮＡは通常の人とは異なる特殊構造を持っており、このＤＮＡを培養した液体を飲むことによって、信者たちのステージが格段に上がるとＰＲしていた。しかも、京大が研究した結果、その効力が立証されたとの触れ込みであった。

その日の会談には本来、青山が一人で来ることになっていたが、「青山一人では科学的な説明が十分できない」と称して、早川と上祐が付いて来た。

この時の様子は、関係者全員から事情聴取した捜査報告書を見るとよく分かるので、少々長いが紹介しよう。

《坂本と青山ら三人がいったん、応接室に入ったが、十分もしないうちに、早川と上祐は「一対一の約束だったはず」と外に出された。応接室の天井部分が開いていて会話が漏れ聞こえるため、二人は必死に聞き耳を立てていた。中からは「これじゃ証明にならない」とか「統計上の話だ」との声が聞こえていた。同僚弁護士が途中二回、

室内に入ったり、事務員が事務所が入っているビルが閉まる午後九時半前に声を掛けた時は、双方とも興奮して顔が真っ赤だった》
《帰り際に、上祐が「僕も親元に帰らなきゃならないんですか」と呼び止めると、坂本は「そうだ。君も帰りなさい」と一語一語嚙みしめるように言った。すると上祐が「子供にも信教の自由はある」と食い下がり、坂本は「いや、人を不幸にする自由は許されない」と答え、にらみ合いになった。そのうち上祐が目線を外し、しばらく何かブツブツ言っていたが、早川が「もういい」との素振りで促し、出ていった。同僚弁護士がたまたま、引き上げる三人の姿を駅のホームで目撃したが、早川だけがベンチに座り、二人は直立し、何か注意を受けている様子だった》
《翌日、坂本は「科学的データではなく、ただの体験談しか持ってこなかった。ふざけている」と怒っていた。「その場で『血のイニシエーションで訴訟を起こす』と宣言したら、『信者を無理に連れ帰ったら、子供の方から親に法的措置を取る』と恫喝された」とも話しており、話し合いは平行線で、全面対決の姿勢だった。青山の「場所を変えて話をしよう」との提案を拒否した坂本は「なぜ、早川は来たんだろう。場所を変えて話し合えば何をされるか分からないし、怖いから断った」と話していた。
その一方で、坂本らは京大に問い合わせて、血のイニシエーションの科学的根拠が嘘

だと見破り、御布施のカネを取り戻す訴訟を準備していた》
この捜査報告書には、坂本一家が拉致される前日やその後の様子も記されている。
《事件前日の昼、坂本は意気揚々と事務所に現れ、「オウムの決定的な弱点を摑んだ」とか、「オウムの嘘を暴いた。これで裁判ができるぞ。これをきっかけに弁護団も広げられる」と喜んでいた。一方で、事件の約一か月前、木村晋介弁護士のラジオ番組に出演して以来、放送局などに教団の執拗な抗議行動が始まったこともあって、被害弁護団のメンバーに「身辺に気をつけろ。鍵の一つも増やした方がいい」と電話していた。実際、事件直後に、木村弁護士宅のドアチェーンが引きちぎられる事件が起きている》
《八日に再び、青山が事務所に訪ねて来た。同僚弁護士が応対し、「プルシャを持っている信者は何人いるか」と質問した後、坂本一家の失踪を伝えた。青山は非常に驚いた様子で、その場で「バッジはそんなに数は出ていないはず」と語り、調査を約束した。嘘をついているようには見えなかったが、教団に戻ると約束を破り、「事件はオウムを陥れる陰謀だ」と言い出した。翌九日、同僚弁護士二人が東京の教団事務所に行くと、上祐は「創価学会の陰謀ではないか」と言うし、青山は「統一教会は調べたか」などと言う始末で、新実に至っては「弁護士には捜査権限はないんでしょ」と

せせら笑っており、結局、調査協力は拒否された》

事件が公表された十五日、上祐らが会見し、「早川は信者修行の指導のため、一か月間は富士山総本部を出られない」としながらも、全面的な捜査協力を約束した。が、麻原ら教団幹部は二十一日、西ドイツに向けて密かに出国。早川だけはインドを経て合流したことが分かった。

真相解明のチャンスを逃がす

こうしたオウムの不審な行動に対し、県警の追及が不十分だったことは否めまい。県警は失踪から十一日後の十五日になって、ようやく公開捜査に踏み切ったが、刑事部長は「部屋の状況から見て、犯罪が推察されるものではない」との認識であった。初動捜査を主に警備部が担当したことも裏目に出た。

麻原らの出国情報を摑んでいなかった県警は、彼らの帰国を待って、十二月四日、都内の信者宅で初めて麻原に対する事情聴取を行っている。

県警はこの時、専(もっぱ)らプルシャについて追及した。麻原は「以前、坂本弁護士に預けていた二個のうちの一個である」と答えたが、これは明らかな偽装工作だった。坂本は確かに、元女性信者の母親からプルシャ一個を預かっていたが、それは事務所に保管されていた。そこで、教団側は元女性信者に「二個預けたことにしておけ」と指示し、口裏を合わせていたのである。

県警は追及する材料がないとして、麻原の主張を認めざるを得なかった。しかも、麻原や、青山、上祐らに対する事情聴取は各一回だけで、それも極めて短時間だった。

当時の県警幹部は、こう明かす。

「オウムに関する情報が乏しく、恐ろしい団体との認識が薄かったうえ、宗教法人ゆえに手が出しにくかったことも事実だ。警察が宗教団体を調べていることが分かれば、『信教の自由が侵される』とか『宗教弾圧だ』との非難を浴びただろう。盗聴事件後だけに、上層部に問題を回避するムードがあったし、特に公安当局の人間を表に出せなかった」

また、別の捜査関係者も、こう言う。

「当時のオウムは狂気を持つ詐欺集団との認識であっても、まさか宗教団体が人まで殺しているとは思っていなかった。あの時点で、プルシャが残されていたことを理由に家宅捜索すればよかったんだ」

捜査をミスしたのは、何も神奈川県警ばかりではなかった。教団「建設省」ナンバー2、満生均史の供述を取り損ねた熊本県警の失態も痛かった。

九〇年十月の国土利用計画法違反事件で、熊本県警に公正証書原本等不実記載容疑で逮捕された満生は、実は、坂本事件への教団の関与を示唆する供述を始めていたのだ。

満生は早川の側近として、地上げなどに活躍したほか、教団有数の情報通と言われただけに、捜査員は色めきたった。満生は調べに対し、

「これ以上聴きたければ、グルの許可を取ってくれ。そうじゃないと、話せない」

と答え、自供寸前まで追い込まれていた。

ところが、当時、熊本県警の巡査部長だったオウム信者の高山勇三が「満生が落ちそうだ」と教団に通報。これを聞いた麻原の指示で、多数の信者たちが一宮署の留置場前に押しかけ、「地獄に落ちるぞ」などと連呼した。

このため、満生は再び黙秘を始め、その夜留置場内で自殺を図ったのである。

この時、満生はいったい、何をしゃべろうとしていたのか。

「彼は『坂本事件の実行犯は七人いて、教団幹部が関わっていることはもちろんだが、その中に信者ではない者が入っている、と聞いている』と供述したそうです。でも、心が揺れ動くのか、盛んに『これ以上しゃべったら、尊師の身に危険が及ぶんだ』と言っていました」

そう明かすのは、熊本県警幹部。

ここで気になるのは、満生が「自供すると、自分や家族ではなく、麻原の身に危険が及ぶ」と心配している点だ。

まさか教団関係者が教祖の命を狙う訳はないから、そうなると誰が、ということになる。

それに、満生が漏らした「教団幹部でない者」と「教祖の命を狙う者」は、果して、同一人物なのであろうか。

いずれにせよ、満生がこの時全面自供していれば、その後の事態は大きく変わっていただけに、身内のスパイを見破れなかった熊本県警のミスは、悔んでも悔み切れない。

もう一つの失態は、TBS（東京放送）が坂本にインタビューしたビデオテープを本人に何の断わりもなく、オウムの幹部に見せたことである。このTBS問題は坂本の殺害に繋がったと見られるだけに重大、かつ深刻なのだが、TBS幹部は後に、検察庁から指摘されても、その事実をなかなか認めようとしなかった。

ここでは詳述しないが、事件のきっかけを作ったという意味で、捜査ミス以上に罪は重い。

さて、ここで、元教団古参幹部の衝撃的な証言が飛び出してきた。

この元幹部は麻原と対立して脱会後、関西などを転々とし、教団から逃げ回っていた人物だ。捜査当局は以前からマークしており、彼も常々、「麻原が逮捕されたら、すべてをお話しします」と答えていた。

その元幹部の証言は、こうだ。

「麻原は早川のペースに乗せられ、暴力団に食い込まれてしまった。連中はカネに群がり、教団を骨の髄までしゃぶり尽くしたんだ。坂本事件も、村井が殺されたのも皆そうだ。麻原はついに病気と、警察と、暴力団に対する恐怖や焦燥感からおかしくなってしまったんだ」

どうやら、坂本事件の真相が見えてきたようである。

ただ、そのことを論ずる前に、坂本弁護士事件をめぐる根本的な疑問、矛盾点を指摘しておかなければなるまい。

第三章 核心

誰も物音を聞いていない？

坂本事件の第一の疑問は、犯行計画があまりにも杜撰な点である。

冒頭陳述によれば、実行犯の六人は事件の二日前の夜、麻原に突然呼びつけられ、坂本殺害を命じられたという。

六人は翌日、手袋や地図など犯行に必要と思われる物を購入しながら坂本宅付近に赴いたが、事前に下見した者もいなければ、途中で犯行計画を練った形跡もない。

それどころか、九六年九月の岡崎の法廷証言によれば、早川と新実以外の幹部は坂本の顔さえ知らず、車内で村井が「いいものがあるんです」と言って差し出した小冊子を回し読みして、坂本の特徴を覚えたという。当然、メンバーから「間違えたら、大変だな」という声が上がり、「相手に『今晩は。坂本さんですか』と声をかけて、身元を確認しなければならない」といった〝笑い話〟のような問答が起きたほどだ。

確かに、麻原の言葉を疑わない実行犯たちは、帰宅途中の坂本を車に連れ込み、中川が塩化カリウムを注射すればいいと、安易に考えていたのかも知れない。

村井や新実のような狂信者や、端本のような武道家はともかく、早川や岡崎は現実主義者だし、中川は二か月前に勤め先の病院を辞め、出家したばかり。九五年以降のオウムならともかく、八九年段階の、こんな頼りないメンバーでは、成人男性を拉致・殺害するのは、いささか難しいような気もする。

その杜撰さを示す端的な例が、犯行当日が祝日（文化の日）に当たっていたうえ、ちょうど金曜日と重なり、大半の企業が五日の日曜日まで三連休だったことであろう。

このことは当然、テレビや新聞でも取り上げられており、教団幹部たちがいくら浮世離れした生活を送っていたとしても、全く知らなかったとは思えないし、途中で気がつくはずである。人間一人を拉致・殺害しようというのだから、なおさら相手の動向には気を止めなければならないはずだが、そうした動きは全く見えない。

現に、坂本一家はこの日から揃って、四国旅行に行くはずだった。たまたま、坂本と龍彦が風邪気味だったため、旅行は直前になってキャンセルされた。

このため、坂本一家は午前十一時ごろ、ＪＲ港南台駅前のスーパーに出掛け、石油ファンヒーターと電子ジャーを買った後、近くのレストランで食事し、午後二時半ごろ、タクシーで帰宅している。

この時、スーパーで購入した商品を六日後、自宅に配達してもらうように手続きをしているから、神奈川県警がきちんと聞き込み捜査していれば、坂本一家が失踪したのではないことはすぐに分かったはずだ。

午後四時過ぎ、同じアパートの主婦が自宅前で都子と龍彦を見かけて声をかけ、都子は「うちの主人は今、寝ているわ」と答えている。午後六時ごろには、同じアパートに住む別の主婦が子供を連れて食事を誘いに来たが、都子は「今日は主人がいるから」と断った。

午後七時過ぎ、都子は山梨県の親類に、リンゴを送ってもらったお礼の電話をかけており、午後九時過ぎには、坂本宅で浴室を使う水音を階下の住人が聞いているが、それ以降は、坂本一家の存在を確認した人はいない。

坂本は当時、労働事件などで多忙を極めており、休日返上で働くことも珍しくなかった。仮に、実行犯がそのことや、四国旅行を直前になってキャンセルしたことも知っていて、三日は仕事をすると判断したとしても、夕方から監視に入ったり、本人の所在をハッキリと確かめずに犯行に及んでいるのは、いかにも不自然である。

少なくとも当日朝から標的の動向を監視し、どこにいるかぐらいは摑んでおかなければ、とても拉致とか殺害はできないはずだ。

もし、日程に余裕があるなら、確実に外出する平日を選べばいいし、実際、坂本は毎日、街灯も人通りも少ない道路を帰宅しており、チャンスはいくらでもあった。

それに誰がドアを開けるのかとか、どの順番で襲いかかるのか、といった役割分担がハッキリしていたとも思えない。そんなメンバーに果して、人を殺すことができるのかという素朴な疑問が出てくる。

これらの点から言えるのは、教祖から言われて、とにかく現場まで来たが、たまたま一家が在宅していて、鍵も開いていたという、全くの偶然が重なった奇跡的な場合と、実行犯は坂本一家の在宅やドアが開いているのを知っていて、最初から自宅に押し入るつもりだった場合しか考えられない。

次に、現場付近における見張りについてだが、実行犯たちの供述によれば、岡崎ら四人は坂本宅付近の路上に長時間駐車していたことになっている。だが、坂本宅付近の道路は幅が狭く、一方通行が多いうえ、生活道路に使われており、意外と交通量が多い。

しかも、祝日とは言え、夕方四時から夜の九時という車の交通量が多い時間帯に、大の男が四人も乗った大型の四輪駆動車がずっと停まっていれば、かなり目立つはずだし、通行妨害をめぐるトラブルさえ起きるだろう。だが、近くに駐車していた京都ナンバーのワゴン車を目撃した人は多かったのに、問題の四輪駆動車に関する目撃情報は皆無なのだ。

続いて、事件現場の状況であるが、坂本宅はJR洋光台駅から徒歩十分の住宅街の一角に建つ二階建てプレハブアパートの二階で、六畳の居間と寝室、四畳半の書斎、キッチンの三Kタイプ。一、二階に同じ構造の各二世帯ずつが入ったアパートが計三棟、並ぶように建っている。

左の写真をご覧頂きたい。

アパートの階段はいくら注意深く昇っても、ギシギシと音を立てる。ドアは幅八〇センチ、高さ二メートルしかなく、階段からドアまでの二・七メートルの通路は、成人男性が三、四人も立つと身動きが取れなくなる。

しかも、通路と階段部分は道路に面しており、近くに自動点灯の街灯が立っていて、かなり明るいうえ、高さ一メートル前後の手すりがあるだけで、外からは丸見えと言っていい。そんな中でとても、多人数が潜んでいることは難しい。

実行犯の供述では「一家の死体を布団に包んで運んだ」となっているが、部屋もド

坂本弁護士一家が住んでいたアパート

アも狭過ぎて、小太りの坂本をセミダブルの布団で包んで運び出すのは、至難の業である。後日、同僚弁護士たちがモデルになって実験してみたが、布団まきの人体は重くて数人がかりでなければ運べないし、壁や家具に何度もぶつけて、大きな音を立てたり、階段を降りる時もドシドシと音がしたという。

三人も殺害し、しかも、かなり争ったとなれば、一刻も早く逃げようとするのが犯罪者心理であろう。血の付いた布団を運び出さなければならなかったという事情を考慮しても、死体を一人ずつ担ぎ上げて車に運び、布団だけ別に運搬した方がずっと効率がいい。

さらに、実行犯の供述に「夫人が子供を

守ろうとして、激しく抵抗した」というくだりがあるが、もし、室内でもみ合ったら、もっと室内は荒れているはずだし、大きな音がして、同じアパートの住人が気づかない訳はない。

プレハブのアパートに暮らした経験者はよくご存じだと思うが、ドアの開閉や子供が部屋の中を走り回る音でさえ、うるさく感じるものである。まして夜中の三時に、狭い部屋に大人が被害者を含めて八人も集まり、早川に至っては坂本に蹴飛ばされ、鏡台にぶつかり、襖が外れる騒ぎまで起こしているのだ。

特に、階下に住む主婦は当時、三か月の赤ん坊がいて、「あの日はウトウトしただけで、午前三時ごろには起きてミルクを与えていたが、何の物音も聞こえなかった」と証言している。

アパートの場合、隣より階下の住人の方が音や振動に敏感なものだが、普段から階段の昇降音や赤ん坊の泣き声はよく聞こえると話している主婦たちが、誰も物音一つ聞いていないのだ。住人が口裏を合わせてでもいれば別だが、何とも不可解である。

鍵はなぜ開いていたのか

次は、この事件で最大の謎とされる坂本宅玄関ドアの鍵について検証してみよう。

坂本宅が無施錠であることを発見したのは、岡崎だった。

岡崎の法廷証言によると、午後九時過ぎになっても坂本が帰宅しないため、岡崎が歩いて玄関まで行き、部屋の様子を窺った。最初はドアスコープを覗（のぞ）くと、室内から明かりが漏れていたし、ドアポストを指でゆっくりと開けて確認したところ、生活音がして、人の気配も感じた。右手でドアノブを回すと、約一・五センチ開いたため、そのままにして車に戻ったという。

このことを早川を通じて麻原に報告し、午前三時の襲撃となるのだが、午前零時過ぎにもう一度確認に行くと、やはりドアが開いていたという。

この鍵についてはどの公判を見ても、「玄関ドアの鍵は施錠されていなかった」というだけでハッキリせず、実行犯たちからも「本当に鍵が開いていた。よく開いていたものだと驚いた」といった証言が出てくるだけであった。

ただ、そう言う以上、実行犯たちが鍵をこじ開けたのではないのだろう。

現場検証の結果、ドアの鍵穴にこじ開けた跡はなく、ほかの場所から侵入した形跡もなかった。さらに、五個の合鍵の所在も確認された以上、ドアは開いていたか、犯人がドアを開けてもらって入ったと考えるしかない。

鍵が開いていたとすれば、考えられるケースは①坂本夫妻がうっかりと鍵を掛け忘れた。②鍵を開けるための別動隊がいて、何らかの方法で犯行前に開けておいた。③実行犯の供述そのものが嘘である——の三つであろう。

①は坂本が身の危険を感じて、日ごろから都子に施錠だけは忘れないように注意していたし、同僚にわざわざ電話して、「鍵をしっかりとかけた方がいい」と言っていたことや、都子の几帳面な性格からしても、まず考えられない。が、捜査当局の主張通り、龍彦に添い寝してうたた寝する可能性もゼロとは言えない。

ただ、当時は確かに、几帳面できれい好きな都子が流し台に洗い物をそのままにしていたことから、うたた寝の可能性を指摘されたが、同じ冒陳で、都子がネグリジェ姿で絞殺されたことが明らかになり、うたた寝説は消えた。

百歩譲って、仮に坂本がついうっかり、鍵をかけ忘れて就寝したとしよう。そうると、実行犯グループは、坂本一家がたまたま風邪のために旅行を中止して在宅し、たまたま鍵をかけ忘れて寝た日に襲撃したことになる。

しかも、岡崎がたまたま、その事実を発見したのだから、計画性云々のレベルではなく、三重の偶然が重なった〝奇跡的な犯行〟としか言いようがあるまい。

実行犯は、坂本一家が旅行に出掛けていたとしたら、何日も坂本宅の前で待機するつもりだったのか。もし、ドアが施錠してあったら、ドアや窓を叩き割って侵入したのであろうか。そうなると、周囲に気づかれずに犯行に及ぶことは不可能だが、どうするつもりだったのか。

実行犯たちはそういうことを全く考えずに、犯行に臨んだとしか思えない。

さらに、岡崎から無施錠の報告を聞いた早川と麻原はなぜ、坂本の在宅を確信したのか、という点が疑問である。

普通は無施錠と聞けば、家族は在宅していても坂本は帰宅していないとか、外出時にかけ忘れたと考えるはずである。仮に午後九時段階では鍵が開いていたとしても、その後で施錠されてしまう可能性は高い。

実際、早川は、

「やるなら今だと言ったら、麻原に『三時を待って侵入しろ』と言われた。鍵がかかっていたらどうしたらいいかを尋ねると、麻原は『大丈夫だ。玄関のドアは開いている』と答えた」

と供述している。さらに、

「そんな馬鹿なことはないだろう。どうせ、夜遅くなれば鍵がかかっているから、今夜は中止だとタカをくくって、村井とともに手袋を付けずに行った」

とも供述しており、こちらの供述内容の方がよほど自然であり、説得力がある。

その点については、岡崎も初期の段階では、こう証言している。

「犯行にかかわりたくなかったから、自宅近くまで下見に行ったものの、何もせずに帰り、何食わぬ顔で『ドアの鍵はかかっていた』と早川に報告した。早川が麻原にそう言うと、麻原は『午前三時には鍵は開いている』と答えた」

もっとも、これらの興味深い供述は、捜査の後半から全く姿を消し、真相はうやむやになってしまった。

そうなると、浮かんで来るのが②である。

捜査当局に一時、「林泰男がかつて都内の錠前店に勤め、解錠技術を学んでいた」との情報が寄せられたことがある。林が関与したとされる新宿駅青酸ガス事件で、トイレの用具入れの鍵が開けられていたことに加え、坂本事件の準備段階で顔を出していることから疑いが持たれたが、私の取材でも、捜査結果でも、解錠技術を習得したという事実は出て来なかった。

捜査当局は、都子が鍵を掛け忘れたとの見方を採っているが、そこで引っ掛かるのは、岡崎が「犯行後、部屋の鍵をかけずに出た」と供述したのに対し、坂本の父親が事件後最初に自宅を訪ねた際、「鍵は掛かっていたと思う」と証言していることだ。もし、これが事実だとすれば、誰が鍵を閉めたのだろうか。

③は複数の実行犯が「鍵が開いていたので、ビックリした」と供述しているうえ、嘘をつく理由があるとすれば、②の別働隊の存在を隠す以外には考えられないので除外しよう。

次に犯行時刻だが、捜査当局は四日午前三時から三時半までの三十分間と断定している。侵入時に、実行犯の一人が車の時計を見て覚えていたし、殺害後、部屋から遠くを通る救急車のサイレンを聞いており、調べたところ、四日午前三時二十五分ごろ、港南区で交通事故があり、けが人が磯子区内の病院に搬送されていたことが確認されたからだ。

だが、その根拠はうろ覚えの記憶に基づく供述だけであり、実際の犯行はもっと早い三日夜の可能性もある。

まず、台所の流しに夕食に使った食器などが洗わずに置いてあり、都子の几帳面な性格からはとても考えられない点が挙げられる。都子が毎日、必ずつけているという家計簿が三日の分から空白になっていたし、居間には読みかけの本が放置されていた。

さらに重要なのは、夫妻が大切にしていた来客用の五個の湯飲み茶碗(ぢゃわん)のうち、三つがなくなっていたことである。

また、母親のさちよが七日に坂本宅を訪ねた際、玄関のたたきには夫婦の外出用の靴、ジョギングシューズ、サンダルがそれぞれ二足ずつと、龍彦の靴二足の計八足がきちんと揃えて置いてあった。玄関のたたきは約六十センチ四方と狭く、六人が押し入ったとすれば、計十四足の靴が折り重なったと見られるが、どの靴にも踏まれた跡はなく、また、土足で踏み込んだ形跡もないのである。

しかも、電話の呼び出し音がオフの状態になっており、一家が長時間、電話に出ないことを不審に思われないために、犯人が切ったと見られている。だが、深夜なら電話が掛かってくる可能性は低いし、実行犯の供述にも電話を切ったくだりは全く出てこない。

これらの事実は何を指すのであろうか。

三日夜に誰か来客があったことはもちろんだが、犯行がもっと早い時刻に行われ、少なくとも都子は起きていた可能性がある、ということだ。実行犯の人数がもっと少ない、とも言えるかも知れない。

最後に一家の生存が確認されているのは、三日午後七時過ぎ。都子が山梨県の親類に電話をかけたという事実である。午後九時過ぎ、階下の住人が浴室で水を使う音を聞いているが、それは坂本夫婦のものだとは特定できないからだ。

もっと重大な事実は、捜査当局が事件後ずっと、坂本宅の階下に住んでいた家族を保護下に置いていたことだろう。ちょうど四日午前三時ごろに起きていたが、何の物音も聞かなかったという住人である。

　捜査関係者が、こう明かす。

「捜査員を警護や監視のため派遣していたのは確かだ。極めて重要な証言者だからで、詳細は言えないが、三日午後八時過ぎ、坂本さんが自宅に訪ねて来た三人の男女と話しているのを聞いていた。断片的に聞こえただけだが、会話の中身が事件に関係している可能性があったからね」

　もし、その証言通りの時間帯に犯行が行われたとしたら、食器も家計簿も靴も電話もすべて合点がいく。

　ただ、その時も室内から争うような音は聞こえておらず、例えば、麻酔薬で眠らせただけとか、予め鍵を開けておくなど何らかの細工をして帰っただけなのかも知れない。

　因みに、合い鍵を作るのは素人には難しいが、暴力団関係の金融、債権取立業者らは皆、独自に鍵師を抱えていることを付記しておこう。

　こうなると、ある教団関係者の、

「事件前日、早川だったか誰だったか忘れたが、『坂本宅は厳重に施錠してあるだろうが、真面目な奴のことだから、被害者の会（オウム真理教被害者の会）の者を装えば、ドアを開けるのではないか』と提案したんだ。誰からともなく、『そうだ。それがいい』との声が上がり、麻原も『深夜にやるなら、それしかないな』と同意していた。上祐が事件後、『被害者の会がやったんではないか』などと言っていたが、あれは、実はボロを出していたんだよ」

という証言も、まんざら捨てたものではなくなる。

ただ、その場合、夫人が万一、ドアを開けないこともある訳で、かなり偶然性に頼った犯行ということになろう。

当初、青山がその役を演じたのではないかとの説もあったが、彼については当日、上祐とともに午後八時半まで金沢市にいたことが確認されており、いくら車を飛ばしても、夜の早い段階に戻って犯行に加わるのは不可能だ。もし、それより遅い時間帯の犯行だとすれば、いくら青山でも、ドアを開けさせることはできないだろう。

さらに、岡崎の隠蔽工作について考えてみよう。

冒頭陳述は、岡崎が坂本宅寝室内に付着した村井の血痕などを浴室にあったタオルで拭き取ったり、早川が倒れたために外れた襖を元に戻すなど、最後にチェックしたことを明かしている。

ところが、中川が肌着に付けていたプルシャが寝室内に落ちていることには気づかなかった。しかも、そのプルシャの存在は、坂本宅を現場検証した神奈川県警の警察官でさえ見落としていた。その警察官は鑑識係で、ほかの警察官以上に現場の状況には目が届くはずであり、いかにも不可解だ。

捜査当局がプルシャから指紋を採取したところ、発見者であるさちよの指紋しか検出されず、中川の指紋が出て来なかった。

これについて、ある捜査員は声を潜めて、「プルシャについては重要な物証であり、当初からすべて追跡調査しているし、なぜ、そこにあったのか注目している。後で、誰かが置いた可能性も含め、徹底的に捜査している」といっていたが、結局、うやむやのまま終わってしまった。

ところで、冒頭陳述は犯行時、寝室内は豆電球しかついておらず、薄暗かったとしている。そこに、村井と早川は素手のまま乱入したのだから、室内に指紋が付いている可能性は高いし、室内の荒れ方もかなりのものだろう。

それにしては、現場検証で実行犯たちの指紋は検出されておらず、微量の血痕こそ数多く発見されたものの、あとはせいぜい襖や敷居の傷と敷物がめくれていた程度でしかなかった。

その状況は、相当綿密な事後処理が行われたことを物語っているが、そのくせプルシャが落ちていることには気づいていない。この綿密さと杜撰さが同居した現場は、いったい何を意味するのであろうか。

それに、坂本宅の電話の呼び出し音がオフになっていたが、岡崎をはじめ誰もオフにしたと供述した者がいなかったのはなぜか。

事件を担当した神奈川県警の捜査員は、こう明かす。

「捜査本部は坂本宅の模型を作り、それを示しながら取り調べを行ったが、彼らの供述はいい加減で、細かいことは全く分からず、追及すると二転三転したり、辻褄が合わないことも多かった。犯行はいかにも、行き当たりばったりで、正直言って、この連中が本当にやったのか、という印象が強かった」

この捜査員の疑問を解決するのは、たった一つのケースしかない。

現場を下見するなど事前準備をしたり、信者たちの犯行を見届け、現場の事後処理を行うための別働隊、つまり犯行支援グループがいた、ということである。

この想定でいけば、坂本宅から来客用の茶碗がなくなっていたことや、鍵が開いていたこと、さらには電話やプルシャのミステリーも解決するだろう。

そして、何より重要なことは、その別働隊のメンバーは教団幹部ではない、ということだ。なぜなら、八九年段階で教団の最精鋭メンバーは実行犯の六人であり、ほかに別動隊を務めるような人材はいなかったからである。

「第三の車」の持ち主は……

今度は、死体遺棄を取り上げてみよう。

三人の死体遺棄現場検証における実況見分調書や、死体検案書を入手してみると、坂本の遺体は深さ約一・八メートルの土中に仰向けに膝を抱えるように横たわり、内臓や皮膚の一部、髪、下半身の局部が残っているだけで、ほとんどが屍蝋化（遺体の皮下脂肪が蠟のように変化する）していた。ただ、歯型が残っていたり、右手親指の指紋採取に成功し、アルバムなどに残っていた指紋と一致したため、身元はすぐに断定された。

司法解剖の結果、①内臓に溢血点が見られる。②のど骨に損傷の跡がない。③左ほおにツルハシによる中穴状の損傷があり、左奥歯三本が損壊――などが判明。頭蓋骨が骨折していたことも分かった。

これは、死因が絞殺による窒息死であることを示している。しかし、手で首を絞めたのではなく、紐で絞めたか、手で口を塞いで殺害したことを示し、新実の供述とズレがあった。また、村井がツルハシで顔を殴ったことを裏付けているが、頭蓋骨骨折の原因は判明しておらず、後に追及した結果、岡崎が「早川がカナヅチで殴った」と供述したという。

一方、母子の遺体は損傷が激しく、身元確認や死因特定が難航した。

都子の遺体は深さ約七十センチの地中に、坂本と同様に屍蠟化した状態で、くの字形に二つ折りになって発見された。下半身はほぼ白骨化し、臀部にかろうじて肉片が付着しているだけだったが、奥歯に詰め物をした痕があり、治療した歯科医師の所見と一致したため、身元が断定された。

坂本夫妻が埋められていた場所には、穴を掘った時に出た石を集めたのか、まるで古代の墳墓のように、それぞれの遺体の上にばらまかれていた。

龍彦の遺体はほとんど白骨化し、幼いせいか、粉々になっている部分も多く、例えば手は甲の骨だけで、指の骨はなくなっていた。また、腹部に直径約二十センチの石が乗せられ、その石を抱くように埋められていた。現場は湿地帯のため、遺体が流されないようにしたと見られる。

続いて、犯行に使われた二台の車だが、捜査当局はこれまで、Nシステムの記録や数十万枚に上る高速道路利用券の指紋照合を行ってきた。しかし、早川らの供述通りに走ったら、どこかで引っ掛かりそうなものなのに、全く出てこなかった。

しかも、富山、石川両県の海岸で布団などを燃やす六人の姿を目撃した人はおらず、ドラム缶やツルハシ、シャベルを捨てたという場所の周辺を捜索したが、何も見つかっていない。

また、ドラム缶を積んだ四輪駆動車を「中国山地の沼地に捨てようとしたが、水深が浅くて断念した」と供述したが、示唆した場所は小川が流れているだけであったし、そこへ向かう道路は狭いうえに崩れかけていて、夜間走行はまず無理だった。

実行犯たちは当初、「坂本弁護士、都子さんと子供を二本のドラム缶に頭から放り込み、衣類などを入れたドラム缶を合わせ、三本を四輪駆動車の後部荷物室に入れて運んだ」と供述したが、そのやり方では、ドラム缶が大き過ぎて後部荷物室に積めないことが分かり、捜査員を慌てさせている。その後、「後部座席を外して積んだ」と供述を変え、何とか荷台に積めることが立証されたが、辻褄合わせの感は免れず、しかも後に、その供述は嘘と分かった。

こうなると、供述の矛盾とか、記憶違いを通り越して、実行犯と死体遺棄犯は別ではないかと疑わざるを得ない。

この遺体を運んだ車については、とんでもない証言が出てきた。

ベテラン捜査員は、こう話す。

「ある元信者の証言で、六人が犯行を終えて富士山総本部に到着した時、既に真新しいドラム缶三本と、別の大型ワゴン車が用意されていたことが分かったんだ。六人は車ごと直ちにシャッター付きの倉庫に入り、外で岡崎と石井がずっと見張っていたが、それ以前に駐車場に置いてあったのを目撃されている。当初は『四輪駆動車の後部座席を外して運んだ』と供述していたが、中川らに確認したところ、三人の遺体はそのワゴン車に積んで、計三台で出発したことを認めた。ワゴン車が京都ナンバーだったことから、『京都に埋めたらどうか』と言うと、麻原はあわてて『京都には行くな』と言っていたようだ」

この車三台による死体遺棄作業はその後、冒頭陳述でも述べられたが、最初、教団幹部たちはなぜ、もう一台の車の存在を隠そうとしたのか。

実は、その後の捜査で、このワゴン車は、京都在住の暴力団関係者が所有していたことが判明していたのである。

この暴力団関係者がある暴力団組長と深い関係にあり、その組員の中に冒頭の幹部が指摘したメンバーがいるうえ、その組は長官狙撃事件の背後にも登場して来る、というのだから驚く。

そうなると、その暴力団関係者は一連のオウム事件に関与していたと見られても、決して不思議ではあるまい。

再び、事件の疑問点に戻ろう。

麻原は当初、早川に「坂本は運転免許を持っていないから、駅から歩いて帰るはず。その帰り道を狙うんだ」と細かに指示を出している。この発言からは、坂本に関して事前にかなりの身辺調査を行っていた様子が窺われるが、教団幹部をいくら調べても誰も調査を担当したものがいない。犯行時の様子から、死亡した村井とは思えず、そうなると、いったい、誰が調査したのかが気になるところである。

もう一点、どうしても分からないのが死体をなぜ、ドラム缶に詰めたかである。遺体をドラム缶に入れ、その中にコンクリートを流し込んで固め、海やダムの底に沈めるのは暴力団の常套手段である。

しかし、穴を掘って埋めるなら、ドラム缶は無用の長物だ。運ぶのには重いし、中から取り出すのは大変だし、トラックならともかく、ワゴン車に乗せていたら、逆に目立ってしまう。

第一、一刻も早く、そして誰にも見られないように死体を処理したい、というのが殺人犯の心理である。

長野、新潟、富山などの気象台に問い合わせると、当時の天候は曇り時々雨で、山間部は雪がパラつき、かなり気温が低かったというから、なおさら、早く作業を終えたいはずだ。

ところが、供述では、六人は何日も、死体を乗せたまま車を走行させていたばかりか、いくら山中とは言え、見張りも立てずに、白昼も含めて長時間にわたり、死体を埋めるための穴を掘っていたことになる。これは、六人がどんな神経の持ち主なのか、と首を傾げるだけでは済まない問題と言えよう。

そのうえ、龍彦の死体を埋めた際には大型シャベルさえ持っておらず、あまり事前準備していなかったとも思えるし、穴掘りのために、わざわざ手に入りにくく、目立ちやすいツルハシを購入した理由もよく分からない。

さらに、石井や青山はこの事件を全く知らなかったのか、という疑問も残る。石井は六人が帰ってくるのを出迎え、死体をドラム缶に移し替える作業をほかの信者に見られないように見張っていたとの証言があるし、実行犯たちを前に刑法の殺人罪の条文を読み上げてもいる。青山もプルシャの偽装工作に加わっているし、九五年四月には、龍彦の死体が埋められた現場付近で、長野県警の検問にかかっている。運転手は「金沢から上九一色村に帰る途中」と説明しているが、上信越自動車道経由の方が早いことから、遺体の周辺状況の調査に行った疑いが持たれている。

こんな不可解な行動もある。

坂本の死体を埋める際、新実が突然、まるで誰かに居所を知らせる合図のように、手に持った懐中電灯をグルグル振り回した、というのである。一緒にいた岡崎らは後に、「新実は精神的にかなり参っていたから、変な行動に出たのだろう」と話しているが、果して、ほかに人はいなかったのだろうか。

おかしいと言えば、捜査当局は実行犯全員を死体遺棄現場に同行し、確認させたうえで捜索を行っているわけではないのだ。

通常、容疑者の自供で最も大切なものは、犯人しか知り得ない事実を引き出すことである。死体を埋めた場所を示すというのは、何物にも代えがたい証拠となり、必ず被疑者を連れていくはずだ。しかし、坂本事件では新実と中川が拒否したため、同行しておらず、いかにも不自然な感じを受ける。

これは、新実が死体を遺棄した場所が分からず、示すことができないためにほかならない。

実際、神奈川県警が五月と六月に岡崎を連れ、各死体遺棄現場を特定しているのに対し、警視庁は早川らの供述をもとに三、四回、遺棄現場を探しに行ったが、見つからなかった。当時、神奈川県警はなぜか、「警視庁に遺体は掘り出せない」と自信満々であったのだ。

不可解な点は、ほかにもある。

岡崎が上申書の中で、

《襲撃メンバーの中に顔が分からない奴が数人いた……》

《死体を捨てに行く時、実行犯以外に何人か、穴掘り要員が入っていた……》

と述べていることだ。

この上申書自体が嘘だらけなので、この供述は今一つ信憑性に欠けるが、前述した満生の供述にも似たような内容があり、注目しなければなるまい。

これまで坂本事件をめぐる数多くの疑問点や矛盾点を述べてきたが、これらを解消する答えは一つしかないだろう。

坂本事件には実行犯以外に、支援するメンバーがいて、それはこうした殺人、死体遺棄などに手慣れた人間である、ということだ。

私はその支援メンバーが暴力団関係者だと思っている。

第四章　肉　薄

中伊豆の男

今、まさに何かが起きようとしている――JR三島駅のホームに降り立った時、私はなぜかそう感じて、思わず身震いしてしまった。

九五年九月二十四日。台風十四号が鹿児島に上陸して、日本海に抜けた影響で、伊豆半島は時折、小雨がぱらつき、少し肌寒かった。そのせいか、連休だというのに人影はまばらだった。

私は、ある人物に会うために、中伊豆の小さな町に向かっていた。いや、正確に言えばこれから探し出して、何としても会わなければならなかった。

三島で三両編成の鉄道に乗り換える。

突然、けたたましく発車のベルが鳴り響き、私はあわててホームを走った。

〈何かに追われている〉

なぜか、そんな気がした。

ポケットの中には、その人物の名前が書かれた一枚のメモが入っていた。

「元暴力団員、A」――。その男は坂本弁護士事件の実行犯の一人として、捜査当局に密かにマークされていた人物で、中伊豆のどこかで病気療養中ということだった。

手掛かりは、たったそれだけであった。

坂本事件はこの時、教団幹部の供述通り、一家三人の遺体が長野、新潟、富山の三県で発見され、警視庁と神奈川県警の合同捜査本部は、麻原の指示による組織的犯行と見て、六人を殺人容疑で逮捕していた。

一連のオウム事件に関して、捜査当局はある時期から盛んに、特別な意図に沿った情報をリークし始めた。どういうわけか、捜査当局は一連の事件を、オウム真理教だけの犯罪にしたいようである。

私は決して、各事件へのオウムの関与を否定する訳ではないし、その宗教に名を借りた残忍、かつ狡猾な手口を許してはならないと思っている。

だが、一連の事件をすべて、オウムの単独犯行とするには、あまりにも謎が多過ぎ、そうした捜査方針には、無理があるのではないだろうか。

坂本事件にしても、私は冒頭で紹介した暴力団幹部の証言を鵜呑みにして、声高に暴力団関与説を叫ぶつもりはない。ただ、事件を詳細に検証していくと、容疑者たちの供述にはかなりの矛盾があることが分かるし、その背景には必ず、暴力団の影がチラついている。

これらの事実には当然、捜査当局も気づいている。だが、それを解明しようともしないのは、徹底的な消去法捜査を誇る日本の警察にしては不可解である。そこには何か、〝触れてはならない理由〟があるのだろうか。

ところで、悪天候の中、わざわざ中伊豆を訪れたのは、ある暴力団関係者からの情報提供があったからだ。

「坂本事件にかかわった暴力団員は三人いるんだ。すべて山口組系の有力組織のメンバーで、一人は東海地方のある都市で会社勤めをするなど、一般市民の中に巧く紛れ込んで生活している。後の二人のうち、一人は行方不明。もう一人は精神を病んで、中伊豆で療養中と聞いている」

というのが、その主な内容であった。

この話は、第四部の冒頭で紹介した暴力団幹部の話とほぼ一致する。

暴力団の中でも〝屈指の武闘派〟と恐れられている組の幹部は、
「坂本事件には実行グループに二人、支援グループに一人の暴力団関係者がいる。一家の絞殺や遺体処理にもかかわったが、事件後に実行グループの二人は子供を殺害したことで精神的に参ってしまった。組から破門された後、一人は覚醒剤に溺れて中毒症状がひどく、頭が完全にいかれた。もう一人は悪夢にうなされ続け、自首しそうになったため、転地療養と称して、宮崎県に行かせ、殺害した」
と明かした。

事件解明の発端となった岡崎の供述にも当初、「現場には名前も顔も知らない人間がいて、指揮をとっていた」というくだりがあったし、神奈川県警は既に、犯行に加わった暴力団員三人を特定し、うち一人は所在を摑んでいる、と言われた。

実際、神奈川県警は八月中旬、警視庁に先立って、坂本事件の強制捜査に乗り出し、実行犯とされる暴力団員と組長らを逮捕する姿勢を見せ、捜査員に早めに夏休みを取らせていたほどであった。

ところが、警察庁の強力な指導の下、警視庁と合同捜査本部を設置した辺りから、雲行きが怪しくなり、早川や中川の供述がどんどん出始めると、暴力団関与説はいつの間にか、どこかに消えてしまったのだ。

神奈川県警の捜査員は、こう明かす。

「いよいよ、念願の坂本事件の摘発ができると張り切っていた矢先、お盆ごろを境に、それまで暴力団関与説を唱えていた幹部や捜査員が急に発言を封じられ黙り込んだり、人事異動で捜査から外されるなど、おかしなムードになってきたんだ。一か月も経たないうちには、内部で暴力団の話をすると、『何を夢みたいな話をしているんだ。あれはオウムに決まっているだろう』と一喝され、きつい仕事ばかり押しつけられる羽目に陥ったんだよ」

一方、警視庁の暴力団担当刑事も、

「せっかく暴力団の線が出てきて、担当刑事などはやる気満々だったのに、いつの間にか方針変更があったらしく、捜査は打ち切られてしまった。皆は陰で『何でこの絶好のチャンスに、叩き潰さないのか』と言い合っていたが、かなり上の方の考えらしく、どうにもならなかったようだ」

と首を傾げる。

この二つの証言を聞く限り、暴力団関与説の消滅が警視庁対神奈川県警の対立に原因があったとばかりは言えず、根本的な原因はよく分からない。

現に、双方の第一線の捜査員には未だに、一連のオウム事件に暴力団が関わっていたのではないかとの見方を取っている者がかなりいる、と言われている。

最大の根拠は、警察当局が別の事件の捜査で、ある暴力団組長の親族名義の隠し口座を発見し、調べたところ、坂本事件から五か月後の九〇年四月、オウム関係者と見られる人物から約五億円が振り込まれていたからである。

この組長は前述したように、坂本一家の死体遺棄の際、富士山総本部で目撃され、遺棄作業に使われたと見られるワゴン車の所有者である暴力団関係者と親しかった。しかも、そのワゴン車は何と、事件当日に坂本宅付近で目撃されたワゴン車とナンバーや型式が酷似していたのだ。

この組長はまさに、冒頭の武闘派幹部が名指しした人物であり、彼の近親者が所有する土地がその後、オウム真理教に売却され、教団関連施設になっているのをはじめ、不動産売買や金銭問題に絡んで、両者間に関係があったことが判明している。

さらに、麻原や早川がその組長らとしばしば、都内の飲食店で会食しているし、早川や青山、新実らがその組の系列である都内のフロント企業に出入りし、逆に組の関係者が教団施設に出入りしていたことも確認されている。

そして、重要なことは、これらの話は単なる情報ではなく、実は、九三年に別の事件で逮捕された暴力団幹部が取り調べに対し、

「上部組織の組長の親族が『坂本事件は、ウチの組織がオウムと組んでやったことだ。今や、オウムはカネのなる木だよ』と話していた」

などと詳細に供述し、調書まで取られていたことであろう。

その供述とはこうだ。

その幹部は九〇年二月ごろ、上部組織の組長の親族で、その組織のフロント企業の社長でもある男から「オウムを手伝わないか。あそこはカネになるぞ」と持ちかけられた。幹部は当時、資金繰りに苦しんでおり、喜んで引き受けた。その際、社長は「坂本事件は、実は、ウチの組織がオウムと組んでやったことだ。これで一生、食いっぱぐれはないぞ。今や、オウムはカネのなる木だよ」と明かしたという。

だが、二か月後、社長が数百万円を持って幹部の元を訪れ、「あの話はなかったことにしてくれ」と言ってきた。理由を聞いたが、「答えられない」の一点張りで、その切羽詰まった表情から、かなり危ない話ではないかと感じたらしい。

現に、上部組織の組長からも直接、「オウムのことは、決して口にするな」との指示があった、というのだ。

さらに、その幹部はこんな供述もしている。

「その儲け話が潰れた前後、今度は上部組織の企業舎弟が、車のダッシュボードにエロ写真などと一緒に、どこかのアパートを撮影した数枚のポラロイド写真を入れていたのを、職務質問の警察官に見つけられ、冷や汗をかいたという話を聞いたんだ。何か儲け話のネタじゃないかと思って、企業舎弟を問い詰めたら、坂本宅の全景や玄関、階段を写した三枚の写真であることを認めたし、ダッシュボードには、同じ風景を撮影・録画したビデオテープまで入っていた。どうやら、坂本宅の下見に使ったらしいんだ」

また、この幹部がしばらく上部組織の本部詰めを担当している時、上部組織の組長と麻原、それに別の宗教団体幹部が、本部近くのゴルフ場で密談するとの話を漏れ聞いた。本部詰めの重要な仕事に組長の警護があるので、日程や場所を組長に確認に行ったら、「今日は護衛はいらない」と言われたという。

この件について、幹部は捜査員に「麻原という男は目が不自由なのにゴルフをするのかと変に思ったので、よく覚えている」と話している。

そのうえ、この幹部は五億円の振り込みについても知っており、こう述べている。

「たまたま、知り合いの組員が入金に携わっており、多額な金に興奮して、『銀行から預金小切手を貰って帰ってきた』などと話していたので、分かった。社長周辺にそれとなく尋ねたら、何と、社長自身が『あれはオウムのカネだよ』と教えてくれた。

それ以上は何も言わなかったが、麻薬の代金にしては金額が大き過ぎるし、きっと坂本事件絡みのお礼だなと思った」

捜査当局は、これらの供述が極めて具体的であるうえ、論理的に矛盾がなく、信憑性が高いことから重視した。ただ、この幹部は逮捕された事件に絡んで、上部組織とトラブルになり、組織内で難しい立場に置かれていたことから、慎重に裏付け捜査を進めた。

その裏付け捜査の過程で、この暴力団のフロント企業がオウム真理教と商売上で関係があるうえ、ポラロイド写真を積んでいた車がフロント企業社長の所有だったことも判明。捜査当局は、この五億円が坂本事件に絡んだ成功報酬に加え、さまざまな工作を行うための資金だったのではないか、と見ている。

このほか、九二年五月に東京都世田谷区で起きた映画監督の伊丹十三襲撃事件で、半年後に逮捕された組員が「坂本事件のことを知っている。あれはオウムがやったことなんだ」とほのめかしたこともある。

しかも、神奈川県警は既に、別の暴力団関係者から「二人の暴力団員が坂本弁護士を拉致して、多額の報酬を受け取った」とか、「暴力団幹部が『坂本事件は、いい稼ぎになった』と話しているのを聞いた」といった具体的な供述を得て、その二人を特定。二人がバクチなどで多額の借金を抱え、幹部からヒットマンになるように要求されていたことも突き止めていた。

九一年には、坂本一家が暴力団員とオウム関係者らのグループに保冷車で拉致され、静岡県の焼津漁港から車ごと駿河湾に沈められた、との情報が警視庁に寄せられたが、駿河湾は水深が深く、海流も早いため捜索できなかった。

ただ、この情報は単なる噂ではなく、内偵捜査の結果、バックに全国でも屈指の武闘派組織の存在が浮かび上がってきた。そのうえ、駿河湾情報の裏付け捜査の過程では、岡崎の名前が取り沙汰された。

この情報に登場し、坂本事件でも支援グループにいたとの疑いが出ている暴力団員が九〇年の国土利用計画法違反事件の際、熊本県波野村の教団施設にいて、熊本県警の強制捜査を察知して慌てて逃亡したのを、顔見知りの右翼団体役員が見ているし、彼が岡崎や早川と親しそうに話しているのを目撃した信者が何人もいた。

警視庁は、岡崎が坂本事件に加わりながら脱走し、かつ教団を恐喝までしているのに、生命を狙われないのは、彼のバックに暴力団がついていたからだと見ている。

こうした暴力団関与説は、警察庁がオウム真理教に対する強制捜査の検討に入っていた九五年二月になっても、根強く残っており、神奈川県警は「実行犯は山口組系暴力団の四人、一人三千万円で請け負った。実行犯の一人は組から足を洗って、今では不動産屋をやっている」との情報に基づき、裏付け捜査を行っている。

ところが、これだけの材料が揃っていながら、暴力団への捜査は行われなかった。それどころか、途中までやりかけていた捜査を打ち切ったり、暴力団の関与を主張する刑事たちに〝圧力〟を加えたとしたら、これは不可解を通り越して、疑惑の臭(にお)いさえ漂ってくる。

そこで、捜査関係者や暴力団幹部らから独自に情報を得て、割り出したのが本章冒頭に登場した元暴力団員のA。つまり、「中伊豆の男」であった。

Aは、中伊豆にある病院の薄暗い病室のベッドに、たった一人で横たわっていた。病室の名札で、その病人がこちらの取材対象と同姓同名であることは確認してある。暴力団関係者が病室前で見張りをしていると想定していたが、幸いにも姿が見えない。私ははやる気持ちを必死に押さえ、大きく一つ息を吸い込むと男に声をかけた。

ところが、男は振り返ろうともしない。ベッドの反対側に回って、顔を覗(のぞ)き込んでショックを受けた。男の目は虚(うつ)ろで、おそらく私の姿も視野に入っていないらしく、全く視線を動かそうともしないのだ。

〈これは紛れもない薬物中毒患者、それもかなりの重症に違いない〉

そう感じた私は、男の肩を激しく揺すり大声で何度も呼びかけたが、無駄だった。

情報提供者によれば、「中伊豆の男」はオウム真理教との関係が囁かれている暴力団の下部組織の一員だったが、坂本一家、特に子供の殺害と死体遺棄に加わったことから精神的におかしくなり、覚醒剤に走るようになった。上部組織の幹部から約五百万円の報酬を得たが、フィリピン人女性に入れ揚げ、交遊費と薬代で瞬く間に使い果たしたという。

だが、事前に覚醒剤中毒だとは聞いていたものの、ここまで重症、というより廃人同然であるとは考えておらず、正直言って、ガックリした。

〈なるほど。これなら、見張りがいらないわけだな〉

と、変に納得しながら病院関係者に取材してみたが、病院側は患者のプライバシーを理由に、「中伊豆の男」の症状はおろか、入院年月日、男の連絡先、入院費用の金額と負担者名についても、一切の回答を拒否した。

私は密かに医師や看護婦、病院職員の家を訪ねて取材したり、同じ入院患者や病院周辺の住人にも当たったが、収穫は何もなかった。その合間を縫って日を改めて、本人にも数回取材を試みたが、何の証言も得られなかった。

しかも、いったん帰京し、十日ほどして再び病院を訪れた時には、Aの姿は消えていた。病院側は退院先どころか、退院日時さえ答えなかった。周辺の聞き込み取材で、シルバーメタリックのベンツらしい外車が男を乗せて走り去ったことは確認できたが、ナンバーも分からず、手掛かりはなかった。

万事休す——と思ったが、その後の取材で、二つの大きな収穫が得られた。

一つは、暴力団がオウムに食い込んでいる実態が明らかになってきたこと。二つ目は、Aとともに坂本事件に加わったとされる男の所在が判明したことである。

前出の情報提供者によれば、坂本事件に加わった暴力団員は三人で、一人は「中伊豆の男」、後の二人も同じ下部組織の者だが、一人は組の用事で南九州に行ったきり行方不明となり、後にAとともに破門状が回されたといい、もう一人は組長の了承を得て組織を離れ、名古屋で会社勤めをしているらしい。

この「名古屋の男」の現状が明らかになったのだ。

カモにされたオウム

ところで、数多く出版されているオウム関連の書籍には、

《麻原が今のような過激テロ集団のボスに変貌し始めたのは、九〇年二月の総選挙に

惨敗してからだ》

と解説しているものが多いが、それはどうだろうか。

私は、オウム真理教が宗教法人の認証を受けた八九年八月末からではないか、と思っている。

麻原は宗教法人の認証に必死だった。八七年六月には、「神仙の会」代表を名乗り、東京・港区のブローカーに「宗教法人を買いたい」と接触しているし、同年秋から都庁や神奈川、静岡県庁に陳情を繰り返している。

八九年三月、オウムは都庁に申請したが、都側は信者の親などからの苦情が多かったため、受理を保留した。

教団側は、二百二十人の信者が都庁に押しかけ、陳情と称して都庁内や周辺を練り歩き、担当課長から副知事の自宅まで電話攻勢をかけた。さらに、教団は都知事を相手に行政訴訟を起こすとともに、認証の遅れに伴う損害賠償請求訴訟を起こすと通告し、八月に、半ば脅迫的に認証を得たのである。

これが結果的には、オウムの強力な武器となった。オウムは宗教法人の資格を手に入れたことで、市民権を得たばかりか、税制上などでさまざまな特典を受けたし、宗教弾圧の声の前には、行政も警察も腰を引かざるを得なかったからだ。

おそらく麻原はほくそ笑んでいただろうが、同時に、宗教法人は認証から一年以内にトラブルや〝ふさわしくない行為〟があった場合、知事の判断で取り消されることがあるため、トラブルの表面化を極端に恐れていた、と見られる。

オウムが提訴した行政訴訟で、都側の答弁書は認証留保の理由として、「血のイニシエーション」に対する苦情」を指摘しているが、その詐欺行為を指弾しようとしたのが坂本だった。坂本は教団相手に訴訟を起こす準備を進めていたし、教団が都に申請した書類を盛んに調べていたことも、麻原の神経を逆撫(さかな)でしただろう。

これこそが、坂本事件の第一の動機ではないだろうか。

さらに、坂本が教団の覚醒剤密造疑惑に気づき、追及しようとしたためというのもある。

坂本は教団がイニシエーションと呼んでいた修行儀式に使用していた白い粉末に強い関心を抱いて調査した。八六年ごろ、信者の親がこの薬物を入手し、静岡県内の検査機関に成分鑑定を依頼したのを被害者の会会員から聞き、事件三日前の十月三十一日には、その会員に「もっと追及できないか」と話していたという。

だが、これ以外にも動機になりそうなものはあった。

ある暴力団関係者が打ち明ける。

「実は、坂本弁護士は教団の富士山総本部建設時の地上げや資金源を盛んに調べようとしていたんだ。おそらく、信者の話から覚醒剤疑惑の裏側に、悪質な金儲けがあり、そこに暴力団が絡んでいることを察知していたんじゃないかな」

本人が亡くなった今、この証言を確かめる術はないが、坂本が不動産の登記簿謄本を収集していた形跡もあり、可能性は十分にあるだろう。

ところで、一連のテロ事件の根拠とされたヴァジラヤーナの教え（成就者が罪を犯そうとする人を殺すことは、両方にとって功徳になるとの教え）を、麻原が本格的に説き出したのは、宗教法人に認証された翌月の八九年九月からであった。

そして、その二か月後に、坂本事件が起きている。ちょうど、オウムは同時期に、上九一色村の土地購入に乗り出しており、早川が中心となったその土地取引には、暴力団が関わっていたとされる。

総選挙の時も、オウムが立て看板を設置した都内の土地はほとんど、暴力団の系列組織が地上げしたものだったし、教団が変貌したとされる〝原風景〟には絶えず、暴力団の影がチラついているのだ。

「オウム教団は坂本事件をきっかけにして、以前から交流のあった暴力団に牛耳られるようになったんだ。それが、覚醒剤取引を通じ、抜き差しならぬ関係に陥ってしまったのだろう。村井殺しはまさに〝口封じ〟だし、坂本宅にプルシャを置いてきたのも、後で教団から莫大な金を脅し取るためだ。つまり、麻原に対して『お前ら、ヤクザには逆らえないってことを分かってんだろうな』という威嚇と警告だよ」

と話すのは、ある警察幹部。

確かに、宗教法人の認証を得た直後だけに、麻原が教団のトラブル発覚を防ごうとして坂本事件を起こしたとの考えは説得力がある。

ただ、もし、そうだとしたら、なおさら犯行には細心の注意を払うのではないか。

公安関係者の中には、坂本事件について、

「麻原は早川や岡崎ら幹部たちの忠誠心を試すために、殺人を命じたに違いない。村井と違い、今一つ腰が座っていない彼らを殺人の共犯とすることで、離反や逃亡の可能性を断ち切り、それ以降の活動の先鋭化を狙ったのだろう」

との見方をする者も多いが、仮にそうだとしても、犯行が失敗し、教団の仕業であることが発覚することだけは避けたかったに違いない。

その意味で麻原が、忠誠心は強くても、犯罪には素人で、成り行き任せの行動を取る幹部たちだけに犯行を委(ゆだ)ねるわけにはいかない、と考えたことは想像できるし、何らかの善後策、つまり、犯罪のプロである暴力団に支援を依頼したことは十分にあり得る話であろう。

さらに、この警察幹部は、こう語る。

「九二年三月の暴対法施行やバブル崩壊で、暴力団は当時、企業舎弟に代わる新たな資金源を求めていた。そこで目をつけたのが、宗教団体なんだ。オウムとも関係があるとされる暴力団などは、別の宗教団体にしっかり食い込んで、少なくとも年間十億円の上納金を得ていたし、カネ遣いが荒いオウムは、暴力団からしたら〝いいカモ〟だったんじゃないかな」

宗教法人とは、暴力団にとって、どれほど魅力的なものなのか。

宗教法人の最大の魅力は何と言っても、税制の優遇措置であろう。

原則的に宗教活動に対しては非課税扱いされる。例えば、葬儀や法要の収入、お守りやおみくじや信者からの寄付金などの収入がすべて非課税になるのをはじめ、宗教活動目的で土地を買収すれば、不動産取得税が非課税。取得した土地に、教団研修施設などの名目でマンションを建てれば、固定資産税などが非課税……など、うらやましい話ばかりである。

さらに、宗教法人の経済行為は「教団維持のため」として許され、一般企業の法人税率に比べ一〇・五パーセントも低い。しかも、物品、不動産販売をはじめ、金銭貸付、製造、出版、旅館、飲食店、浴場、遊技所、興行……など三十三種の事業が経営できる、ほとんどの職種を網羅していると言っても過言ではあるまい。

かつて、水子供養で知られた宗教法人の管長が、同時にソープランドとラブホテルを経営して顰蹙を買ったり、バブル全盛時代には、地上げや土地転がしに狂奔した住職が出現したが、道徳・倫理的にはともかく、法的にはほとんど問題ないのである。

全国には現在、約二十万の宗教法人が存在していると言われる。宗教法人の申請手続きはそんなに難しいものではなく、大ざっぱに言うと、教祖と教義があって、宗教施設で定期的に信者が宗教儀式を行えば、基本的には認められる。ただ、宗教法人が絡んだトラブルが続発したこともあって、さすがに、最近は新たな宗教法人の申請がなかなか認められなくなってきた。

しかし、全国の宗教法人の中には、後継者がいないとか、住職が借金を作って出奔したなどの理由で、活動を停止し、休眠状態になっているものが数多くあり、それらを売買しようというブローカーが現れたのである。

宗教法人一団体当りの平均価格は二、三億円と言われているが、需要が多過ぎて、慢性的な〝法人不足〟という有り様らしい。

暴力団や〝闇の紳士〟たちがこれに目をつけない訳はあるまい。

何しろ、風俗や金融、飲食業などを直接経営して、安い税金で暴利を貪ることができるし、そういった業者からみかじめ料（用心棒代）を取っても、御布施や献金名目にしたら摘発されないばかりか、税金がかからないのだから、笑いが止まらないだろう。

さらに、抗争事件などが起きた時、暴対法で組事務所を使用禁止にできるが、宗教法人施設なら適用を免れるし、警察当局も下手に手入れができない点も魅力だろう。

それに、宗教法人法改正で、信者や利害関係者の閲覧権を認められると、暴力団や総会屋がますます宗教法人に食いつくだろう。なぜなら、暴力団員がわざと信者になり、財務書類を閲覧して、そこで仕入れたデータを基に、宗教法人に嫌がらせや脅迫を行えば、宗教法人はすぐにカネを出すようになるからだ。

国会で質問に立った参院議員の平野貞夫が「これじゃ、暴力団資源法じゃないか」と言ったのも頷けよう。

具体例を挙げれば、イトマン事件で公判中の許永中は大阪府、伊藤寿永光は広島県に宗教法人を所有している。ネズミ講で知られる「天下一家の会」会長の内村健一は熊本県に宗教法人を設立し、ネズミ講で稼いだ約八十八億円を寄付して税金逃れを図っていたし、八五年に刺殺された「豊田商事」会長の永野一男も宗教法人設立を進めていた。

オウム真理教自身も法人解散に備えて、都内の宗教法人を約一億円で買収しようと動き回ったが、失敗している。

暴力団の場合は、やり方が荒っぽく、住職を乱行に誘い込み、借金のカタに乗っ取ったり、地面師と組んで騙し取っているケースが目立つ。もっと手っとり早いのは、既成の巨大宗教法人に食い込んで、多額な上納金を得るなど甘い汁をたっぷり吸うやり方だろう。

政治家や企業も、その巨大な利権に群がっているという点では似たようなものだろう。

こうした連中が捜査の拡大を妨害し、自分たちに及ばないようにしているのではないか。警察当局も、もし新事実が発覚したら、事件の構図が崩れ、公判維持ができなくなることを恐れて、消極的になっているのだろう。

「オウムは勢力を拡大すればするほど、暴力団など周囲から毟られる羽目に陥った。抵抗しようとしても、時既に遅く、一度脅されたら後は言いなりになるしかない。麻原にとってハルマゲドンや救済計画は人類のためではなく、自分のために必要だったんじゃないかな」

この警察首脳の言葉に説得力を感じるのは私だけだろうか。

麻原直属の悪のアドバイザー

九五年十月下旬。私は一人の男を追って、東北の港町まで来ていた。

元暴力団幹部のOこそが、私の追跡している相手である。

彼は九か月前まで宗教ブローカー、というより宗教法人を乗っ取ったり、教団の奥深くまで食い込んで、巨額な闇資金を吸い上げる仕事をしており、オウム真理教とも関係があったと言われている。だが、何らかの事情でブローカーグループを離れ、茨城、千葉県などを逃げ回っており、やっと捕まえたのだ。

私は、Oのような暴力団幹部や、その系列に属する人間を「企業舎弟」ならぬ「宗教舎弟」と呼んでいた。

Oは、何かに怯えているらしく、私が声をかけた瞬間、物凄いスピードで走って逃げたし、誤解が解けてアパート内で取材している間も、外で人の声や車の走行音がする度に、ビクビクしていた。

最初は頑に口を閉ざしていたOだが、急にこう言い出した。

「宗教ビジネスというのは、儲かって仕方ないと思われがちだが、意外とそうでもないんだ。人を大勢集めて、きちんと使っていかなければならないし、関係各方面にいろいろと根回しが必要なんだ。大きな組織がバックに付いている場合はやりやすいけど、そうじゃないと、利権争いや業界のしがらみがあってね……。どちらかというと、俺たちは既成宗教法人を食い物にする方が性に合っていたんじゃないかな」

「俺たちって言ったけど、ほかにはどんなメンバーがいたの？」

Oは当然のように、仕事仲間の名前を出すのを嫌がった。が、実名は伏せてもいいからと誘いをかけると、意外にあっさりと、メンバー構成を口にした。

それによると、山口組系の〝武闘派〟と呼ばれる暴力団幹部を中心に、東京の右翼関係者や関東の企業舎弟らが含まれていた。O自身はその中では、使い走りだったという。

「随分、多彩なメンバーのような気がするけど……」

「そうだ。皆、少なくとも形の上では組を離れた一匹狼ばかりだからね。それだけ力がなければできない仕事ってことかな」

「宗教ビジネスというのは、たったそれだけの人数でできるのか」

「普通はとてもできないと思うが、俺たちのグループは業界でも屈指の優秀なメンバーだから、大丈夫なんだ。それに、本業は別にあるからねぇ」

「何が本業なの」

「それは……ちょっと言えないねぇ」

Oは宗教ビジネスのことはしゃべるのだが、〝本業〟については口を閉ざした。

「オウム真理教とはどこで知り合った？」

「年始め（九五年）の早い段階で一回、地下鉄サリン事件の前に一回、オウムの方から『宗教法人の売り物はないか』って言ってきたんだ。俺が抜けた後にも何回か、そんな依頼があったらしいよ」

「オウムから交渉に来たのは誰だったの」

「確か、早川だったと思う。それに、あそこには物凄い顧問団がいるからね……」

オウム顧問団――Oの口から、これまで聞いたことがない言葉が出てきた。

Oによると、逮捕された信者たちの刑事裁判を担当する弁護団とは別のグループだという。それはいったい、何なのか。

「オウム顧問団は坂本事件より前からあるんだ。ちょうど、教団が都から宗教法人の認証を得た前後だと思う。メンバーは途中で入れ替わったりしているが、仲間のヤクザの幹部や企業舎弟、裏技専門の弁護士なんかで構成していて、麻原直属のブレーンと言うか、〝悪のアドバイザー〟ってとこかな」

私はこれまで、オウム教団と暴力団の関係を指摘してきたが、Oの証言によれば、かかわりがあったどころか、教団を指導、助言する立場にあったというのである。その顧問団が結成されたのは、暴力団が暴対法施行に向けて、警察当局の取締りから逃れるため、組を会社組織にしたり、政治団体を設立することを計画し始めた時期と一致する。まだ、宗教法人の買収や乗っ取りはさほど活発ではなかったが、暴力団が宗教法人のさまざまな特典に、強い関心を抱いていたことは間違いないだろう。

逆に言えば、暴力団が麻原から何らかの筋を通じて要請を受けて、暴力行為はもとより金融、不動産、薬物、各種ブローカーなどのスペシャリストを集めて、送り込んできた可能性がある、ということだ。

Oは、顧問団の下に目的別に複数の組織があったと聞いたことがあるという。ただ、平田ら逃亡中の信者を支援したり、アジトを確保したりする教団の裏部隊とは一線を画しており、逮捕された幹部の法廷闘争とも無縁らしい。

「顧問団の存在は、一般信者はもとより、幹部にも知らせていないからね。存在を知っているのは麻原自身と、後はせいぜい早川と村井ぐらいじゃなかったかな。顧問団のメンバーはこれまで、教団の進路を決めるような重要な節目に、麻原に助言してきたし、ロシアや北朝鮮など外国の組織との折衝などに尽力してきたと聞いている。まあ、そう簡単に表に出てこないよ」

第二部でも触れたが、早川がロシアから武器などを密輸した際、ハバロフスクのマフィアに支援を要請していた。ロシアンマフィアは当時、オウム顧問団のメンバーの一人が所属する暴力団との間で、銃器などの密輸を行っていた、というのである。

顧問団にはほかにも、北朝鮮の工作員ではないかと思えるほど朝鮮半島の情勢に詳しく、水面下の活動が得意な人物や、宗教界に幅広い人脈を持ち、「どこかの宗教団体の回し者ではないか」と噂された男性などがいたという。

この事実は教団が顧問団と密接な関係を保ち、少なくとも当時は、彼らのアドバイスに従って、行動していたことを示すのではないか。

それに、オウムが後に完成させたピラミッド型組織は、そうした視線で眺めると、暴力団の本家や直系、枝といった組織の形態に似ているし、オウムの血にまつわる儀式も、ヤクザ社会で言う盃（さかずき）ごとと同じように思える。

さらに、教団が後に、銃器や覚醒剤を製造・密売したり、地上げや金品奪取、拉致監禁などを起こした手口は、暴力団のそれを参考にしたと言えなくもない。

いずれにせよ、一晩がかりでOから聞き出せたのは、この程度だった。

だが、Oの話を元に、メンバーを割り出すことに成功し、次々と接触を試みた。

メンバーの中には各地を転々とした挙げ句、行方が分からなくなっていたり、取材を拒否されるケースも多かった。一人ひとりの情報量は微々たるものだったが、それらを総合してみると、衝撃的な新事実が待っていた。

Oの周辺には、暴力団による殺人請負組織があったのである。

そのメンバーと見られる人物のうち、取材で判明したのは都内在住の大物右翼思想家の息子であるS・O、その思想家の弟子のJ・O、関西の暴力団員T・M、東海の暴力団幹部T・O、東京の暴力団員T・Aの五人である。

私はメンバーの一部と、その周辺にいた仲間に接触し、さまざまな証言を得ているが、情報源の生命の安全を考慮して、本書ではあえて人物描写を省き、証言内容にも配慮を加え、会話形式をとらないことにしたい。

関係者によると、この組織の前身は意外と古く、八六年初頭に結成されたという。

創設者の一人は、ある宗教団体で教祖の〃私兵〃と言うべき組織に入っていた人物。その組織は教祖の警護をはじめ、教団内部の〃暴力的支配〃や敵対組織との抗争時に活躍するコマンダー、教団内外のスパイ工作などを担当し、まさしく命知らずのプロ集団だったと言えよう。

もう一人の創設者は、ある金融会社と組んで、相当荒っぽい連中を使って債権回収などを生業にしていた男である。

ただ、当初は企業テロ活動を専門にしていたものの、殺人などの凶悪犯罪には手を出さず、メンバーはかなり違っていたようである。

初代メンバー初の大仕事は、八七年一月の住友不動産会長宅襲撃事件で、サポート役を務めたことと言われている。日本刀を持った右翼が「住友不動産は地上げで国民を食い物にしている」と主張して会長宅に乱入し、夫人を人質に立てこもった事件だ。

結成当時、西日本には過激な活動で知られる右翼団体を中心とした「S連合」と称する同様な組織があり、しばしば連携を取って行動をともにしたともいう。

現在のメンバーになってから、この組織が関与したと見られている最大の企業テロ事件は、九四年九月の住友銀行名古屋支店長射殺事件（以下、住銀事件と呼ぶ）とされている。

この事件については書き出すと長くなるので、別の機会に譲りたい。

ただ、メンバーは殺人や企業テロを請け負って、犯行計画の立案や襲撃現場の調査、凶器などの調達、逃走経路の確保……などをサポートするだけで、実行犯についてはメンバーの一人がかつて所属していた暴力団を通じて、手口や報酬などに応じて選抜しているという。

その暴力団はもともと〃武闘派〃として知られ、数々の凶悪事件への関与が取り沙汰されている集団だ。

ある警察関係者は、こう言う。

「実は、その暴力団が八九年ごろから暗殺者部隊を創設し、フィリピンなどで実弾射撃訓練を積んでいるとの情報をキャッチしている。人数も延べ数百人に上ると聞いており、射撃能力も抜群らしい。奴らは住銀事件でクローズアップされているが、村井刺殺事件をはじめ一連のオウム事件の裏側でも、その影がチラチラしているんだ」

別の捜査幹部も、こう明かす。

「この暴力団は別の〃モンスター教団〃に食い込んでいて、巨額な報酬を得て、幹部らの警護に当たったり、反対勢力を襲撃するなどの活動をしてきた。教団施設の地上げなどにも暗躍したとかで、教団側も最初は非常に重宝がっていたが、そのうち歯止めが効かなくなってきて、最近では、完全に食い物になっているようなんだ」

捜査幹部は、その暴力団がほかの宗教団体にも触手を延ばしているともいい、その中にオウム真理教が含まれていると話す。

前出の〃宗教舎弟〃Oも、こう明かす。

「何しろ、組の幹部がオウム顧問団の中にいるからね。彼はおそらく、一部の信者をテロリストとして養成するように頼まれていたはずだ。どこまで本気かは別にして、坂本事件の体験や教訓を生かし、射撃や武道の腕が優れ、強靱な精神力を持った新たな戦闘マシーンを作ろうとしていたのではないか」

しかも、取材を進めていくと、殺人請負組織の背後に、第三部で紹介した〝闇の紳士〟たちの影がチラつき、暴力団や北朝鮮人脈が姿を現すのである。

坂本一家を殺害したのは果して、そうした連中なのか。

私にはやっと、Oが怯えていた真の理由が理解できたような気がした。

実際、自分の潜伏場所を知られてはまずいと思ったのか、Oは翌日には、その街から姿を消していた。

残念ながら、その組織自体の全貌は解明できていない。もともと所属していた組織はバラバラであるうえ、通常はお互い、あまり連絡を取り合わないようである。

ただ、一つだけハッキリとした共通点があることが分かった。

それは、メンバー全員が同じ信仰を持っていたことである。

「名古屋の男」は自供していた?!

〈こうなるといよいよ、「名古屋の男」に聴くしかあるまい〉

そう勇んで、男が勤めているはずの名古屋市の会社を訪れたが、既に会社は辞めた後であった。どうやら、私が「中伊豆の男」に接触したために、相手側に警戒されてしまったようだ。

男が勤めていたとされるのは、ある大手企業の系列子会社で、警戒が厳しく、男が在籍しているかどうかさえ、なかなか教えなかった。

〈殺人事件に関与した疑いがある元暴力団員が紛れ込むには、会社が立派過ぎるな〉

そう感じた私に、都内の企業舎弟の一人が見事に回答してくれた。

「男の勤務先の上部にあるグループ企業は、ある宗教団体と組んで怪しげな仕事をしたり、絵画取引疑惑で注目されたことがある。両者の間で大儲けしたのが、男が所属していた暴力団なんだ。そうした縁で、男はその会社に潜り込めたのではないか」

そう言われれば、その上部企業はパチンコ利権をめぐる相関図にも登場するし、オウム真理教が進出した前後に、同じルートを使い、ロシアとの貿易や大規模プラント開発に着手しており、企業舎弟の証言もまんざら当て推量とは言えないだろう。

それにしても、この「名古屋の男」の行方はなかなか摑めなかった。

坂本事件後、家族名義の銀行口座に約二百万円の〝報酬〟が振り込まれたが、手をつけた形跡はなく、どこかで働いていると見られるのだが、不動産や金融はもとより、男が姿を現わしそうな飲食、風俗、ギャンブル業界まで調べても、成果は上がらなかった。それでも情報が入る度に確認し、捜索の網を中部から関東、関西、九州にまで広げたが、組織的な支援を受けて逃げていると見られるだけに、難航した。

ただ、その過程で気になる情報に出くわした。ある捜査関係者が既に「名古屋の男」に接触している、というのである。

情報のルーツを辿って行くと、

「『名古屋の男』は捜査員の任意の事情聴取に応じ、坂本事件との関与を全面否定した」

という話が伝わってきた。

この情報は「神奈川県警の捜査員が密かに、『名古屋の男』に接触したが、坂本事件への関与を頭から否定され、事情聴取にも応じなかった」というものだった。

神奈川県警はいったい、何のために「名古屋の男」と接触を図ったのだろうか。

〈捜査のためか、証言させないための圧力か、まさか口封じではなかろうな……〉

そんな疑念と不安を抱きながら、取材を進めていく中で、私はある筋を通じて、一通の供述調書のコピーを入手した。

それは九七年春、「名古屋の男」が別の詐欺事件で関西の警察に逮捕され、取り調べを受けた時の調書であった。

調書の中身はもちろん、大半が逮捕容疑の事件に関する供述で埋まっていたが、その中にごく一部ながら、坂本事件に関する供述が含まれていたのだ。

男はまず、自分がかつて、中部地方に拠点を持つ広域暴力団の下部組織に所属していたが、九〇年ごろに組の許しを得て、脱会したことを明かした。

その後、首都圏や中部地方で不動産業や金融業などを営み、名古屋市内の会社勤務を経て、再び、関西や中部を中心に不動産売買の手伝いなどをしながら、各地を転々としていたという。

不動産売買の中には、脱会したはずの下部組織をはじめ暴力団絡みの地上げ、占有、土地転がし、宗教法人買いといった仕事がかなり含まれており、脱会はあくまで表面上のことで、実際には暴力団のお先棒を担ぎ、甘い汁を吸っていた実態が浮き彫りになった。つまり、「名古屋の男」は前出の暴力団幹部・Oと同様に、〝宗教舎弟〟だった可能性が高い、というわけである。

彼が語った経歴は、坂本事件以降、警察当局に寄せられた断片的な情報、例えば「実行犯の一人は組を離れ、不動産業を営んでいる」といった話が、概(おおむ)ね正しかったことを証明するものであった。

「名古屋の男」は、オウム真理教との関係について、

《私はオウム真理教のことは知っていますし、信者に何人か知り合いもいますが、私自身は信者ではありません。教団の幹部たちと、上の者（組の幹部）の関係は知りませんが、付き合いはあくまでビジネス上のことだと思います。オウムは豊富な資金力を持っていて、言い値で取引してくれるから、極上の商売相手であったことは間違いありません……》

などと述べている。

さらに、坂本事件に関しては当初、

《坂本一家の殺害には、直接はタッチしていません》

としていた。が、取調官の厳しい追及に耐え切れず、こう答えている。

《昔のことでよく覚えていませんが、上の者に言われて、何らかの協力をしたような記憶があります……》

そして最後には、

《現場の下見や犯行の準備などを手伝ったような気がします》

と、事件に関与していたことを認めているのだ。

しかし、具体的にどんな協力をしたかについては、《言えません》とか《覚えてい

ません》などと言って、詳しい供述を拒んでいる様子が窺われる。

オウムに協力した仲間については、

《何人かはいたかも知れませんが、お互い、あまり連絡を取り合っておらず、詳しくは知りません》

ととぼけ、その後の消息も、

《理由は忘れましたが、何か事情があり、組を破門されたと聞いています》

と述べたに止まった。

ただ、坂本事件で最も注目されている玄関の鍵に関しては、

《詳しいことは知りません。でも、素人が上の方から突然、「殺しに行って来い」と言われ、地図を見ながら何とか現場に辿り着いたら、たまたま本人が家にいて、玄関のドアの鍵が開いていた……そんな都合のいい事件など、ある訳がないでしょう》

と、〝奇妙な言い回し〟ながら、事前に何らかの工作が行われていたことを暗示するような供述を行っている。

残念なことに、この時の取調官が坂本事件について詳しくなかったうえ、逮捕された本件がかなり複雑で取り調べが難航したこともあって、最後まで追及し切れなかった感は否めない。

同じ警察本部にいる旧知の幹部に話を聞くと、本部からもベテランの取調官を派遣して立ち会わせたが、完全自供には至らなかったらしい。ただ、供述内容の裏付け捜査の過程で、この「名古屋の男」が坂本事件の周辺に頻繁に登場するフロント企業や、オウム顧問団の一員と見られる暴力団と弁護士の下に出入りしていたことが分かったという。

しかし、結局、「名古屋の男」は本件でも起訴を免れ、釈放後は刑事の尾行も巧みに巻いて、姿を消したのである。

この警察幹部の話の中で、

「取り調べの内容は、上層部が警察庁を通じて、警視庁や神奈川県警など一連のオウム事件に精通しているところへ報告していたはずや。正式な合同捜査とまでは行かなくとも、捜査協力や情報提供ぐらいは得られるんやないかと思ったからや。でも、取り調べに立ち会うどころか、どこからも連絡さえなかったんや」

という箇所が気になった。

この不可解な行動が単に、警察同士の縄張り意識から出たことなのか、それとも既に解決している事件に新事実が浮かぶことを恐れてのことなのかは分からない。

しかし、仮に、取り調べの結果がどのように出たとしても、坂本事件の真相を解明する絶好の機会を逸したことは間違いあるまい。

私は少しでも手掛かりを得ようと、九八年初夏、「名古屋の男」の取り調べに立ち会ったという捜査員に夜回り取材をかけた。

そのベテラン捜査員は、慎重に言葉を選びながらも、こう言った。

「奴は、もしかしたら、わしらに何かを言いたかったんやないやろか。わしらは最初、坂本事件について話を聴こうなんて、考えてもいなかったんや。その件についてはむしろ、奴の方から話し始めたぐらいや。奴は根っからの極道やし、前（前科前歴）もぎょうさんある。だから、良心の呵責に耐えかねて……なんてきれいごとを言うつもりはない。きっと仲間の末路を知って、黙っているのが怖くなったんやないか。それを手助けできんかったことは、一人の刑事として、残念でならんのや」

さらに、この捜査員は続けた。

「これは、奴が『これから言うことは調書に書かない』との条件で話したんやが、『オウム事件にはまだまだ、ハッキリしていない裏がたくさんある。それらは、永遠に分からないだろう』って言うんや。具体的な内容を聴いても、『いろいろ明らかになると、困る者が大勢いるから』と言うだけで、それ以上は何もしゃべらへん。あまりに思わせぶりな言い方なんで、一度どやしつけてみたんやが、反応は変わらんかった。奴は『自分はオウムでは絶対に捕まらない』って、胸を張って言うんや。何で、そんな自信あるんやって聴いてみたけど、薄笑いを浮かべ、『そういうことになっているから……』と言うばかりやった。もっとも、『自分らみたいな者はいずれ、どこかで消えてなくなる、ということです』てなこと言って、間違うても嬉しそうには見えんかったけどな。まあ、いずれにしても、わしら下っ端には難し過ぎて、よう分からんし、手に負えんちゅうことかな」

「名古屋の男」は、「坂本事件は暴力団とオウムが組んで起こした事件だが、その裏には〝深い闇〟がある」とでも言いたかったのであろうか。

いずれにしても、「名古屋の男」のその後の足取りは、全く摑めていない。彼はいったい、どこに消えてしまったのか。

妹への〝告白〟

二〇〇〇年七月上旬、「名古屋の男」の取り調べに立ち会ったベテラン捜査員が仕事で上京し、忙しい合間を縫って、二年余ぶりに再会した。

初老の捜査員は、私の顔を見るなり、

「わしはな。もしかしたら、奴が何かを言いたかったやないやろかて、ずっと思っておったんや。それが間違っておらんかったことが分かって、嬉しくてなぁ」

と言うと、鬼瓦（おにがわら）のような顔をさらにぐちゃぐちゃに崩して笑った。

二年余前、「奴」こと「名古屋の男」を自供させられず、悔恨の情を浮かべていた刑事が今、目の前でニコニコしているのはなぜか。

「実はな……。奴のことはずっと気になってはいたけど、わしらのとこには、オウムの帳場（捜査本部）はないし、実際は、何もできんかったんや。そうしたら昨年秋、ある恐喝事件で暴力団員宅にガサ（家宅捜索）をかけた時、その情婦のカバンからこんな手紙が出てきてな」

捜査員はそう言って、背広の内ポケットから一通の手紙のコピーを差し出した。

よく見ると、消印は九八年十二月四日付で福岡県内の郵便局から投函されており、差出人は「名古屋の男」であった。

捜査員によると、暴力団員の情婦は「名古屋の男」の末の妹に当たり、両親やほかの兄弟が病死したため、男にとってはたった一人の身寄りなのだという。

その手紙を読み始めた途端、私は全身が震え出すのを感じた。そこには、

《俺は十年前、とんでもないことを仕出かしてしまったんだ……》

と書かれてあった。

私はその後も、「名古屋の男」の足取りを追跡したが、全く摑めなかった。

しかし、取材を進めるにつれ、「名古屋の男」がオウム顧問団の一員と見られる暴力団幹部と弁護士の元に出入りしていたことが判明。「名古屋の男」や「中伊豆の男」が前述した殺人請負組織のメンバーであった、との情報が出てきたのだ。

彼らは果して、殺人請負組織のメンバーとして、坂本事件に関与したのであろうか。

それゆえ、「名古屋の男」の手紙にあった《とんでもないことを仕出かした》との記述を読んだ瞬間、彼が犯行を自供しているのではないかと思った。

〈やはり、彼は坂本一家を殺害したのか。実行犯の中に、殺人請負組織のメンバーがいたということか〉

そう感じながら、手紙のコピーを貪るようにして読んだ。

手紙は便箋で十数枚に及ぶ長いもので、一口で言うと、妹に対し、《自分は想像できないような恐ろしい世界に身を置いている》ので、《俺のことは忘れてくれ》と告白し、《わずかだけれど、金を二百万円ほど送る》から、《悪い男とはすぐに別れ、体に気をつけて、幸せになってほしい》と訴えかけた内容であった。

肝心な《とんでもないこと》については、残念ながら、何ら具体的な記述はなかった。ただ、

《人間の命は何よりも尊い。天からの授かりものだから、大事にしなければ……》
《「殺生」こそ、人間が最も犯してはならない行為である。この戒を破った者は、やはり天罰を受けることになるだろう》
《私は健康だし、経済的にも困ってはいない。ただ、心の中は後悔の念でいっぱいだ（中略）後悔先に立たずと言うけど、本当にそう思う。○○（妹の実名）も、悔いの残らないように生きてほしい》
など、極めて断片的で曖昧な表現ながら、自分は《殺生》を犯し、《後悔の念》に苛まれている現状を打ち明けていた。
現在の自分の境遇などに触れた記述はないが、注目すべきなのは、《組織》について語った次の部分である。
《俺の所属している組織は、腕を磨き、心身を鍛える場としては最高だ。俺たちは選ばれた者であり、それにふさわしい栄誉と待遇が与えられる》
《しかし、上の命令には絶対服従で、結局はチューンナップされたマシンでしかないのかも知れない。つらいのは、マシンは感情を持ってはいけないことだ。もし、この教えに反すれば、俺たちに待っているのは死である……》
そして、最後に前出のベテラン捜査員に語ったのと同じような言葉が出てくる。

《俺たちみたいな者はいずれ、どこかで消えてなくなる運命にある。自分がやってきたことを考えれば、それは仕方ないし、そうならなければいけないんだと思う》

「名古屋の男」は今、どこで何をしているのか。

唯一の肉親である妹の幸せを願って、男が送ったはずのお金が、未だに届いていないことも気になる。

妹は親友に、こんな話を漏らしていた。

「お兄ちゃんが苦しんでいる様子なので、手紙を貰って以来、ずっと心配だった。(九九年の)正月に電話がかかってきた時、思い切って『何かあったの』って聞いてみたの。そうしたら、詳しいことは何も言わないんだけど、『親子揃った家庭が一番素晴らしいぞ』なんて柄にもないことを言うのね。それに、私がお腹の子を堕そうとしているのを知って、『お前、間違ってもお腹の赤ん坊を殺すような真似はするなよ。子供を殺すってことは物凄い罪悪なんだ。絶対、子供を殺してはいけないぞ』って言うのよ。あんまり変なことを言うので、『お兄ちゃん。どうしちゃったの。子供を殺したの』って聞いたら、笑って何も答えなかった。いったい、何があったのかしら……」

もしかしたら、「名古屋の男」は坂本事件で一家三人を殺害した苦悩に耐え切れず、妹に心の中で、犯行を〝告白〟し、命の大切さを伝えようとしたかも知れない。

感情を殺した殺人マシンにはなれなかった、ということだろうか。

それにしても、妹思いの兄は、九九年一月の電話を最後に一切、連絡を断っているという。

「名古屋の男」の身に、何かあったのであろうか。

「いずれ、どこかで消えてなくなる」

彼が妹や捜査員に漏らした言葉が、私の耳にこびりついて離れなかった。

「名古屋の男」は、坂本事件の真相とともに、闇に葬られてしまった――と思えてならないのである。

エピローグ

闇夜に啼くカナリア

一連のオウム事件で最も印象に残っているシーンは、九五年のオウムへの強制捜査で、防毒マスクや防護服に身を固めた捜査員たちが、片手にカナリアの鴛籠を持ちながら上九一色村の教団施設に入っていく姿である。

「あの時は、何が起きるか分からなかったので、正直言って怖かった。拳銃の弾が飛んでくるなら防ぎようがあるが、いきなりサリンをまかれたんじゃ、どうにもならないからね。おそらく、捜査員の誰もが身を清め、神仏に祈り、家族と水盃を交わして強制捜査に臨んだと思う。無事に済んで、本当に良かったよ」

そう明かすのは、捜査に参加したベテラン刑事の一人。あの強烈な印象を受けた捜索風景はまさに、命懸けの瞬間だったのだ。

ところで、日本国内で防毒マスクを製造している企業のうち、大手は「興研」「重松製作所」の二社である。特に「興研」は防衛庁向けの防毒マスクを独占的に供給し、産業用防毒・防塵マスクなどを加えても、両社のシェアは八割を超していると言われる。

業界関係者によれば、商品の性格上、通常は爆発的に売れることはないが、九五年は阪神・淡路大震災と地下鉄サリン事件の影響でかなりの需要があったという。両社の株式はともに非上場の店頭株で、普通はあまり売買されることはない。例えば、両社の株式の終値を無作為に見ると、九六年一月八日は「興研」が千六百円で、「重松」が六百三十五円。また、九五年十月三十日は「興研」が千五百円で、「重松」が五百十一円と、それほど変わらない。

ところが、である。

その両社の株式が、九五年三月二十日に起きた地下鉄サリン事件の約二週間前から店頭で大量に買われ始めていたのだ。

三月六日は「興研」が二千五百円、「重松」が八百十五円。七日が二千五百八十円と八百十五円、八日が二千四百円と八百十五円といった具合に、終値が高くなっている。

右・毒ガス検知のため持ち込まれたカナリア
上・防毒マスクを着用して命懸けの突入

上九一色村での強制捜査

これが地下鉄サリン事件の発生後であれば、投資家が株価高騰（こうとう）を狙って買いに走るのも頷けるが、二十二日は「興研」が千七百五十円、「重松」が七百八十六円と、逆に下がり始めており、事件前の高値がいかに〝不可解な現象〟であるかが分かる。

これだけなら、無理やりこじつけて、オウム真理教に対する強制捜査が迫っていたことなどを理由にできなくはない。

だが、両社の株式は九四年六月二十七日に発生した松本サリン事件の約一週間前にも高値を付けていたのだ。

同じ年の二月二十三日には、「興研」が千六百円、「重松」が五百五十円。四月四日にも千六百円と五百二十二円だった両社の終値が、六月二十日は千八百五十円と九百七十円に上がり、その後も千八百円〜千九百円台と、千九百円前後を続けている。

証券関係者は、こう話す。

「こうした銘柄は通常、店頭では一日数千株から一万株単位で売買される程度なのに、その時期は何と、十万、いや百万株近い単位で動いていました。投資家が幾つもの証券会社で小口で買い集めたのか、その時は分からず、後でびっくりしたんです」

両社の周囲を取材しても、急に株価が上がるような要因は出てこなかった。そうなると、この事実は何を意味するのか。

「まあ、あまり考えたくはないですが、誰かが松本、地下鉄両サリン事件の発生を予測して買った、と見るのが最も自然ですね」

とは前出の証券関係者。

ところが、いくら捜査しても、教団幹部はもとより、オウム関係者が株の売買を行っていた形跡は出てこないのである。

彼ら以外で松本、地下鉄両サリン事件を予測できる人物とは、いったい誰か。

本書ではこれまで、オウム真理教が野望と狂気を募らせていく過程で、オウムに絡む利権を狙い、その突進力を利用しようとした輩がいたことを指摘してきた。

それは政治家や官僚、暴力団といった国内の〝権力者〟たちに止まらず、ロシアや北朝鮮など海外の勢力も含まれている。

そうした〝オウムを操った連中〟が両社の株を購入したのだろうか。もし、そうだとすれば、彼らは松本、地下鉄両サリン事件を事前に察知していたことになり、オウムを使って両事件を起こしたのも同然であろう。これら〝闇の勢力〟の実態を明らかにすることなく、一連のオウム事件の真相解明はあり得ないのである。

この問題については、多くの有識者や専門家たちが同様に不審や疑念を抱き、さまざまな形で指摘している。

元東京地検特捜部長で弁護士の河上和雄は、自著の中で、こう記している。
《多くの政治家たちが、その所属政党とは無関係に宗教に色目を使い、宗教の手先となっている。試みに新興宗教の新年名刺交換会に出席してみれば、いかに多くの政治家たちが宗教にお世辞を使い、おこぼれにあずかろうとしているかがよくわかる》
《確かに、新興宗教は、信者という名の票と信者から集めた十分な資金をもっており、それが法人税法の公益法人ということで手厚く保護され、宗教行事がいかにインチキ臭いものでも非課税ということで税金も払わずにいるから、票も金も喉から手の出るほどにほしい政治家にとっては、ありがたい存在であろう》
《オウムのような宗教団体に対してさえ、政治家の一部が警察の捜査に関連していちゃもんを付けてきたほどであり、インチキ宗教をここまで野放しにしたのは、まさに政治の責任といって過言でない》
　河上は坂本事件についても、
《警察活動は必ずしも徹底したものばかりではなかった。その背後には、信教の自由を振りかざす宗教法人側の態度もあったであろうし、大物小物の政治家からの働きかけも数多くあったことであろう》
《この（坂本）事件の捜査に数人の政治家がオウムの依頼で介入した疑惑がある。い

ずれ公判で明らかになる可能性がある》

などと記している。

河上は具体的な事実は明らかにしていないが、ここまで言い切る以上、何かしらの情報を摑んでいるはずだ。

また、政治家の中にも、オウム事件に対する政府や捜査当局の取り組み方に疑問を抱いている人たちがいた。九五年六月、超党派の国会議員二十六人で結成した「オウム問題を考える議員の会」のメンバーである。

この会は「オウム真理教事件の徹底的な真相究明に加え、この事件が投げかけたさまざまな問題を取り上げ、政治の場で追及していこう」という有志が集まってできたグループで、霊感商法による被害者救済に当たってきた弁護士出身の議員や、宗教問題や教育問題に取り組んできた議員たちが参加。九五年十月には、当時の村山首相に対し、「オウム事件の解決に広い視野で取り組み、特に新法の制定が必要である」と申し入れたり、海外の専門家らを招いてヒヤリングを行うなどの活動を行っている。

その代表世話人である衆院議員の石井紘基は結成後に、こう話していた。

「今後は、オウムと政党の関係をきちんと解明していかなければならない。オウム事件というのは、明らかに麻原被告がすべてじゃない。麻原被告は政治家をはじめとする〝ある人物〟らに操られていたと思う。例えば、サリン製造疑惑に深く関わったと言われる元オウム幹部が逮捕されていないのは、ある政治家が手を回した疑いがあるし、ほかにも、政治家とオウムとの間には、いくつか疑惑が残されたままだ」

同会が編纂（へんさん）した本の中の議員同士の座談会でも、石井はこう言い切っている。

《オウム真理教は、宗教法人制度をうまく利用してアンダーグラウンドで儲けようという要素を非常に強くもっていたのだと思います。それが暴力団と結びつき、国際的に密貿易をしたり、薬物を流したりしたのはいったい、何のためだったのか。不可解なことを不可解なままお蔵入りさせようとしているとしか思えないのです（中略）警察はなぜオウムの国際的活動について、あるいは、さまざまな関係人脈について調査や事情聴取をしないのか。政府はどうして、オウム事件について何もしないのか。これらはすべて、単に麻原の異常さや宗教的理由などでは説明がつかないのです……》

こうした〝闇の勢力〟に対しては、肝心の捜査当局も、政治や外交問題という厚い壁に阻（はば）まれ、無力であった。が、それは、警察という組織にも問題があったからだ。

これまで述べてきたような派閥争いや縄張り意識もそうであるし、警察出身の政治家からの〝圧力〟もしかり。「キャリア」と呼ばれる一握りのエリート官僚が支配することによる組織の硬直化も悪影響を及ぼしているだろう。

ただ、一連のオウム事件を見ていると、警察の及び腰は、そんなことだけが原因ではないように思われる。

警察当局にいったい、何があったのか。

ここで、プロローグで紹介した「伝説」を思い出して欲しい。

その「伝説」が暴力団に漏れ出したのは、ひょんなことからであった。

「オウム真理教がまだ、『オウム神仙の会』と呼ばれていたころ、ある小さな事件をきっかけにして現地の警察に目を付けられていたことがあった。ところが、当局が二年がかりでいよいよ、麻原ら幹部から事情聴取を行い、本格的な取り調べに入ろうとした矢先、なぜか、上の方からストップがかかったらしい。その事件自体は、後に次々と判明した一連のオウム事件のような凶悪犯罪ではなかったし、オウムの名前もまだ知られていなかったから、現場の捜査員たちは皆、訳が分からずに首を傾げはしたが、結局、そのままになったようだ。当時の捜査員たちは、オウムの実態が明らかになるにつれ、『あのころ、オウムを摘発していれば、地下鉄サリンなど悲惨な事件を未然に防げたかも知れない』と悔しい思いをしていた、と聞いている」

捜査関係者の一人は、そう明かす。

その〝小さな事件〟があったのは、二人がいた県であった。

しかし、それが「伝説」とどう繋がるのであろうか。

「その事件が潰れたという噂は、私も警察内部で耳にしたことがある。でも、その背景にある話の方が、もっと興味深い内容なんだよ」

と話すのは、別の警察関係者。

「事件が潰れた時期は、オウム側がちょうど、東京都に宗教法人の認証を得るため申請している最中で、トラブル発覚にはかなり神経質になっていたんだ。八か月後、オウムは坂本一家を殺害しているが、それも認証を得た直後ゆえに、トラブルの表面化を恐れて犯行に及んだとされている。だが、事件を潰すためには警察全体を相手にしなければならないし、まさか刑事を皆殺しにする訳にもいかない。困り切ったオウムは、その当時親しい関係にあった暴力団組長に対応策を相談した、というんだ」

この警察関係者はさらに、こう続ける。

「その暴力団が独自の情報網を駆使して調べたところ、現地警察の最高幹部経験者の女性スキャンダルが浮かんできたという訳だ。そこで警察組織に太いパイプを持つ政治家らを通じて、警察当局の上層部に『スキャンダルを公にしない代わりに、〝小さな事件〟の捜査を打ち切ってほしい』といった趣旨の取引を持ちかけた、という途方もない話なんだ」

つまり、「伝説」はオウムとの関連が囁かれている暴力団に流れ、捜査への圧力の材料として使われたというわけであり、確かに、信じがたい話である。

だが、この警察関係者が明かした女性スキャンダルは、登場人物から発生場所、年月日、ストーリーの細部に至るまで、冒頭に紹介した「伝説」そのものであった。

実際、そうした取引が行われたのか、また、それが功を奏したかは定かではない。

だが、結果的にその事件に関する捜査はストップがかかり、麻原にお咎めはなかった。かくして、「伝説」は再び、闇の中に葬られた。

ところが、その〝信じがたい話〟は、後のオウム捜査に少なからぬ影響を及ぼしたのである。

私は第四部で、坂本事件への暴力団関与説を唱えた捜査員たちが次々と更迭されたり、上司に意見具申しても「かなり上の方の意向で潰された」ことを明らかにした。警察上層部が現場の捜査員たちの暴力団関与説を真っ向から否定したため、暴力団ルートの捜査は打ち切らざるを得なくなったわけである。

こうした有形無形の〝圧力〟の系譜を辿って行くと、現場に横やりを入れた上層部の背後に、数人の警察官僚や、その意を受けたOBらの影がチラついていることが分かったが、それらのほとんどが何と、プロローグで紹介した上司の関係者や腹心、子飼いの部下たちであった。

この上司は出身地派閥の関係で、パチンコ利権に登場した大物政治家とも繋がりがあり、周辺にはオウムとの関係が囁かれる団体に関わったり、ロシアや北朝鮮の利権絡みで名前が浮上したことがある人たちが蠢いていた。

さらに、彼の腹心たちの中には、風俗産業やパチンコ業界との関係から、暴力団や在日朝鮮人などとの繋がりを指摘される人たちもいたのである。

オウムの闇は、我々が思っている以上に、深くて、暗い。

わずか一羽や二羽のカナリアでは、たとえ毒ガスを浴びなくとも、自由に飛び立つことはできまい。

それでも、闇に向かって、せめて一声、啼くことぐらいはできるのではないか。

あとがき

「あの時は、どうかしてたんや。若気の至りちゅうか、上の者から『あいつらは許せん奴らや』とか、『お前がやることは正義や』なんて言われて、すっかりその気になって、自分がやることの意味を少しも考えんかった。ホンマ、恐ろしいわ」

これは、ヒットマンの経験がある元暴力団員の口から出た言葉だ。この男は十数年前、敵対組織の幹部を拳銃で襲撃したが失敗し、自ら重傷を負った揚げ句、二年ほど前まで服役していた。

《思い込んだら、命懸け》

という言葉があるが、この男曰く、「いったん、こうやと思い込んだら、ほかのことは何も見えなくなって、まんまと騙され、利用されてしまうんや。真面目な者ほど危ないで」という。

こうした経験は何も、犯罪者に限ったことではなく、一般社会でも往々にしてあることだ。

通勤電車内で美少女にジーッと見つめられ、〈俺に気があるんじゃないか〉と思って声をかけたら、近視で何も見えていなかったとか、ウーロン茶を飲めばダイエットになると毎日がぶ飲みして腹を下したなど、私の周囲にも〝危ない輩〟が大勢いる。

好き嫌いとか、善悪、正誤、美醜……など、私たちは何事も直ぐに「これしかないぞ」と決めつけ、思い込みたがる習性がある。身の回りに不安材料があるほど、その傾向は強くなるような気がする。

そんな思い込みの激しい小市民が起こした犯罪が、一連のオウム事件ではないだろうか。

そうとでも思い込まなければ、一流大学出のエリートたちが、いかにも胡散臭そうな麻原の荒唐無稽なホラ話を信じ、あの汚らしい男が入浴した後の水をカネまで出して飲んだり、無差別大量殺人兵器のサリンを製造してバラまいたことを、とても理解できないからだ。

冒頭の元ヒットマンが言うように、こんな馬鹿者どもが大それたことを仕出かす時は必ず、裏で巧妙に糸を操り、金儲けや自分の野望を遂げようとする奴がいる。実行犯たちは意外と、何も分かっていないケースが多い。

一連のオウム事件の背後にも、日本の政財界、暴力団から、ロシアや北朝鮮などの工作員、宗教団体、マフィアまでが蠢いており、こうした〝オウムの闇〟を暴くのが本書の狙いである。

本書は月刊誌「新潮45」の九五年六月号から八月号と十一、十二月号及び、九六年五月号から八月号に計九回にわたって連載された記事をもとに加筆し、二〇〇〇年七月に出版した拙著「オウム帝国の正体」（新潮社刊）の文庫版である。

雑誌連載当時は、オウム真理教への強制捜査や麻原逮捕へのカウントダウンが始まるなど、オウムをめぐる情勢が刻々と変化する中で、地下鉄サリン、国松長官狙撃、村井刺殺……と凶悪事件が次々と発生し、警察やマスコミ、そして社会全体が一種のパニック状態に陥っていた。

そんな混乱と喧騒の中で、週刊誌いや新聞並みの超過密スケジュールで取材、執筆したことを思い出す。それこそ、「思い込む」余裕はなく、「追い込み」をかけられる気分で書いた連載原稿と、そのぼう大な量の情報を懸命に整理してまとめた単行本原稿が六、七年を経た今、いささかも色褪（いろあ）せず、むしろ新鮮な感覚で読めたのには、正直言って驚いた。

これは自画自賛でもなければ、ましてや、ノスタルジーなどでもない。オウム真理教が今なお、かつての強固な信仰と組織、豊富な資金力を保持し、ますます意気軒昂だからこそ、そう感じるのだ。

一連の事件後、オウムは教団名や代表者を変え、ひっそりと活動を続けているかに見える。だが、実際は「二千年帝国」樹立に向けて、着実に動き出している。東京・世田谷区の新しい拠点では未だに、電極付きのヘッドギアを被った若者たちが修行に励む姿が見られるし、かつてのパソコン事業、最近では不安な世相や健康ブームを背景にしたウォータービジネスや宗教的事業などで莫大な利益を上げている。

それだけではない。

元代表、麻原の裁判は二〇〇三年七月、初公判から七年三か月を経て、ようやく結審し、同年秋にも一審判決が言い渡される見通しが出てきた。が、これまで数多く行われた教団幹部たちの公判を合わせても、一連の事件の真相や背景が解明されたとは到底思えない。

オウム事件とは何だったのか——については、何も分かっていないと言ったら言い過ぎであろうか。

本書は、そうしたオウムの事件直後の状況と動向を第一部で紹介し、第二部からはオウム事件最大の〝闇〟とされる国松長官狙撃、村井刺殺、坂本弁護士一家殺害の三大未解決・未解明事件の真相究明を試みた。できるだけ当時の模様を忠実に再現するため、敢えて連載・単行本原稿の内容や表現を最大限に生かしたことを断っておきたい。

さらに〝オウムの闇〟を解明するために幅広く情報収集を行い、それらを大胆かつ積極的に紹介するように心がけた。

ジャーナリストと称する人たちの中には、わずかな警察情報や公判記録などを基に「そういう話は聞いているが、証拠がないので書けない」などと最初から尻込みしてしまうことが多々ある。

北朝鮮がこのほど認めた日本人拉致事件についても、全国紙の記者たちの多くは当初、救出を訴える被害者の家族たちに対して、「北朝鮮が拉致したという確たる証拠もないのに、軽々しく騒いではいけません」などと〝したり顔〟で語り、結局、何もしなかった。

本書では、情報を可能な限り多くお伝えするため、あらゆる手段を講じたと言っていい。

もっとも、オウム真理教のその後の動向や、新たに判明した事実などを書き加え、本書では触れなかった松本、地下鉄両サリン事件などほかのオウム事件の真相に言及すれば、現在の倍以上の分量を以てしても描き切れる自信がない。それらは、もし別の機会があれば、新たに書こうと思っている。

文中はすべて敬称を略し、どうしても肩書などが必要な場合は、各部の最初にだけ付けた。肩書は当時のままか、当時が分かるようなものに統一した。姓名の一部を正式には旧字体で表記する人に関しては、筆者の判断で常用漢字とし、麻原彰晃については、本名の松本智津夫ではなく、原則として麻原を用いた。

末筆ながら、貴重な情報を提供してくれた事件関係者や警察関係者、さらには取材に協力してくれたり、本書出版を支えてくれたスタッフ全員に感謝したい。

二〇〇二年九月

一橋　文哉

資料編

（オウム真理教事件関連年表
主要幹部の裁判現状早見表）

オウム真理教事件関連年表（捜査、裁判で明らかになった主要事項・西暦）

年	月	日	
55	3	2	松本智津夫が熊本県金剛村（現・八代市）で七人兄弟の四男として生まれる。
78	1	7	松本が石井知子と結婚、千葉県船橋市で鍼灸院を開業。
82	7	13	松本が薬事法違反で、20万円の罰金刑を受ける。
84	2	14	東京都渋谷区で「オウム神仙の会」を設立。
			松本は初めて麻原彰晃と名乗る。
	5	28	「株式会社オウム」を設立登記。
85	秋		雑誌『ムー』などに麻原の〝空中浮揚〟写真を掲載。
86	3		麻原の初めての著作『超能力秘密の開発法』を出版。この頃から「グル」を名乗り、「シャクティーパット」等のイニシエーションを有料で始める。
	10		本部を世田谷区に移転、出家制度をスタート。
87	1	4	丹沢集中セミナーで、麻原が「タントラヴァジラヤーナ」「ポア」の説法を行う。
	7		団体の名称を「オウム真理教」と改める。
	11		ニューヨーク支部を開設。
88	3		「血のイニシエーション」をスタート。
	8		静岡県富士宮市に富士山総本部道場を開設。

9 富士山総本部道場で死亡した在家信者の遺体を護摩壇で焼却する。
11 東京都江東区に東京総本部道場を開設。
89・2 田口修二さんリンチ殺害事件発生。
3・1 東京都に宗教法人の認証を申請。
6・22 坂本堤弁護士ら、「オウム真理教被害対策弁護団」を結成。
8 東京都選管に政治団体「真理党」を届け出。
8・25 東京都が「オウム真理教」を宗教法人として認証。
8・29 オウム真理教が宗教法人設立を登記。
10・2 『サンデー毎日』が「オウム真理教の狂気」の連載を開始。麻原ら編集部に抗議に押しかける。
10・21 「オウム真理教被害者の会」を結成。
10・26 早川紀代秀、上祐史浩、青山吉伸がTBSに抗議、放映中止を要求。
10・31 早川、上祐、青山が横浜法律事務所で坂本弁護士と面会。
11・4 坂本弁護士一家殺害(当初は失踪)事件発生。
11・23 麻原が西ドイツのボンで記者会見し、坂本弁護士一家失踪事件との関係を否定する。
90・2・18 総選挙で東京四区から立候補した麻原が一七八三票で落選。
3 麻原が遠藤誠一らにボツリヌス菌培養を指示。
麻原が第一サティアンで幹部たちに、「人類を救えるのはヴァジラヤーナしかない。今の人類はポアするしかない」と無差別殺人を説く。

4 都内で大量のボツリヌス菌散布による無差別殺人を計画し、信者を避難させるため石垣島セミナーを開催するが、菌の分離に失敗。

5 熊本県波野村に約15ヘクタールの土地を取得し、造成を開始。

10 波野村の造成問題で、熊本県警が早川、青山を国土利用計画法違反などで逮捕。後に、石井久子も逮捕。

91・春 山梨県上九一色村に教団施設群の建設を開始。

11 モスクワに「ロシア日本大学」を設立、翌92年2月の麻原・ロボフ会談でロシア進出が決まる。

92・3 麻原が約300人の信者を連れ、ロシア救済ツアーを実施。

9 モスクワ支部を開設。

12・10 東京都港区に東京総本部道場を開設。

12 麻原、早川にロシアでの自動小銃密造のための調査を指示。

93・2・28 村井秀夫らがロシアから自動小銃の部品や銃弾を持ち帰る。

3 麻原が村井を通じて、土谷正実に毒ガスの大量生産に向けた研究開始を指示、早川には毒ガス製造プラントの建設を指示。

4・9 麻原、説法で初めて「サリン」について言及する。

6 教団のダミー会社が毒ガス生成用試薬を購入。

台湾にパソコン会社「マハーポーシャ台北支店」を設立。

6〜7 教団亀戸道場で二度にわたり炭疽菌を散布するが、悪臭を発しただけで失敗に終わ

8　土谷がサリン大量生成方法を完成、村井はサリン70トン生産計画を麻原に説明し、了解を得る。

9　第七サティアンが完成。

10・25　麻原が「教団施設が毒ガス攻撃を受けている」と説法。

11　大型ラジコンヘリを二機購入するが、岐部哲也が操作に失敗し、大破。

12　土谷と中川智正がサリン600グラムの生成に成功。村井は二人に5キロ生成を指示。

12　モスクワで私設警備会社『オウムプロテクト』を設立。

12・18　早川が旧ソ連製大型ヘリを購入。麻原が土谷にLSD製造を指示。

12末　土谷と中川がサリン3キロ生成に成功、八王子市の創価学会施設の周辺で噴霧し、池田大作名誉会長殺害を図るが失敗、新実がサリンを吸入し、重体に陥る。

94・1・30　麻原は村井を通じ、土谷と中川にサリン50キロ生成を指示。

2　落田耕太郎さんリンチ殺害事件発生。

2・22　中川らがサリン30キロ生成に成功。

2・28　教団幹部が中国旅行。

4　麻原が千葉市内のホテルに横山真人らを呼び、一千丁の自動小銃製造を指示。

村井が土谷に爆薬サンプルの製造を指示。富士川河口付近でサリンの噴霧実験を行い、中川がサリン中毒にかかる。

5・1 オウム信者たちがロシアで軍事訓練を受ける。同年9月にも行う。
土谷と遠藤がLSDの合成に成功。麻原は人体実験の後、「キリストのイニシエーション」として活用。
5・9 滝本太郎弁護士サリン殺人未遂事件発生。
6・1 旧ソ連製大型ヘリが到着。
6 村井が土谷に覚醒剤製造を指示。
教団組織として省庁制を採用。二十二省庁を開設、大臣と次官を置く。
6・27 松本サリン事件発生。
7 麻原が中川にサリン70トン生成を指示。土谷がVXガス製造を開始。
7・9 第七サティアン付近で悪臭騒ぎが起きる。15日にも同様の騒ぎが発生。
7・10 冨田俊男さんリンチ殺害事件発生。
8 村井が青酸、ホスゲンなどの製造を指示。
10 LSDや覚醒剤を使ったイニシエーションを開始。
11 警察による捜索情報が流れ、サリンプラントを肥料プラントに偽装。
電気ショックで記憶を消す「ニューナルコ」を開始。
12・2 水野昇さんVX襲撃事件発生。
12・5 元日劇ダンサー長女監禁事件発生。
12・9 ピアニスト監禁事件発生。
12・12 浜口忠仁さんVX殺害事件発生。

95・1・1 「上九一色村でサリン残留物検出」との報道を受け、第七サティアンにシヴァ大神の像を造るなど偽装工作を開始。

1・4 被害者の会の永岡弘行会長VX襲撃事件発生。

2・28 目黒公証人役場の仮谷清志事務長の拉致、監禁(致死)事件発生。

3・18 麻原が村井に地下鉄サリン事件の総指揮を指示(リムジン内共謀)。

3・20 地下鉄サリン事件発生。

3・22 上九一色村など全国の教団施設へ強制捜査。

3・30 国松孝次・警察庁長官狙撃事件発生。

4・8 林郁夫を逮捕。

4・23 村井秀夫刺殺事件発生。

4・30 地下鉄新宿駅トイレに青酸ガス発生装置を仕掛けるが失敗。5月3日、5日も試みるが、5日に発火炎上しただけですべて失敗に終わる。

5・6 林の自供で地下鉄サリン事件の全容解明。

5・16 麻原を逮捕。東京都庁で小包爆弾が破裂、知事秘書が重傷に。

5・20 神奈川県警が岡崎一明の自首調書を作成。

9・6 坂本弁護士一家の遺体発見。岡崎を逮捕。

10・7 上祐を逮捕。

10・25 麻原が弁護人を解任。

10・30 東京地裁が宗教法人「オウム真理教」に解散命令。12月19日に東京高裁が教団側の

12・20 即時抗告を棄却し、解散命令が確定。
96・3・28 初の破壊活動防止法を公示。
4・24 東京地裁が教団の破産を宣告。
5・26 麻原の初公判。
98・5・26 地下鉄サリン事件などで、東京地裁が林郁夫の自首と犯罪解明に対する貢献を認め、異例の無期懲役判決、6月9日に確定。
10・23 坂本弁護士一家殺害事件などで、東京地裁が岡崎一明に死刑判決。オウム事件で初の極刑判決となった。
99・9 教団が活動休眠宣言。
12・1 教団が初めて、一連の事件への関与を認め、被害者への謝罪と補償を明言した。
12・3 オウム新法（団体規制法、被害者救済法）が成立、27日に施行。
12・27 公安調査庁がオウム新法（団体規制法）に基づき、公安審査委員会にオウム真理教への観察処分を請求。
12・29 上祐が出所。
2000・1・18 教団の名称を「アレフ」に変更することを発表。
上祐が会見で、麻原が一連の事件に関与していたことを初めて認めた。
1・31 公安審査委がオウム真理教に対し、3年間の観察処分を決定。
2・4 団体規制法による初の立ち入り検査が実施される。
6・28 タイで拘留されていた田中義三が日本に移送され、警視庁が逮捕。

7 麻原の長男・次男・次女・四女らが茨城県竜ヶ崎市に移転。

11・18 麻原奪還計画を実行直前だったオウム・ロシア支部元幹部ドミトリィー・シガチョフらが、ロシア連邦保安庁（ＦＳＢ）に逮捕される。

2001・1・18 和歌山刑務所に服役していた石井久子が満期出所。

1・23 麻原の長女が東京都北区内で万引きで逮捕される。

1・25 オウム・ロシア支部元幹部のシガチョフに、自由剝奪8年の判決が下る。

上祐が世田谷区千歳烏山のマンションに移転。以後、実質的な本部となる。

2002・1・21 上祐がアレフ代表に就任。名実ともに上祐体制が発足。

9・17 小泉純一郎首相が北朝鮮を訪問。金正日と初の日朝首脳会談を行う。

横山　真人	科学技術省次官	—	—	—	—	—	—	—	○	—	死刑判決控訴中
林　郁夫	治療省大臣	—	—	—	—	—	—	○	○	—	無期懲役確定服役中
林　泰男	科学技術省次官	—	—	—	—	—	○	—	○	○	死刑判決控訴中
松本　知子	教祖の妻	—	—	—	○	—	—	—	—	—	懲役六年既に出所
石井　久子	大蔵省大臣	—	—	○	—	—	—	—	—	—	懲役三年八か月既に出所
上祐　史浩	ロシア支部長広報部長	—	—	○	—	—	—	—	—	—	懲役三年既に出所
土谷　正実	第二厚生省大臣	—	—	—	—	—	○	—	○	—	一審審理中
遠藤　誠一	第一厚生省大臣	—	—	—	—	○	○	—	○	—	一審死刑判決

田口　田口修二リンチ殺害事件
坂本　坂本弁護士一家殺害事件
国土　熊本県波野村の国土利用計画法違反事件
落田　落田耕太郎リンチ殺害事件
滝本　滝本弁護士サリン襲撃事件
松本　松本サリン事件
仮谷　公証役場事務長・仮谷清志監禁致死事件
地下　地下鉄サリン事件
新宿　地下鉄新宿駅、青酸ガス事件
（敬称略）

オウム真理教主要幹部の裁判現状早見表

（2002年10月現在）

氏名	麻原彰晃	村井秀夫	早川紀代秀	青山吉伸	新実智光	井上嘉浩	岡崎一明	中川智正
教団での地位	教祖	科学技術省大臣	建設省大臣	法務省大臣	自治省大臣	諜報省大臣	元総務部長	法皇内庁長官
田口	○	○	○	−	○	−	○	−
坂本	○	○	○	−	○	−	○	○
国土	−	−	○	○	−	−	−	−
落田	○	○	−	−	○	○	−	○
滝本	○	−	−	○	−	−	−	○
松本	○	○	−	−	○	−	−	○
仮谷	○	○	−	−	−	○	−	○
地下	○	○	−	−	○	○	−	○
新宿	−	−	−	−	−	○	−	○
現状	一審審理中	刺殺され死亡 不起訴	死刑判決 控訴中	懲役十二年確定 服役中	死刑判決 控訴中	無期懲役判決 控訴中	死刑判決 上告中	一審審理中

解説

安原顯

大昔から「事実は小説より奇」に決まっている。

その上昨今は、世界的にも奇怪な事件が多く、想像力で物語をでっち上げるフィクション作家は、次第に書きにくい状況になりつつある。それと比例するようにノンフィクション作家の力作、労作が目立つようにもなり、少しずつだが、逸材も増えてきた。いわゆるフィクションの創作が書きにくい状況ならば、時には「炭抗のカナリア」的作品が出てきてもよさそうなものだが、これまた世界的に見て、ほとんどなきに等しい。

人口増加による水や食糧不足、地球温暖化による天変地異、日本に目を転じても政・官・業らの呆れる破廉恥犯罪など、フィクションとして書くべきテーマは山ほどあるが、なぜかそれをしない。

また、自称フィクション作家に比べると、優秀なノンフィクション作家の数は極めて少ない。理由はいろいろあるが、間尺に合わぬからだ。取材と資料調べに膨大な時間と経費がかかる割には本は売れず、「大赤字」なんてこともあるからだ。それに日本では、自称フィクション作家に比べ、ノンフィクション作家は軽んじられる風潮もある。

そうしたノンフィクション作家の逸材の一人に一橋文哉がいる。

彼はこれまでに『闇に消えた怪人　グリコ・森永事件の真相』『三億円事件』『「赤報隊」の正体　朝日新聞阪神支局襲撃事件』『オウム帝国の正体』を世に問うているが、何を読んでも面白い。

周知の通り、「グリコ」「三億円」「赤報隊」の三事件（ばかりではないが）は警察庁、警視庁の無能無策から犯人は摑まらず、時効になった。

他のノンフィクション作家と一橋文哉の違いはどこにあるのか。

彼は犯人を探し出して特定、犯行の動機と手口も明らかにし、時には犯人（とおぼしき人物）と直接会って面談もして「事件の真相」を読者に伝える。時効になったこれら「三事件」に関する著書は、すべてそうだ。

警察庁、警視庁の無能無策も大問題には違いない（九月一六日、三八時間も説得を続け、結局は九歳の姪を刺し殺した九州福岡での事件などもその象徴例だろう。人権問題に怯(おび)え、また責任を取りたくない体質もあり、こうした大失態が出来(しゅったい)するのだ。今後は問答無用で犯人を射殺との法律を作れば多少の抑止力にはなるだろうが、そんな法律、成立する筈(はず)もなく、九歳の少女は犬死に、犯人は七年もすれば娑婆(しゃば)に出てくる）。

さらに日本では、新聞及び同系列のテレビ局が「犯人探し」に何の役割も担(にな)わぬことも大きい。戦時中は「大本営発表＝官報」の丸写し、戦後も新聞・テレビは「官報」の丸写しである。独自の情報網を駆使し、足や頭を使って「悪」に挑戦する気概や記者魂など、かけらほどもない。

なぜそうなったのか。一つには、明治時代からある政・官・業との癒着(ゆちゃく)組織「記者クラブ」の存在が大きい。最近ではこの「記者クラブ」、スクープを禁じてすらいる。従って日本では、「記者クラブ」に入っていない（というか入れてもらえぬ）ノンフィクション作家や週刊誌が、果敢に「悪」に立ち向かっているのだ。

不思議なことがもう一つある。

警察庁や警視庁、『「赤報隊」の正体』で言えば、当の朝日新聞社はなぜ一橋文哉に反論せず、うやむやにしているのだろう。朝日新聞社の旧友に訊(たず)ねたところ、「一橋文哉の著書はフィクションだから」と、簡単に片付けられてしまった。釈然とせぬまま日を過ごしていたら、先頃、朝日新聞社116号事件取材班編『新聞社襲撃　テロリズムと対峙した15年』（岩波書店）が出た。『「赤報隊」の正体』に関する徹底反論、新事実も載っているだろうと期待して読んだが、皆無に等しかった。

それはともかく『オウム帝国の正体』の話だ。

見られるように本書は、「二千年帝国の全貌」「国松長官を撃った男」「村井刺殺事件の『闇』」「坂本弁護士一家殺害事件の真相」の全四章から成り、この内の三件は、二〇〇二年九月現在、未解決、未解明のままである。

著者は「あとがき」で、「一連のオウム事件の背後にも、日本の政財界、暴力団から、ロシアや北朝鮮などの工作員、宗教団体、マフィアまでが蠢いており、こうした〃オウムの闇〃を暴くのが本書の狙い」と書いているが、「え？　まさか。嘘でしょう」といった記述の連続で、読後、背筋が寒くなる。但し、「グリコ」「オウム」「赤報隊」の三著とも、事件のバックに〈闇の世界〉があるとの結論（それを書くと命が狙われるのかも知れぬが、もう少し具体例を読みたいところ）、ニュース・ソースが公安（＝国家権力）が多いというのも、読者としては、ちょっと気にかかる。

周知の通り、オウム真理教は教団名を「アレフ」に変えたが狂気のカルト集団、テロリスト集団であることには変わりない。本書で教えられることは多々あったが、全盛期でも、たかだか一万人程度の信者数でしかないオウム真理教の銭に群がる政治屋、暴力団、外国人マフィアの存在には驚かされた。オウム真理教ごときで、そうなのだからして、年間数千億円ものお布施を集め（その銭を預かるのは東京三菱銀行）、政党（公明党は憲法違反だろうが）から日刊新聞、高校、大学、病院まで持つ巨大カルト集団創価学会（信者は八〇〇万世帯といわれている）ともなれば、自民党、民主党から大手新聞社まで、その銭や集票能力に擦り寄るのは腐れ日本人なら、ごくごく当たり前のことなのだろう。そのことを知る池田大作は『公明新聞』（全八面、二五〇万部）、『聖教新聞』（全一二面、五五〇万部）専門の印刷所は敢えて待たず、朝日、読売、毎日新聞社系の印刷所に依頼、年間約四六億円もの仕事をまわし、三紙には広告も頻繁に打つことで「創価学会批判」を封じ込め、時には池田大作自身の記事も載せさせ、宣伝の片棒まで担がせている（以上、『週刊文春』02年9／19日号の記事より）。創価学会ばかりではない。日本の議員は銭と票欲しさに、平均四つは新興宗教に入っているとも言われている。

本書はオウム真理教の話だが、キリスト教、ユダヤ教、ヒンドゥー教、イスラム教とて同じこと、みなカルトである。彼らはオウム真理教同様、一神教独自の「逆らう者はみな殺し＝殲滅思想」なのだ。世界史を繙くまでもなく、最も多いのは「宗教戦争」で、殺し合った数は膨大である。しかもいまなお、旧ユーゴをはじめ、米／アフガン、米／イラク、イスラエル／パレスチナ、インド／パキスタン等々、戦争中、あるいは一触即発だ。

その意味ではマルクスの言う「宗教は阿片（アヘン）」には一理ある。逆にいえば、唯物論（ゆいぶつろん）とは矛盾するが、マルクス主義が「宗教」を容認していれば、核戦争の可能性は高まったろうが、ソ連の崩壊は、もう少し違った形になっていたような気もする。

話を元に戻せば、日本及び日本人はなぜここまで腐り切ったのだろう。

「責任を取る」感覚は本能ではなく教育で身につけるものゆえ、人間には元々そうした考えはない。日本人の場合、戦時中、敗戦後ともに「責任を取る／取らせる」感覚は皆無となる。道義的に駄目なら法律で縛ればいいようなものだが、それもしない。象徴的な例は太平洋戦争に於（お）ける昭和天皇の責任不問、敗戦後の「天皇制／民主主義」の矛盾である。さらに言えば、日本は無法国家でもある。自衛隊は違憲に決まっているが、拡大解釈を重ねに重ね、遂（つい）には海外派兵までした。政・官・業の犯罪でいえば、本来なら窃盗罪、横領罪の筈が、みな「詐欺（さぎ）罪」である。法律もなく、作る気もないからだ。従って、昨今の中国領事館、雪印乳業、日本ハム、東京電力等々、窃盗罪、横領罪としてはお咎（とが）めなしだ。

日本には驚くことが山ほどある。

オレンジ共済組合の友部達夫（これまた詐欺罪）は九七年に起訴されるが議員辞職はせず（辞めさせる法律がないのだ）、逮捕から四年四か月、国会議員の地位に居座り続け、その間、われわれの血税から総額約一億五五〇〇万円の歳費（給与）、あろうことか公設秘書にも計約六二五〇万円もの給与や手当てが支払われた。しかも、実刑が確定しても返済請求の法律もない。そして友部達夫同様、今度は鈴木宗男にも血税から年間二〇〇〇万円もの給与が支払われるのだ。共産党を含むクズ野党も知っていて知らんぷり、いまなお法律を作る動きすらない。マスコミも叩かず、馬鹿国民は、そんなこと知りもせず、知ろうともしない。

九月一七日、日本／北朝鮮の首脳会談が開かれ、金正日総書記が初めて日本人拉致を認め、一四人中八名が死亡、五名が生存（一名は不明）と発表した。このニュースを受けた日本側の両親、兄弟は記者会見の席上、「なぜ、いつ、どこで死んだのかをはっきりさせろ！」「拉致問題は二三年前に起こったが、なぜ日本政府は、われわれの声に耳を傾けなかったのか！」と怒りを爆発させていた。こんなに怒る日本人を見たのは何年ぶりだろう。まだ怒りの感情、忘れてはいなかったのだ。

オウム真理教は紛れもないテロリスト集団であり、彼らは国内で無差別テロを起こした。にもかかわらず政府は、国民の解散要求を無視、彼らを野放しにしている。今回の拉致事件や不審船事件（引き揚げに五九億円もかかったことを知る国民、皆無に近い）など、主権も尊厳もなきに等しいクズ日本政府の言うテロ撲滅、危機管理の声になど、国民は馬鹿らしくて、誰一人として耳を貸す者などいない。

（平成十四年九月、スーパーライター）

この作品は二〇〇〇年七月新潮社より刊行された。

一橋文哉著
闇に消えた怪人
―グリコ・森永事件の真相―

平成十二年二月十三日、「グリコ・森永事件」最終時効成立！「かい人21面相」は逃げ切った!? 大幅加筆、新事実満載の増補決定版。

一橋文哉著
三億円事件

戦後最大の完全犯罪「三億円事件」。焼け焦げた500円札を手掛かりに始まった執念の取材は、ついに海を渡る。真犯人の正体は？

高沢皓司著
宿命
―「よど号」亡命者たちの秘密工作―
講談社ノンフィクション賞受賞

一九七〇年、日航機「よど号」をハイジャックし北朝鮮へ亡命した赤軍派メンバー。彼らは恐るべき国際謀略の尖兵となっていた！

高山文彦著
地獄の季節
「酒鬼薔薇聖斗」がいた場所

あの連続児童殺傷事件は、単なる「異常者」少年Ａの引起した「特殊な犯罪」にすぎないのだろうか？ 時代の深層を浮彫りにする。

高山文彦著
「少年Ａ」14歳の肖像

一億人を震撼させた児童殺傷事件。少年Ａに巣喰った酒鬼薔薇聖斗はどんな環境の為せる業か。捜査資料が浮き彫りにする家族の真実。

岩瀬達哉著
われ万死に値す
―ドキュメント竹下登―

死してなお、日本政治にくっきりと影を落とす政治家・竹下登の「功と罪」。気鋭のジャーナリストが元首相のタブーと深層に迫る。

見沢知廉著

囚人狂時代

「スパイ粛清事件」で懲役12年の刑を受けた俺。塀の中には、かつて世間を騒がせた有名人や妙な奴らがいっぱい——。異色の獄中記。

見沢知廉著

天皇ごっこ

新日本文学賞受賞

これまで誰も書けなかった「天皇小説」に、右翼も左翼も呆然騒然。大反響を巻き起こした問題作が、大幅加筆を経てついに文庫化！

松井茂著

世界紛争地図

朝鮮半島の核疑惑・米中対立・イラク情勢など、世界中で燻り続ける地域紛争に注目し、その裏にひそむ各国の思惑を徹底分析。

松井茂著

世界軍事学講座

孫子の兵法から対テロ戦術まで、古今東西の軍事事例から学びとる「戦略」の数々。紛争地帯を渡り歩いた著者がつぶさに明かす。

関川夏央著

ソウルの練習問題

—異文化への透視ノート—

オリンピックに沸いた韓国。ハングルの迷路を旅して出会う人々と語り合い、彼らの温もりと厳しさを瑞々しく伝えるルポルタージュ。

杉山隆男著

兵士に聞け

新潮学芸賞受賞

軍隊であって軍隊でない「日蔭者」の存在、自衛隊。その隊員の知られざる素顔に迫り、戦後の意味を改めて問うノンフィクション。

麻生幾著

情報、官邸に達せず

極秘データを駆使し、歴代内閣の危機管理体制の舞台裏を生々しく再現。〈国家の情報機能〉の弱体ぶりを告発した傑作ドキュメント！

麻生幾著

封印されていた文書（ドシエ）
―昭和・平成裏面史の光芒 Part1―

あの事件には伏せられた事実がある！ 10大事件のトップ・シークレットを追い、当事者の新証言からその全貌と真相に迫る傑作ルポ。

中薗英助著

拉致
―知られざる金大中事件―

'73年、白昼のホテルで発生した金大中拉致事件。大胆な発想で、闇に葬られかけた事件の謎に迫る傑作ノンフィクション・ノヴェル！

佐野眞一著

カリスマ（上・下）
―中内㓛とダイエーの「戦後」―

戦後の闇市から大流通帝国を築くまでの成功譚と二兆円の借金を遺すに至る転落劇――その全てを書き記した超重厚ノンフィクション。

斎藤貴男著

梶原一騎伝

スポ根ドラマ、格闘技劇画の大ブームを巻き起こした天才漫画原作者の栄光と挫折。漫画ファン待望の名著が、ついに復刊・文庫化。

吉川潮著

江戸前の男
―春風亭柳朝一代記―

気っ風が良くて喧嘩っ早い、女と博打には目がなくて、そのうえ野暮が大嫌い。粋をつらぬきとおした落語家のハチャメチャな人生。

磯田光一著
戦後史の空間
占領、安保、高度成長は、日本人の何を、どのように変質させたのか？　戦後の文学表現を微細に分析し、大胆に検証する昭和の精神。

井田真木子著
フォーカスな人たち
黒木香、村西とおる、太地喜和子、尾上縫、細川護煕――バブル時代に写真週刊誌をにぎわせた5人が抱えていた苦悩を描く傑作ルポ！

吉岡忍著
墜落の夏
―日航123便事故全記録―
五二〇名の生命を奪った、一九八五年八月の日航機墜落事故を細密に追い、現代巨大システムの本質に迫る渾身のノンフィクション。

共同通信社社会部編
沈黙のファイル
―「瀬島龍三」とは何だったのか―
日本推理作家協会賞受賞
敗戦、シベリア抑留、賠償ビジネス――。元大本営参謀・瀬島龍三の足跡を通して、謎に満ちた戦後史の暗部に迫るノンフィクション。

宮嶋茂樹
勝谷誠彦構成
不肖・宮嶋南極観測隊ニ同行ス
どの国にも属さず、交通機関もなし。ホテルもなんにもない極寒の大陸に突撃！　百戦錬磨の特派カメラマン、堂々の南極探検記。

角田房子著
閔妃暗殺（ミンビ）
―朝鮮王朝末期の国母―
時は十九世紀末、朝鮮王朝の宮廷に君臨した美貌の王妃は、なぜ殺害されたのか。日韓関係の原点に迫る渾身のノンフィクション。

読売新聞社会部

会長はなぜ自殺したか
―金融腐敗＝呪縛の検証―

政界・官界を巻き込み、六名もの自殺者を出した銀行・証券スキャンダル。幅広い取材でその全貌を徹底的に暴いたルポルタージュ。

読売新聞社会部

会社がなぜ消滅したか
―山一証券役員たちの背信―

戦後最大の企業破綻事件を引き起こしたのは、凡庸な失敗の連鎖だった――。封印された文書から組織犯罪を暴く傑作ドキュメント。

手嶋龍一著

一九九一年　日本の敗北

外務省VS.大蔵省。混迷の二元外交こそ、無惨きわまる〈湾岸外交戦争〉の敗因だ――驚異的な取材力で描く情報ノンフィクション。

産経新聞『じゅく～る』取材班

学校って、なんだろう

新指導要領の実施で新たに問われる学校の役割。生徒の悩み、親の不満、教師の苦労をぶつけ合い、本音と提言を満載した現場ルポ。

毎日新聞科学部

大学病院ってなんだ

悪口を叩かれながらも、依然人気の高い大学病院。我々は大学病院に何を期待できるのか。その実像を科学部記者達が冷静に解析した。

田勢康弘著

だれが日本を救うのか

政治において最も重要であるはずの「言葉」が最近、あまりにも軽いものになっちゃいないか？　怒れる政治ジャーナリストの直言。

柳田邦男著　「死の医学」への序章

精神科医・西川喜作のガンとの闘いの軌跡をたどりながら、末期患者に対する医療のあり方を考える。現代医学への示唆に満ちた提言。

柳田邦男著　かけがえのない日々

仕事を離れた時間が、人生の英気を養ってくれる。著者の原点となるプライベートな事柄から「私」をあるがままに綴ったエッセイ集。

柳田邦男著　事故調査

あの事故はなぜ起きたのか？　事故原因の具体的な分析を通じて、再発防止に有効な視点を提示し、現代の安全神話に警鐘を鳴らす！

柳田邦男著　「死の医学」への日記

医療は死にゆく人をどう支援し、人生の完成へと導くべきなのか？　身近な「生と死の物語」から終末期医療を探った感動的な記録。

柳田邦男著　人生がちょっと変わる　―読むことは生きること―

読むこと・書くことは生きることと同じと言い切る著者の、読書体験エッセイ集。あなたの生き方がちょっと変わるかもしれません。

柳田邦男著　時代と人間が見える　―読むことは生きること―

ノンフィクション作品の熱心な読み手として知られる著者の、選評・書評集大成。膨大な書籍の海に旅する者の、頼れる水先案内書。

沢木耕太郎著
人の砂漠
一体のミイラと英語まじりのノートを残して餓死した老女を探る「おばあさんが死んだ」等、社会の片隅に生きる人々をみつめたルポ。

沢木耕太郎著
一瞬の夏（上・下）
非運の天才ボクサーの再起に自らの人生を賭けた男たちのドラマを〝私ノンフィクション〟の手法で描く第一回新田次郎文学賞受賞作。

沢木耕太郎著
バーボン・ストリート
講談社エッセイ賞受賞
ニュージャーナリズムの旗手が、バーボングラスを傾けながら贈るスポーツ、贅沢、賭け事、映画などについての珠玉のエッセイ15編。

沢木耕太郎著
チェーン・スモーキング
古書店で、公衆電話で、深夜のタクシーで——同時代人の息遣いを伝えるエピソードの連鎖が、極上の短篇小説を思わせるエッセイ15篇。

沢木耕太郎著
彼らの流儀
男が砂漠に見たものは。大晦日の夜、女が迷ったのは……。彼と彼女たちの「生」全体を映し出す、一瞬の輝きを感知した33の物語。

沢木耕太郎著
檀
愛人との暮しを綴って逝った「火宅の人」檀一雄。その夫人への一年余に及ぶ取材が紡ぎ出す「作家の妻」30年の愛の痛みと真実。

浅井信雄著
民族世界地図
中華ナショナリズム、パレスチナ問題、欧州の反ユダヤ主義、WASPなど、地図を駆使して、複雑な民族対立を読み解く必読の書。

浅井信雄著
アメリカ50州を読む地図
多種多様な姿を持つ米国各50州とワシントンDCの素顔を、地図とコラムで分かりやすく記述。「合衆国」解読に欠かせない一冊。

浅井信雄著
アジア情勢を読む地図
隣人たちの意外な素顔、その驚愕すべきエネルギー――。「IT戦争」「ハブ空港」「アフガン」等々、地図から見えてくる緊迫の現状。

石川純一著
宗教世界地図
イスラム原理主義の台頭、チェチェン介入、オウム真理教など、時代を宗教で読み解く。理解できなかった国際情勢の謎が一気に氷解！

莫邦富著
中国全省を読む地図
経済開放政策が招いた中国各省の明と暗を浮き彫りにする。壮麗な自然と悠久の歴史の魅力も満載。ビジネスマン・旅行者必携の書。

莫邦富著
蛇（スネークヘッド）頭
生死を賭して日本を目ざす中国人密入国者たち――。彼らの凄まじいエネルギーと、密航斡旋ブローカー「蛇頭」の実態を追跡する。

新潮文庫最新刊

立花　隆ほか著
新世紀デジタル講義
立花隆と日本が誇る知性たちが、コンピュータのしくみからネット社会の将来像まで、デジタル世界の真の基礎と深層を集中講義する。

麻生　幾　著
消されかけたファイル
―昭和・平成裏面史の光芒Part2―
金大中拉致事件、中川一郎怪死事件、重信房子逮捕……極秘資料を駆使して重大事件の真相に迫った好評の裏面史ドラマ、第2弾！

「新潮45」編集部編
殺ったのはおまえだ
―修羅となりし者たち、宿命の9事件―
彼らは何故、殺人鬼と化したのか――。父母は、友人は、彼らに何を為したのか。全身怖気立つノンフィクション集、シリーズ第二弾。

一橋文哉著
オウム帝国の正体
オウム事件の背後で、政治家、暴力団、ロシアンマフィア、そして北朝鮮という国家までが蠢いていた。未解明事件の戦慄すべき真相。

宮嶋茂樹著
不肖・宮嶋　踊る大取材線
数々のスクープ写真をものにした伝説の報道カメラマン〈不肖・宮嶋〉のできるまで。ハッタリとフンバリの痛快爆笑エッセイ。

村瀬春樹著
本気で家を建てるには
［増補決定版］
人生最大の冒険＝家づくり。住み手の立場から「家」の可能性を追求、設計・施工の現場で役立つ最新情報満載の最強ガイドブック。

新潮文庫最新刊

林 真理子著
花 探 し
男に磨き上げられた愛人のプロ・舞衣子が求める新しい「男」とは。一流レストラン、秘密の館、ホテルで繰り広げられる官能と欲望の宴。

村上春樹著
もし僕らのことばがウィスキーであったなら
アイラ島で蒸溜所を訪れる。アイルランドでパブをはしごする。二大聖地で出会ったウィスキーと人と——。芳醇かつ静謐なエッセイ。

高井有一著
高らかな挽歌
高度成長期、映画産業が衰退する中、社運を賭けた作品を任される主人公。業界の人間模様を描き、戦後日本史の一側面を捉えた大作。

三島由紀夫著
三島由紀夫 十代書簡集
学習院時代の三島が書き綴った私信67通。創作に関する悩みから戦時下の話題に至るまで、そこには天才の萌芽が。瞠目すべき書簡集。

寺門琢己著
カラダのきもち
「カラダの言葉」を素直に聞けたら、きっとあなたはキレイになれます。「カラダとこころの整体師」タク先生が贈る快適セラピー講座。

きたやまようこ著
りっぱな犬になる方法
サンケイ児童出版文化賞推薦
山本有三記念路傍の石幼少年文学賞受賞
いちど犬になってみたいと思っている人や、もう犬になっちゃった人に、ポチが教える、ちゃんとした犬になるための絵本教科書。

新潮文庫最新刊

大谷晃一著
大阪学 文学編
西鶴・近松から、織田作之助・川端康成まで――独特の土壌が生み出した大阪文学をわかりやすく解説。「大阪学」シリーズ第4弾！

杉浦日向子とソ連編著
もっとソバ屋で憩う
――きっと満足123店――
おいしいソバと酒を求めて、行ってきました123店。全国の「ソ中（ソバ屋中毒）」に贈ります。好評『ソバ屋で憩う』の21世紀改訂版。

筒井康隆著
パプリカ
ヒロインは他人の夢に侵入できる夢探偵パプリカ。究極の精神医療マシンの争奪戦は夢と現実の境界を壊し、世界は未体験ゾーンに！

筒井康隆著
懲戒の部屋
――自選ホラー傑作集1――
逃げ場なしの絶望的状況。それでもどす黒い悪夢は襲い掛かる。身も凍る恐怖の逸品を著者自ら選び抜いたホラー傑作集第一弾！

筒井康隆著
驚愕の曠野
――自選ホラー傑作集2――
生理的パニックを招く残酷物語からじわじわ恐い超虚構ファンタジーまで、読者の恐怖観をくつがえす自選ホラー傑作集第二弾！

筒井康隆著
最後の喫煙者
――自選ドタバタ傑作集1――
「ドタバタ」とは手足がケイレンし、耳から脳がこぼれるほど笑ってしまう小説のこと。ツツイ中毒必至の自選爆笑傑作集第一弾！

オウム帝国の正体

新潮文庫　い－50－3

平成十四年十一月一日発行

著者　一橋文哉

発行者　佐藤隆信

発行所　株式会社新潮社

郵便番号　一六二―八七一一
東京都新宿区矢来町七一
電話　編集部(〇三)三二六六―五四四〇
　　　読者係(〇三)三二六六―五一一一

価格はカバーに表示してあります。

乱丁・落丁本は、ご面倒ですが小社読者係宛ご送付ください。送料小社負担にてお取替えいたします。

印刷・大日本印刷株式会社　製本・株式会社大進堂

© Fumiya Ichihashi 2000 Printed in Japan

ISBN4-10-142623-6 C0195